【法意文丛】

总主编 谢晖

拉兹法律权威理论中的理由范式

◎ 王琦 著

厦门大学出版社　国家一级出版社
XIAMEN UNIVERSITY PRESS　全国百佳图书出版单位

图书在版编目（CIP）数据

拉兹法律权威理论中的理由范式 / 王琦著. -- 厦门：厦门大学出版社，2024.11. --（法意文丛）. -- ISBN 978-7-5615-9560-2

Ⅰ.D90

中国国家版本馆CIP数据核字第2024FR9126号

责任编辑	甘世恒
美术编辑	蒋卓群
技术编辑	许克华

出版发行 厦门大学出版社
社　　址 厦门市软件园二期望海路39号
邮政编码 361008
总　　机 0592-2181111　0592-2181406（传真）
营销中心 0592-2184458　0592-2181365
网　　址 http://www.xmupress.com
邮　　箱 xmup@xmupress.com
印　　刷 厦门集大印刷有限公司

开本　　720 mm×970 mm　1/16
印张　　16.25
插页　　2
字数　　260千字
版次　　2024年11月第1版
印次　　2024年11月第1次印刷
定价　　62.00元

本书如有印装质量问题请直接寄承印厂调换

厦门大学出版社
微信二维码

厦门大学出版社
微博二维码

总　序

在人世生活中寻求法意
——"法意文丛"总序

去岁中，周赟君来信告诉我，厦门大学出版社拟出版一套以法学理论和法律史学术论著为收录对象的学术文丛，问我有没有意向组织书稿、担任主编。我回信说容我思考数日再说。若干天后，他又来信询及此事，我回信说最好见过出版社相关人员后再作决定。去岁中秋期间，我亲赴厦门，和该社负责这套丛书的编辑甘世恒君详细磋商了有关细节，决定组织并编辑这套丛书，并把丛书命名为"法意文丛"。

之所以选择这一丛书名，一为遵循法理、法史探索之宗旨，二为倡导在生活意义中探寻法理意义。众所周知，自从严译《法意》以来，这个多少带点浪漫色彩但又不乏中性温情的词语，就在中国法律学人心中，有了其独特的地位——它一反法律就是专政工具、就是刑杀镇压一类"词的暴政"，而道出了法律以勾连交往行为中人们的日常生活为使命这一真谛。法律不是日常生活的外在之物，而是日常生活方式的规范提纯、精神萃取，从而成为日常生活的内在构成性因素。然而，验之以学术史，这种对法意的理解框架并非一以贯之。一方面，所谓神意论、自然精神论、理性论等，都给法律涂抹了一层神圣的光环，从而使法律为什么有权威这样的现实考虑有了预设和保障。另一方面，所谓法律虚无论、阶级意志论、主权者命令说等，又把法律从天庭拉到凡世，不仅如此，还把法律当成是实践人间既得利益者需要的工具，是当权者随其所需任意打扮的婢女，因之法律进入令文人不齿的境地，这不禁令人想起苏轼"读书不读律"的遗训。此种情形，为有人借机打破人间一切法律秩序，做好了前提性准备。

介于两者之间的,乃是把法律作为一种社会——政治契约。法律就是选民和选民、选民和政府间达成的社会——政治交往的契约,是社会——政治交往的规范构成要素,人类只要不能舍弃社会——政治交往,也就无法舍弃法律。所以,法律是社会构造的必要性和构成性因素,而非选择性和权宜性因素;法律是主体交往行为的规范根据,而非镂刻在精美石头上的装饰物;人因为法律所布置的交往路线和逻辑构图而显示其存在,显示其主体身份,取消了这一交往路线和逻辑构图,势必就模糊了人存在的意义,消隐了人的主体身份。这样,法律就摆脱了被置诸神界的虚无缥缈,也摆脱了被置诸魔界的面目狰狞。法律回到了它应有的生活场景——法律是人们日常生活不可或缺的构成性因素。所以,法律既是世俗的,它强调以清晰的概念表达"群己权界";也是值得"信仰"的,因为人类离开法律,其交往就会事倍功半。

当下我国对法意的处理,一面是想方设法将其意识形态化,"依法治国,建设社会主义法治国家"的响亮口号,成功地从法学家的意识形态走向官方意识形态。不时自我表扬一番"我们是法治国家",既是表扬者的时髦,也可以隐约看出其对法治的某种崇仰,或者至少在其看来,法律和法治不会是什么坏东西。于是乎,法治、法律之类,俨然再度显示出其神圣面貌。另一面却自觉不自觉地将其工具化,如广受学界质疑的所谓法治"五句话",对世所公认的法治原则视而不见,转而以"权治"精神,解构法治理念,从而法律及法治又轻飘飘自天庭落入凡世。遗憾的是,此番落入凡世的法律,并非世人必需之交往规范,而只是强化一元化领导的一种可替代的手段。一旦公民利用这种手段从事"合法斗争",便立马会遭到"依法办事,不是说几毛钱的纠纷也要诉诸法院"一类的无理指责!这样,法治这个标签就如同当年的人权一般,只剩下在国际社会对敌斗争的场合,偶露峥嵘。由此必然导致的结局是当年西北政法学院图书馆前的一尊雕塑所引发的、流传法学界已多年的那个隐语:"宪法顶个球"——法律虚无论又隐隐死灰复燃,教化意识形态和权术治理又想方设法,粉墨登场。

这一切,自然表达的也是一种"法意",但和近代以来法学家心目中的法意以及法治实践中的法意大相径庭,也表明,按照日常生活之规范需要,对法意的继续探寻和深入钻研,依然是法学家任重道远的使命。如何按照世俗生活的要求,撷取法意,又以法意之内容,安排世俗生活,使世俗生活和法律精神相得益彰——以世俗生活彰显法律精神,以法律精神光照世俗生活,让人们生活在自治、自由、文明、有序的法律交往体系中,既是法学家的使命所在,也是全体公民之福祉所系。

　　本丛书即着眼于此种追求。书稿标准,唯学术是尚,不论大腕名流,抑或无名小卒,倘可提供自生活之活水源头,求索法意之学术作品,概可纳入计划。选题范围,可着眼宏大,可着手细微,宏则法治路线、法律传统,微则法条诠释、疑案精解,只要源于生活,富含法意,皆入选题范围。研究方法,可崇尚思辨,可奉行实证,无论逻辑辩驳,还是事实白描,但能反映生活、突出法意,尽在欢迎之列。期待相关有志者,能贡献一家之言;也期待作者、编者和出版者锲而不舍,能助窥天人之际。

　　是为序。

陇右天水学士　谢　晖

2011 年 4 月 10 日

序

  广州商学院法学院前身为华南师范大学增城学院法律系。2002年开始学校与华南师范大学法学院联合招收法学专业本科生,2005年设立法律系独立招生,2014年学校转设为广州商学院,2016年5月,学校撤销法律系设立法学院,本人被任命为院长。

  法学院现有法学、信用风险管理与法律防控和国际经贸规则三个专业,在校生近3000人,在职教师及教辅人员130多人。其中专任教师110多人,有教授9人、副教授18人、讲师52人;博士32人,硕士86人。学院下设教研室9个,校内实验室2个,实训楼1栋,校外实习基地30多个。

  法学院的办学特色是"一中心、两结合、三融三通"。"一中心"指建立一个中心平台,即广州商学院社会法律服务中心,通过"法服中心"培养高素质、应用型法治人才。"两结合"一是指教师将课堂教学与服务社会相结合,成为双师、双能型教师;二是学生将理论知识与法律实务相结合。"三融三通"指构建了"三融三通"的特色办学模式,实施高校与地方深度合作协同育人。

  近年来,法学院办学取得一系列可喜成果。2018年5月,"社会法律服务中心三融三通人才培养模式探索"获得了广东省第八届教育教学成果二等奖;2019年9月,法学专业获广东省教育厅"省级特色专业"结项;12月,社会法律服务中心获"省级实验教学示范中心"立项;2020年11月,法学专业获评教育部双万计划"省级一流本科专业建设点";2021年以来,法学院教工党支部先后获广东省第三批新时代高校党建工作"样板支部"和全国高校"样板支部"培育创建单位。

  自2021年4月,广州商学院顺利通过教育部本科教学合格评估,7月获广东省教育厅批准为硕士学位授予立项建设单位,加大了对科研工作的管理和投入力度,加大了对博士和高层次人才的引进工作。法学院现设有科研机构七个，给高级职称教师和博士提供了较为广阔的科研平台。学院大力激发专任教师的科研潜力和动力，鼓励和支持教师参加全国性、区域性及省内各种法学学术及教学研讨会，申报国家级、省级纵向课题及横向课题，活跃校内科研气氛，组织各类学术讲座和沙龙，师生参与踊跃。

为进一步加强教学和科研工作并使二者有机结合互相促进，日前我院组织开展了广州商学院法学专著出版工作，支持教师们出版学术专著，激励教师们的科研热情。

我殷切期待法学院有更多的优秀学术成果问世。

赵家琪
2023 年 10 月于中新广州知识城

目　　录

导　论 ·· 1
　一、论题的缘起 ·· 1
　二、本书的研究进路 ··· 7

第一章　拉兹理由范式的源端 ·· 10
　一、哈特法理论中的"接受"与"理由" ································· 11
　二、"独立于内容的阻断性理由"命题的提出 ······················· 14
　三、拉兹理由范式对哈特的扩展 ··· 20

第二章　拉兹一般权威理论中的理由 ······································ 29
　一、拉兹对权威概念的阐释 ··· 30
　二、理由何以成为权威的分析概念 ····································· 43
　三、权威与理由的关系 ·· 61

第三章　理由范式的基本框架 ·· 69
　一、拉兹对一阶理由的分析 ··· 70
　二、二阶理由的再分类 ·· 88
　三、排他性理由的排除范围 ··· 110
　四、理由冲突的解决 ··· 117

第四章　理由范式在法律权威理论中的运用 ··························· 124
　一、理由范式下权威与法律的内在关系 ······························ 129

二、基于理由分析法律与权威的必然关联 …………………… 155
　　三、法律权威提供一种保护性理由？ …………………………… 169

第五章　理由范式的学术争议与拉兹的回应 ………………………… 183
　　一、理由内在论与理由外在论的论争及拉兹的回应 …………… 186
　　二、拉兹对"理由论"分析路径批评的回应 …………………… 201
　　三、拉兹对理由范式批评的澄清与重述 ………………………… 213

余论　理由范式对法哲学发展面向的启示 …………………………… 222
　　一、服从法律的外在客观理由 …………………………………… 223
　　二、服从法律的内在主观理由 …………………………………… 226

参考文献 ……………………………………………………………………… 233
后记 …………………………………………………………………………… 248

导　论

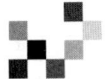 **一、论题的缘起**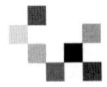

人类享受美好生活的前提是健全的社会秩序,在缺乏秩序的环境之中,人类所追求的正义、财产、自由等均无法实现。霍布斯在 300 年前借助自然状态假设,系统化证明了秩序对于人类社会的重要性。基于此,构建政治性的秩序是人类社会发展的必需品,截至当前,尚不存在能够取代维持政治性秩序的方案。在实现必需的秩序时,我们应该选择什么样的方案?是"利维坦",还是正义国家?在正义国家的构建过程之中,权威是一个核心概念,其发挥着不可替代的作用。

"人们为何服从法律"是当代西方法哲学非常关注的话题,这对应着法律的权威问题。因为普罗大众之于法律及法治的重要性,也可以引申为法律权威的重要性。几乎所有的法律现象都离不开对法律权威的分析,对法律权威进行理论研究的重要性不言而喻。可以说,如果法理论对法律权威问题缺乏深入讨论,那么这一理论就是不完整的。此外,法律权威还关乎法律本质问题,它甚至可以影响人们对法律问题的基本认识。

法律应当具有权威,这是任何一个法治国家在思想观念上应当首先解决的问题。从汉语的词源来看,"权威"是"权"和"威"的结合:一是指权力,威势;二是指使人信从的力量和威望;三是指统治,威慑;四是指在某种范围里最有地位的人或事物;五是指对于权力的自愿支持与服从。权威可以视为对权力的服从与支持。个体对于权力的服从存在被迫的因素,反对者受各种因素的影响,不得不服从权力的意愿。但服从同认同存在显著差异。在传统的价值观念之中,权威被视为一种正当的权力,也可以说是极具公众影响力的威望。它一般用来形容人物(如"学术权威""政治权威"等),而很少用来形容制度。从英文词根来看,"权威"一词就是"authority",其词根"author"原来指的就是"创造者"的意思。Author还可被译成"作者"。但在之前,它广泛地指能够提供新创事物、生产人们可用的事物,并由此引起人们信任的人。后来,"权威"作为政治概念,指为其他人所服从的权力人士,这种人士往往有一定的被信任度和能力。我国学者一般认为,就国家和社会治理过程中法律的地位和作用而言,法律权威是指法律的外在强制力和内在说服力得到普遍的支持和服从。法律的外在影响力即强制的服从主要通过"国家性"、"责任性"和"强制性"来建立和维护;法律的内在说服力即自愿的服从则是通过法律的"习惯性"、"利导性"和"程序性"来施加影响。[①]

应当说,法律必须具有权威,而后才能为人们提供守法的行动理由。当前,法律权威作为一个潜在话题存在于自然法学者和法律实证主义学者的争论中,但两大学派尚未就法律权威的基础形成统一的认识。两个学派作出了不同的解释,自然法学家主张法律权威来源于法律内容本身的道德性,法律实证主义者更强调法律权威的社会事实面向。并且这个问题已经成为法律实证主义学派内部包容性与排他性之争以及法律实证主义与自然法学派之争的核心问题之一。诚如科尔曼所言,"法律的核心在于不借助法律权威概念实现对法律的权威的解释,即其在解释的过程之中需要求助法律权威之外的内容"[②]。对法律本质的认识存在不同立场的法学家对此会有与之相对应的差别认识,进而导致他们在处理法律领域中其他各种问题的分化与区别。

解决的方法主要有两个:其一,自然法学者提出的解决方案,其构建了法律权威同道德权威之间的联系,进而借助道德权威实现对法律权威的解

[①] 参见孙笑侠:《论法律的外在权威与内在权威》,载《学习与探索》1996年第4期。

[②] Jules Coleman, *The Practice of Principle: In Defence of a Pragmatist Approach to Legal Theory*, Oxford: Oxford University Press, 2000, p.73.

释。在一定程度上可以说,把法律权威的来源解释为道德的基本要求是一个认可度较高的观点。尽管菲尼斯认为法律规则自身是否具备法律效力同自身是否符合道德标准无关,但他在相关研究中指出,一项经过法律程序被认可的规则应符合道德的要求。权威的核心本质上是道德权威。道德权威本质上也是法律权威,不正义的法律就不是道德权威。[①] 基于这一观点,法律权威的本质是遵从正确的行为准则,个体不具备发布错误指令的权力,因此这一观点是错误的。这一观点同时说明了法律权威概念存在的不必要性。自然法学者认为道德是法律权威的基础,只有满足道德标准的法律才能够使个体承认并遵从,否则人们可以抗法不遵。在实践之中,若法律权威来源是道德,即法律要求同道德要求一致,法律将无法向群众提供独立于道德的各种行为的理由,法律的权威也将无法架构。从另一个角度论述,采用道德权威对法律权威进行论证,导致了法律的义务、法律存在的价值丧失,即道德自身是全能的。

其二,法律实证主义依据社会事实,对法律权威展开解释。[②] 法律实证主义相关学者在研究的过程之中关注法律自身的规范性,否定丧失公正性的法律,也反对抽象地看待法律,同时指出不能将是否符合公正的标准,视为对法律进行评价的唯一标准,在实际分析中必须认识到现实之中的制度对法律的约束。法律实证主义学者坚持认为法律是公民制定的,而不是来自神明的赐予,那其必须对群众遵守法律规定以及维护法律权威的行为理由进行说明。更加深刻地认识分离命题的关键在于,在法律制定与实施阶段的分离意义,同法律和道德相对分离意义,均需要对法律的权威进行系统深刻的剖析。奥斯丁、哈特、拉兹等学者的相关研究本质上是逐步认识法律权威的一个过程。上述学者以对法律的社会属性分析为基础,对法律权威进行了系统的探讨,明确指出对法律的分析应从描述和规范相结合的角度展开,并说明法律权威既是事实权威,也是规范性权威。

法律实证主义学者对法律权威的系统研究,表明了法律实证主义规范

---

① See John Finnis, *Natural Law: the Classical Tradition from Jurinsprudence and Philosophy of Law*, Edited by Jules Coleman and Scott Shapir, Oxford: Oxford University Press, 2002, p.22.

② See Jules Coleman, *The Practice of Principle: In Defence of a Pragmatist Approach to Legal Theory*, Oxford: Oxford University Press, 2000, p.74.

的目标。法律使个体的行为受到了约束,这意味着法律权威自身同能力和力量存在联系。法律实证主义学者在研究的过程之中,将法律权威的来源解释为国家具备强制力的结果。如霍布斯指出,社会之中最有力量的组织才能承担维持社会秩序的责任,因此法律权威就是国家强制力的外在体现。法律实证主义学者的代表之一奥斯丁创建了强制命令理论。尽管哈特对这一理论进行了批判,但仍然有学者坚持认为国家强制力是法律权威的基础。部分学者认为法律权威是道德允许的范围内对国家强制力运用的能力。进行道德许可的要求是为了将国家强制力和其他强制力进行区分。[①] 上文所述的主张有效解释了法律合法性无法解释的部分问题,也将相关的问题说明得较为简洁。

尽管如此,其理论不足之处也是显而易见的。首先,未能准确地区分法律的实践需要以国家强制力为基础,法律权威的核心在于对强制力的使用,同时忽略了对人们应服从法律的义务的理论解释。其次,在实践之中,无法对法律自身的合法性与强制性进行选择,进而凸显法律的本质,但必须充分认识到在法律权威研究的过程之中,仅研究国家强制力无法实现研究的目的。社会实践经验表明,国家在民众的思想政治教育领域投入了大量的资金,成立了诸多的机构进行法律指导工作。国家尝试借助对个体思想的教育引导个体的行为,仅依赖威胁而没有引导的强权则可能面临破产的危机。[②]

毋庸讳言,法律权威问题存在一个难以解决的逻辑悖论:若认可规范来源于权威,而权威制定规范的权力正是来源于规范,则陷入了一个循环;若认为权威来源于更高一级的权威,则将陷入逻辑的无限倒退。为有效地解决自然法理论失效导致的法律权威基础缺失问题,法律实证主义学者自19世纪开始,致力于说明道德同法律之间存在的关系,以道德与法律二分的理论为基础,寻找了法律权威自身的事实性基础。在相关领域作出巨大

---

① See Scott J. Shapiro, *Authority from Jurinsprudence and Philosophy of Law*, Edited by Jules Coleman and Scott Shapir, Oxford: Oxford University Press, 2002, p. 395.

② See Scott J. Shapiro, *Authority from Jurinsprudence and Philosophy of Law*, Edited by Jules Coleman and Scott Shapir, Oxford: Oxford University Press, 2002, p. 397.

贡献的学者是约翰·奥斯丁,其最大的传承者是 H.L.A.哈特,而集大成者和最有影响力的则是约瑟夫·拉兹。

对相关学者的学术理论进行梳理是学术研究的重要工作之一,开展这一方面工作的原因主要有两个:一是思想家自身的观点是构成相关理论的一部分;二是思想家自身的观点和理论同现实的社会存在密切的联系。拉兹不但是一位杰出的法理学者,而且他在政治哲学领域同样享有崇高的地位,他的权威理论颇具影响力,上述地位的奠定主要来自他对涉及法哲学与政治哲学两个领域之权威理论的深入研究。拉兹高举"法律权威"的旗帜,一方面,他分析了法律权威的构造,以及权威在实践推理中的角色和权威合法性的条件;另一方面,他的权威理论是在肯定与质疑声中不断完善的理论。拉兹在1979年出版了《法律的权威:关于法律与道德论文集》一书。该书以权威命题为轴线,系统论述了拉兹自身对法律同道德的相互关系、法律的社会价值、法律的现实作用等问题的法哲学的认识,构建了其法哲学理论体系的命脉。

拉兹的法哲学理论与其他法律实证主义者相比显现出两大特点:其一,拉兹的法哲学理论更为突出实在法的体系性特征。传统观点认为,要理解"法律"(the law)的含义,关键是要定义"单个法律"(a law)的性质。也就是说,"法律体系"的概念是帮助我们更好地理解法律性质的一种法学思维方法,以及一种有益的概念性工具。其二,拉兹的法哲学理论更为关注实在法的实践性特征。拉兹基于实践哲学的视角对法哲学相关的问题展开了研究,对法律在社会生活中发挥作用的方式进行了法哲学的思考。他认为,法哲学研究的重点是法律实践,重点研究个体行为产生的法律后果,以及对实践性审慎及道德产生的影响。即法哲学研究的不是实践哲学的全部内容,仅对应由法哲学回答的部分进行研究,同法哲学不存在联系的其他问题则由实践理性进行研究。

拉兹尝试采用一种全新的分析范式揭示法律权威的特征。权威的表现形式之一是命令,为准确阐明权威的内涵,拉兹比较分析了要求同命令的差异,其核心差异在于两者的运作方式不同。要求被提出的根本目的在于,使其成为一个行动的理由,若其在权衡之中占据优势则能够成为一个行动的理由。命令被发布的目的是,在权衡之中不占优势时,在某些特定的情况下，它也应该占据优势。① 命令的基本特点是具有排他性，但实践中无法排除全部理由，这说明命令可以进行衡量。命令和要求在重要性上不存在显著差异，这又说明命令无法被衡量。命令在哪一种情况下允许被衡量，在哪一种情况下又不允许被衡量，还需要进一步的研究，这一研究结果表明了法律权威自身的复杂性。拉兹自身的主张同他所引用的观点存在密切的联系。这一观点为，援引政治权威表述的目的是消除对政治的指责，其本身并不具备行为的合法性。基于此，存在下述主张：(1)个体若完成了计划或实施之中的行动，则该行动具备合法性；(2)权威要求人们这样做，这无关对错；(3)若个体事实上完成了某项行动或计划实施了某项行动。② 在此所展示的权威也符合法律权威，尽管权威规定错误（不正义）的内容，个体也存在遵照义务实施行动的职责，进而避免自身受到指责，这是权威自身的具体体现。

法律权威本身是一个实践性概念，其同国家的强制力、合法性存在密切的联系。在一定的条件下，个体有义务遵守相关的法律规定，尽管相关的规定中可能存在错误，人们也有义务遵守。法律在对个体错误的思想行为进行约束的同时，也可能对个体正确的思想行为产生约束。法律权威并不是一个专断的概念，其存在一定的独特性。在认识到法律权威的表征的同时，应对法律权威存在的基本条件进行研究。这体现了对法律权威进行思考的问题意识。实践哲学研究的重点问题是明确个体行为的理由和依据。即实践哲学主要关注的是，什么理由使得人们的行为不再是任意的，或者说人们行为的理性体现了哪些方面的问题。拉兹的法哲学理论是其实践哲学理论构成的主要部分之一，因此对于他所奉行的排他性法律实证主义的理解必须以掌握上述内容为前提。拉兹指出，传统的对法律权威概念进行分析的方法，不能对法律权威自身的品格进行说明，基于此，需要对研究的路径进行创新。于是拉兹对法律权威的概念分析汲取了实践哲学中的资源，采取了"理由"(reason)范式作为进路。

---

① 参见［英］约瑟夫·拉兹：《法律的权威：关于法律与道德论文集》（第2版），朱峰译，法律出版社2021年版，第26页。

② 参见［英］约瑟夫·拉兹：《法律的权威：关于法律与道德论文集》（第2版），朱峰译，法律出版社2021年版，第7页。

基于拉兹对实践哲学的划分,实践哲学之中的重要组成部分之一是规范理论。拉兹创建的规范理论之中包含了以下的概念:应当、理由、义务、权利等,上述概念之中的基本概念是理由。拉兹对规范理论的相关研究,也是从理由这一概念展开的。拉兹在对实践哲学进行研究的过程中也对"理由"进行了大量的研究,因此既可以将"理由"视为拉兹联结法律与权威概念的"桥梁",更可以作为打开拉兹深邃的法哲学和政治哲学思想的一把关键的"钥匙"。因此,本书尝试对拉兹法律权威理论中的"理由"范式进行研究,其目的在于说明权威在实践推理的过程之中发挥的作用,同时也有利于直接对权威的概念进行分析。① 基于此,本书将以"理由"为切入点,在权威理论的基础之上,系统地研究拉兹法律权威理论中的理由范式。

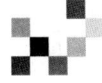 ## 二、本书的研究进路

实践哲学对个体行为的根据与基础这一问题展开了系统的研究,分析了个体行动的具体理由。在法治国家,依法行事是个体理性行为的重要体现,即法律规则是个体理性行为的基本依据,法律借助自身的权威给予了个体行动的理由。基于法哲学的视角对法律权威展开探究,从概念分析的层面上探讨法律权威的价值与意义,以及法律权威自身在合法性层面上存在的诸多条件。法律权威的相关研究主要包含了两个方面的具体内容:一是个体或组织掌握法律权威的价值与意义;二是法律是否在概念层面上一定主张权威,即在概念上权威同法律是否存在必然的联系。基于上述两个研究方面,对于法律权威的理论研究可以从一个广泛的视野之中展开,即以分析权威的一般性理论为起点,构建法律同权威之间存在的联系,进而将权威赋予法律某些特征。

---

① 参见[英]约瑟夫·拉兹:《法律的权威:关于法律与道德论文集》(第2版),朱峰译,法律出版社2021年版,第10~12页。

法律必然主张权威，这是拉兹所坚信不疑的。论证法律具有权威的关键在于构建法律同实践权威两者之间存在的概念性联系，即说明权威性是法律的基本属性之一。若规范不满足上述特征，则不能将这一规范视为法律。部分学者在研究的过程之中指出，对于损害民众权益的法律，也应该服从，并寻找有力的证据证明法律的错误性，进而将其废除，这一做法优于直接违反相关的法律。因为违反法律的行为一旦开始，将极大地削弱法律的力量，并导致有益的法律被违反。[①]"在一种民主政治中，一个公民可以无拘无束地谴责某项法律，并通过政治过程寻求对它的变更，但是，直至这项法律被变更，它都应该得到他的服从……他自己的判断无论根据如何具有说服力，在这里都毫无地位可言。"[②]

法律使自身成为权威需要满足下述两个基本条件：第一，法律被展示为个体应当做什么的看法；第二，法律是内容独立的，即法律应独立于权威作出决定时依据的基本理由，法律不需要借助相关的理由就能够被识别。拉兹的法律权威概念迄今为止最具影响力，他认为，法律的来源有效地满足了上述两个条件。拉兹的这一论述实现了两个目的：一是证明了法律能够满足上述两个条件，进而成为权威，构建了法律同权威之间存在的联系；二是证明了仅有法律才能够满足上述两个条件。法律自身主张权威是法律的性质。

对于法律权威的传统分析方法主要有四种：一是对于事实权威的必要充分条件的说明；二是借助对合法性权威必要且充分条件的描述说明权威的本质；三是借助权威证明权威同权力之间的关系；四是明确对权威概念进行界定的基本规则，即个体具备权威说明了存在特定的规则体系，该规则体系授予他权威。[③]但拉兹认为，上面四种传统分析方法均未能揭示法律权威的实践品格。基于此，在研究的过程之中应对研究方法进行创新。拉兹将实践哲学之中的相关元素引入了对法律权威概念的分析中，即采取了"理由"范式的进路。其原因在于理由是对实践性概念进行解释的最基

---

① 参见［美］潘恩：《潘恩选集》，马清槐等译，商务印书馆1981年版，第222页。
② ［美］诺内特、塞尔兹尼克：《转变中的法律与社会：迈向回应型法》，张志铭译，中国政法大学出版社2004年版，第76页。
③ 参见［英］约瑟夫·拉兹：《法律的权威：关于法律与道德论文集》（第2版），朱峰译，法律出版社2021年版，第6~11页。

本单元。在对法律权威之中的理由进行范式研究的过程之中,能够有效地说明权威在实践推理的过程之中发挥的作用,有利于更加直接地对权威进行解释。①

本书尝试以"理由"范式作为打开拉兹法律权威理论的一把钥匙,并以此联结拉兹的法哲学和政治哲学思想,以便更好地对拉兹的学术思想进行整体性把握和解读。首先,以哈特法理论中的理由作为研究起点,并引出拉兹理由范式对哈特的扩展。其次,分析拉兹一般权威理论中关于理由的基本内容,以及刻画理由范式的基本框架,分析梳理拉兹对权威的相关研究,进而分析理由为何能够成为权威的解释性概念,并澄清排他性理由和保护性理由,然后论述说明实践权威本质上是内容独立的排他性理由。在此基础上,对法律这一实践权威的特质进行总结,借助权威命题证明排他性法律实证主义的基本主张——来源命题。将拉兹的理由范式和权威论紧密联系在一起,从而构成拉兹法律权威理论的一个完整循环。借助对一阶理由和二阶理由的分析,论证只有具备合法性的法律权威才能提供保护性理由,具备优先能力,并论证法律与权威的必然关联,完成从理由到法律权威的证成。再次,系统梳理理由范式的学术争议及拉兹的相关回应。最后,评述拉兹法律权威理论中的理由范式对法哲学发展面向的启示,并提出自己的见解。

---

① 参见[英]约瑟夫·拉兹:《法律的权威:关于法律与道德论文集》(第 2 版),朱峰译,法律出版社 2021 年版,第 14 页。

第一章

拉兹理由范式的源端

本书认为,对哈特法理论中的"理由"进行归纳和总结,是准确理解拉兹法律权威理论中的理由范式的重要前提工作。就如庄世同先生所言:"英美法哲学的发展具有一脉相承的传统,这种传统的形成得益于相互辨证的方式。"[①]基于英美法哲学的理论特点,对于特定哲学家的相关理论的研究,通常需要从两个方面出发。一是该哲学家眼中的相关学者,即该哲学家选择的研究范围和视角。二是学者眼中的该哲学家,即对该哲学家的研究进行探究和批判。针对哈特这位英美新分析法学的奠基人,其对法律理论的研究具有极其重要的意义,并且对拉兹的法律权威理论的构建具有决定性的影响。哈特主张法律是理性和道德的体现,而不是神圣的传统标准。他的法理论主张诠释法律具有实际性而非单纯的条文依据。哈特的法律哲学从传统法律概念中脱离而构建透明、可解释的法律概念,他认为法律的发展取决于社会进步和法律能力的增加,多样化的生活方式需要多样化的法律规则。因此,哈特的法理论可以说是一种法律哲学的变革,他为英美法哲学的学者提供了新的研究方向和思路。

在哈特的理论基础上,拉兹进一步构建了自身的法律权威理论。他同样强调了法律的实际性,即法律规则是个体理性行为的基本依据。拉兹的法律权威理论认为,法律必须具备权威才能够成为有效的法律,而该权威是基于法律规则自身的性质得到认可的。拉兹的法律权威理论也强调了

---

① 庄世同先生为《法律的概念》(第 2 版)在台湾出版所撰写的荐文——《开启法哲学新世纪的哈特》,载[英]哈特:《法律的概念》(第 2 版),许家馨、李冠宜译,台湾商周出版社 2000 年版。转引自朱峰:《拉兹:法律权威的规范性分析》,黑龙江大学出版社 2013 年版,第 34 页。

权威的实践性,认为法律权威不是凭空而来的,而是通过对实践中权威性行为的分析得出的。在哈特的法理论基础上,拉兹对哈特的理论进行了扩展和创新。拉兹认为哈特的法理论虽然提出了法律的实际性,但是忽略了法律规则的权威性。因此,拉兹提出了法律规则必须具备权威性才能够成为真正的法律的观点,并借鉴实践哲学的相关元素,构建了自己的权威性理论。他认为,合法性权威是排他性理由的表现,即法律的规定应该得到普遍承认,而这种承认体现了法律的权威性。同时,他也认为,法律应独立于权威作出决定时依据的基本理由,法律不需要借助相关的理由就能够被识别。在哈特和拉兹的理论构建中,它们的研究方向不同,但是两位学者的法律哲学有着相似之处。哈特认为法律规则应该是可解释的,而拉兹则强调了法律规则的权威性。两位学者的理论可以说是相辅相成的,拉兹通过借鉴哈特的理论并创新,构建了具有实践性和权威性的理论。值得注意的是,哈特并没有明确展示关于"法律权威"的论述。在哈特对法律的本质进行探究的过程之中,法律权威和理由问题只是若隐若现地出现。但拉兹却明确提出"法律权威",并将其视为理论工具,借助这一工具实现了对法哲学、政治哲学等相关问题的系统分析与研究。哈特以"承认规则"构建起来的路径只说明了"理由"而没有提供切实的根据。这些不足正是拉兹法律权威理论研究的开始之处,也是本书关于拉兹法律权威理论中的理由范式研究展开的背景。

一、哈特法理论中的"接受"与"理由"

法哲学的核心体现在两个方面:一是说明法律义务自身的性质;二是解释法律产生义务的根本原因。法律自身本质上是一种实践权威,因此对于法律义务的解释是以对实践权威的一般性质为基础。一般认为,实践权威是向行动者施加服从义务的规范性权力,这表明权威创造了以下事实:"权威要求你做 Z。"这一事实使行动者具有了做 Z 的义务,即使此前你没有做 Z 的义务。① 承认规则是法律体系的基础。在哈特看来,通过承认规则辨识的法律,才是有效的,并因此得到接受。基于此,需要对承认规则的本质进行探究和说明。哈特在相关研究中指出,承认规则的本质是某种形式的社会实践。该社会实践由两个方面组成:一是特定群体内的成员规律性遵守的行为模式;二是群体内的成员对于这一特定行为模式的态度,在研究之中可以将该态度称之为"接受"(acceptance)。② 哈特在相关研究进入惯习主义的方向之后,可以将"规律性地遵守某一特定的行为模式"视为一种惯习。但是,哈特并没有明确说明"接受"是什么。

在接受这一问题上存在的争议是与接受对象相关的问题。对于接受与规范性的关系,最简单的说法认为,只要人们对法律规则有接受态度,即这一法律在实践层面存在规范性。在实践的过程之中该法律存在两个方面的不足:一是它无法揭示人们的接受态度来源于哪里,即无法说明个体接受法律的原因;若个体是出于道德和慎思接受相关的法律,那其本质是对道德理由与慎思理由的一个解释,不是对法律规范性的解释。二是基于这一理论,依据特定个体对特定法律规则的接受,如何推导出社会成员对这一规则的接受。如果个体间对法律规则的接受理由差异极大的话,社会分歧将广泛存在。由此出发,只有发展出一套更精致的理论才能避免上述两个粗糙之处。

哈特的承认规则理论是对法律有效性的一种理论尝试,他在相关研究中将接受的概念划分为三个层面来解释。哈特通过承认规则的概念,试图解决法律有效性的难题。他认为,法律的有效性并非只是建立在强制力上,而是需要个体对法律的行为模式作出明确的承认。这种承认规则的认可是法律有效性的基础。个体对法律规则的接受程度不同,会直接影响法律规则的实施和执行。首先,在个体层面上,对某一特定法律的承认是个体明确认可并接受该法律规则作为自己行为的依据。个体通过接受和遵守法律规则来参与到法律秩序之中,表明其认可和尊重法律的权威性。个

---

① 参见成亮:《没有服从义务的实践权威——与陈景辉教授商榷》,载《南大法学》2023 年第 1 期。

② See H. L. A. Hart, *The Concept of Law*, Second Edition, With a Postscript edited by Penelope A. Bulloch and Joseph Raz, Oxford: Oxford University Press, 1994, p.57.

体在实践中根据法律规则的要求进行行为的选择和判断,这种行为是基于对法律的认同和接受。其次,在社会层面上,承认规则的形成是基于社会成员对特定行为模式的接受态度。社会成员的接受态度是法律有效性的组成部分。他们通过参与社会活动和共享社会规范,形成了对特定行为模式的共同认可和接受态度。这种社会成员的接受态度是法律权威的基础,它为法律规则赋予了社会认可和合法性。最后,在官员层面上,官员承认并适用初级规则,这是实践过程中的一种行为。官员的承认行为基于一种存在的接受态度,这种态度使得官员相信法律规则具有一定的权威性和效力。官员在行使权力的过程中,基于对法律规则的承认,在具体案例中运用和适用法律规则,为社会成员提供了法律保障和公正判断。

在对第二个方面进行解释的过程之中,存在的最大困难是若个体接受法律的理由存在差异,则接受者无法迫使不接受特定行为模式的人接受某种行为。基于此,在行动过程之中行为模式的产生存在一定的偶然性。对接受特定行为模式的个体而言,其不能基于自身的理由对他人的选择进行批判。例如,若个体在生活之中形成了一个睡觉前看书的习惯。但其不能要求其身边的人也形成在睡觉前看书的习惯。对个体而言,其有效的行为在于等待其身边的人在偶然间也形成这一特定的习惯。若该个体身边人基于自身的理由形成特定的习惯后,其在某一天打破了这一习惯,个体也无法基于自身的习惯而对身边人进行批判。这只能说明行为者是可以偏离自己的惯习,也可以放弃对某一惯习的接受态度。这说明基于个体行为的成规性和接受态度所构建的承认规则存在不稳定的特点。

在对承认规则进行解释的过程之中存在的第三方面的问题是法官对规则的承认,通常是基于自身私密的理由。基于个人的理由,他也可以从这一承认规则鉴别出初级规则。在实践之中法官不能依据自身基于私密性理由而遵守的规则,施加全体社会成员遵守这一规则的义务。在哈特的相关理论之中,官员接受并承认规则的理由存在多样性,部分官员是基于自身的长期利益的考量,部分官员是出于对他人的关怀,部分官员是出于自身的习惯,部分官员仅仅是对他人的一种模仿。基于此,哈特指出的接受理由可以是私人理由、道德理由、非道德理由之中的任意一种。若官员在实践的过程之中承认并接受了相关的规则,则社会之中的其他成员需要遵守已经被辨识出的规则。哈特的这个主张是武断的,受到了相关学者的质疑和批判。

拉兹认为,若官员因为私密性理由承认并接受规则,官员将无法基于自身的理由要求社会其他成员接受并承认相关的规则。其原因在于私密性的个人理由仅能实现对自身的约束。出于对个体利益追求等非道德理由构建的接受理由,在实践的过程之中仅仅具备规范自身行为的约束力,而无法实现对他人的有效约束。仅在理由包含约束他人的规范力时,社会中的全体成员才可能接受并承认自身原本无须承认的东西。在社会实践之中道德理由是最具代表性的能够约束他人的理由。基于此,拉兹在相关的研究之中指出,不以道德为基础,无法构建一个使他人接受的施加他人义务的规则。① 其根本原因在于基于个体利益的行为和理由,无法对他人的行为和理由进行解释,除非该理由能够使他人获益。若在理论上将法律的效力来源归纳为基于相关的道德理由对承认规则的接受,这一主张本质上即为波斯特玛提出的道德接受命题。依据该命题,个体将基于道德的理由遵守法律体系之中的各项基本规则。拉兹在相关研究之中指出,尽管官员可能不是基于道德的理由接受规则,但是在实践之中其也必须模拟自身是基于道德的理由接受相关的规则。由此可知,哈特提出了一个错误的观点,即官员可以从任意理由出发接受承认规则。在拉兹看来,如果法官不是出于道德理由或者假装出于道德理由接受承认规则,将无法使下一问题得到回复:法官在接受承认规则之后,民众接受该规则的理由是什么?

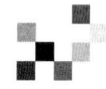

二、"独立于内容的阻断性理由"命题的提出

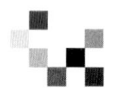

在《法律的概念》中,哈特认为,作为社会群体的一员和法律的执行者,官员群体必须将法律作为行动和裁判的基本理由。这意味着官员们在执行法律和裁判时,必须以法律规则为依据和指导。法律对官员来说具有明

---

① 参见朱峰:《拉兹:法律权威的规范性分析》,黑龙江大学出版社2013年版,第36页。

确性和约束力，官员应该按照法律规则的要求进行行动和裁判，并且理由必须基于法律的规定。这种观点强调了法律对官员行动的指引作用，同时也强调了官员的责任和义务，因为他们是法律的代表和执行者。然而，在《论边沁》中，哈特提出的观点似乎与之前的观点存在一定的矛盾。虽然哈特的观点在不同的著作中似乎存在一定的矛盾，但可以从不同角度去理解和解决这个问题。首先，哈特之所以强调法官对守法者的陈述并不能作为行动理由，是因为他将法官的职责视为技术限定的行为，法官的任务只是根据法律规则来裁决案件，并非就守法者的行动给予道德或合理性的评判。其次，在《法律的概念》中，哈特并没有详细说明法官行动的理由，他更侧重于阐述法律的概念和有效性。因此，可以认为哈特的立场是，法官的行动理由可以从法律规则的角度进行解释，而非从个体的道德信仰或理由出发。

在对《论边沁》进行批判的基础上，哈特创造了一个"独立于内容的阻断性理由"（content independent and peremptory reason）命题。"独立于内容的阻断性理由"命题是指法律提供了一种独立于内容的、具有阻断性的行动理由。该命题对于个体理解哈特构建的规则理论具有一定的帮助，也对法律权威的解释有重大意义。法律权威的基础是个体在实践的过程之中，将其视为独立于内容的理由并完全接受，个体接受法律是对立法组织的普遍性承认，法律也基于此产生了一般性的权威。法律权威为个体的行为提供了一般性的指导，且创造了一种特殊的理由，即依据法律的理由进行行动时无须对整体利益进行系统的分析，这同法律实践一致，即法律自身是一种特殊的规范，其存在着不同的运行方式。

哈特在相关的研究之中指出，权威性的法律理由摆脱了法律命令理由，实现了在概念层面上对法律和道德的分离。哈特认为法律命令理论之中存在的一个不足是，其仅仅借助对命令的描述实现了对主权的界定，由此使主权不包含规范含义，社会公众仅仅是基于习惯遵守主权者。由此导致了命令和采用命令的形式提出的建议无法实现有效的区分。哈特赞同霍布斯的命令理论，认为该理论把握了命令的本质，即命令者表达的根本目的是使行动者依据命令者的意志行动，而不是基于自身的意志行动。在这一情形下，命令者自身的意志不是影响命令接受者自身的考量，而是排除命令接受者自身相关的考量。基于此，命令者自身的意志是命令接受者一个阻断的行动理由,哈特指出这是实践之中命令的基本特征之一。命令的第二个特征在于其本质是"独立于内容的理由"。在常见的行动理由之中,行动同理由之间存在内容上的关联,即理由是以行动为方法实现的目的,如关闭窗户的目的是抵御寒冷。在这样的情形下,行动是为了实现特定目的的方法。命令同行动理由之间存在的差异在于命令同行动理由独立。哈特在研究之中认为,命令独立于内容的基本特点是,命令者将向不同的个体下达诸多不同的命令,基于相关命令的行动不存在相同点,但是在上述各种情境下,命令的接受者都必须将命令视为自身行动的理由。基于此,命令的本质是成为独立于内容的行动理由。[1]

法理学和哲学领域对哈特的"独立于内容的阻断性理由"命题产生了广泛争议和讨论。许多学者认为,这一命题把握了权威和法律规范的核心,相关学者普遍认为合法性权威能够为行动者提供一个同内容相独立的行动理由。尽管部分学者对这一结论持相反意见,指出个体行动的理由不仅仅是法律的相关要求。由于相关学者对于这一命题仍然存在一定的争论,有必要对其核心进行进一步的说明。理解"独立于内容的理由"的核心在于理解独立的内容以及独立于自身的含义。"独立于"是独立于命令者的背景,抑或独立于接受命令者自身行动的内容。基于哈特自身的表述和相关的研究,命令是同接受者自身行动的内容相独立的。若命令存在自身的背景内容,其应该包含命令者自身要传达的具体意图。基于此,独立于内容应该被视为指向接受命令的行动者。哈特认为命令的第二个特征是阻断性,在理解这一概念时,必须充分地考虑被命令者自身的行动以及其在行动过程之中的考量。对于"独立于内容"这一概念也可以从相反的一面进行理解,即对独立于内容的行动进行分析。在现实的情境之中,个体的行为同一定的目的和理由存在必然的联系,如关闭窗户抵御寒冷。在这一情境之中,为了实现抵御寒冷的具体目的采取了关闭窗户的措施。在命令加入这一情境之中后,行动的逻辑将发生变化。例如,船长向船员发布关闭窗户的命令,此时船员关窗的行动将同自身的考量无关,仅仅是因为

---

[1] See H. L. A. Hart, *The Concept of Law*, Second Edition, With a Postscript edited by Penelope A. Bulloch and Joseph Raz, Oxford: Oxford University Press, 1994, p.47.

船长的命令，该命令可能同船员自身的考量一致，也可能同船员自身的考量不一致。船长的命令本身就是船员去执行关窗这一行为的理由，进而使船员关窗这一行为独立于自身的思考。船员的这一行为仅仅是命令的要求，同时命令也使船员的这一行为正当化。基于上述讨论，哈特认为独立于内容的理由本质上是指，这一理由同行动者去做的事情在性质和特征上不存在联系。部分学者指出以内容为基础对独立于内容的理由进行分析忽视了这一概念的本质特征，即忽视了它的本质特征是意图。

哈特指出独立于内容的理由本质上是一种以特定意图为基础的理由，其能够实现对特定命令的说明。但是哈特自身对独立于内容的理由的解释未能体现对命令进行说明的性质，仅仅说明了命令的具体影响方式与特征。[①] 上述两者之间存在密切的联系，在开展相关研究的过程之中可以将独立于内容的理由看作积极要素之一，即使命令者自身的意图成为行动者自身行动的理由，命令独立于行动的性质则是一个消极的要素。在实践的过程之中不能借助第一个要素对第二个要素进行否定。与此相对应的是，在哈特的相关理论中，独立于内容的理由被视为可以包含任何内容的理由，并包含有独立于该行动的性质与价值。事实上，意图是命令的内容之一，其自身能否实现对命令的说明不存在疑问。哈特引入"阻断性理由"与"独立于内容的理由"实际上是对命令特点的说明，即命令自身未体现在沟通意义上对于意图的表达，其本质是自身具备阻断性和独立性的内容。部分学者在相关的研究之中仅把独立于内容的理由视为一般的理由，未能准确把握哈特的用意，仅是将命令的性质理解为一种意图，未充分考虑哈特在分析相关问题时的出发点。

可以说，"独立于内容的阻断性理由"这一命题在规范分析过程中发挥着重要作用。这一命题明确了法律规则对个体行为产生差异性影响的本质原因，在此基础上阐明了法律同一般的道德理由之间存在的差异。更为关键的一点在于，若法律自身的规范形式不是来源于需要实际考量的实质性理由，即借助构成性规则即能实现理由的正当化，就能够将法律规范同

---

① See H. L. A. Hart, *The Concept of Law*, Second Edition, With a Postscript edited by Penelope A. Bulloch and Joseph Raz, Oxford: Oxford University Press, 1994, p.57.

其他规范在概念上进行明确的划分。就法律制度自身的实践效力来讲,法律理由在对个体行为进行引导的过程之中存在确定性和排他性。现代法律实践具有明确的形式性特点,在现代法律形式之中,规则是排他性的理由,对于其具体的内容无须进行考量,且这一形式性同法治所追求的安定性存在密切的联系。哈特构建的规则理论剥离了对法律内容的考量,更符合当代法律实践操作。"独立于内容的阻断性理由"这一命题无法解决理由所依赖的根据的正当化问题。其原因在于法律规则自身不是同游戏规则相似的构成性规则,其本身代表了普遍化的实质性理由。法律规则不能完全脱离于"背景性理由"。就此言之,独立于内容,不能错误地理解为法律规则同相关的实质性理由完全分离,或者不考虑实质性理由。

  同化约论的法律命令理论相比较,独立于内容的理由能够有效地对法律权威进行解释,但是仍需对相关的问题进行进一步说明。在相关问题之中较为重要的一个问题是,法律在实际运行的过程之中,独立于内容的理由是如何实现的?哈特指出,法院对命令的承认本质上是一种内容独立的规范性态度,这促进了法律公正,但并不表示在应用法律规则的过程之中,法官不能考虑实质性的理由。在实践的过程之中,法官以何种形式实现自身对实质性理由的考量将是一个新问题。哈特承认自身在相关的研究之中对裁判问题的关注较少,并将其视为自身法理论体系的缺陷之一。实际上,哈特在相关研究之中间接地回答了上述问题。例如,哈特不赞同将法律义务陈述视为道德判断。部分法官在谈论主体的法律义务时,会同普通民众一样相信立法的道德正当性,并认为个体存在遵纪守法的理由,而未对法律的具体内容进行分析和研究。哈特指出,法官在上述情形之中只能认同法律自身的立法的正当性或假装认同立法的正当性。[①] 哈特在相关的研究之中还指出法官在论述法律义务时至少存在三种形式,其中之一是借助技术限定的方式进行谈论。在法官赞同某具体事物的前提条件下,法官的判断可能包含了一定的道德判断,但这一判断并未完全体现法

[①] See H. L. A. Hart, *The Concept of Law*, Second Edition, With a Postscript edited by Penelope A. Bulloch and Joseph Raz, Oxford: Oxford University Press, 1994, p.67.

官所陈述的法律义务的内涵。[1]

奥斯丁对法律规范性提出了自身的观点,他指出法律规范性只存在于主体避免被制裁的愿望之中。哈特激烈地批评了这一理论。哈特在了解了奥斯丁关于法律规范性的相关理论之后指出,该观点隐藏了这样的一个事实,即在规则存在的领域,对于规则的背离是判断会发生敌对行为的根据,而且是这一行为存在的理由与证明。[2] 基于功能的层面对规则理由给予强调,这当然是正确的,但并不足够。预测论的赞同者们可能会主张,它仍需进一步追问这样一个问题:个体应将法律的规则视为自身行动的理由进行证明。例如,若仅仅由于法律提供了有效的制裁,则可以认为法律的规范性理论是科学正确的。

综上所述,哈特认为,首先,哈特认为独立于内容的阻断性理由与行动的性质和特征是相独立的。这意味着理由的有效性不取决于行动的目的或结果,而取决于理由自身的属性。哈特通过引入这一概念,试图摆脱因内容不同而产生的争议,强调了理由的一般性和相对独立性。这个概念为解释法律权威提供了一种理论框架。其次,法律权威实现的基本条件是个体将法律权威视为独立于具体内容的理由而接受。这意味着个体在遵守法律时并不完全基于具体行动的目的或后果,而是基于法律规则本身作为理由的属性。个体对法律的接受和承认,代表了对法律相关部门的认可和对法官在法律判决中遵循的一般性法律规则的承认。这种对法律的普遍认可和接受程度,构成了法律权威的基础。进一步的,承认规则的价值和意义在于能够有效地对法律规则进行检验,并引导出一种一般性的制度权威。承认规则不仅是针对具体的法律规则,也是关于整个法律体系的。通过承认规则,个体为法律规则的有效性提供了一种评判标准。这种有效性是建立在普遍的接受和承认之上的,因此承认规则具有一种一般性的制度权威。承认规则能够引导法律体系的发展,并在法律权威的基础上构建起

---

[1] See H. L. A. Hart, *The Concept of Law*, Second Edition, With a Postscript edited by Penelope A. Bulloch and Joseph Raz, Oxford: Oxford University Press, 1994, p.68.

[2] See H. L. A. Hart, *The Concept of Law*, Second Edition, With a Postscript edited by Penelope A. Bulloch and Joseph Raz, Oxford: Oxford University Press, 1994, p.70.

一种相对稳定和可靠的法律秩序。最后，承认规则的基础在于判断法律自身是否为法律。个体通过承认规则来明确判断某一规则是否属于法律范畴。这种判断并不依赖于个体的主观意愿或道德信仰，而是基于普遍的接受程度。法律权威的实质存在于个体对其普遍的接受之中，这种普遍性使得法律具有一定的法律权威。个体之间的共识和普遍接受是法律权威的核心要素。只有当法律规则得到广泛接受，并且个体将其视为独立于具体内容的理由，才能形成一种有效的法律权威。在这一理论框架下，哈特提出了对法律权威的解释。法律权威并非仅仅建立在法律规则的内容和目的上，更重要的是建立在个体对法律规则的认可和普遍接受上。个体认可法律规则的理由并不是因为其具体内容的优劣，而是因为个体将其视为一种独立于具体内容的理由并接受这种理由的约束力。这种普遍接受和认可构成了法律权威的基础。此外，承认规则不仅仅是对法律规范性的回答，更是在制度层面上对整个法律体系的确认和接纳。法律权威不仅仅是对单一法律规则的承认，而是对一整套法律规则和制度的认可。法律体系的确立和稳定需要个体的普遍接受和承认，这样才能在制度层面上形成一种普遍性的权威。

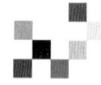 三、拉兹理由范式对哈特的扩展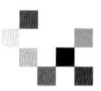

　　拉兹遵循哈特开创的新分析法学的道路，走向的是更为彻底的分析法学。但拉兹并没有对哈特亦步亦趋，而是开拓创新，试图努力弥补哈特法理论中的不足。以拉兹的法理论为视角，我们可以看到哈特法理论的三个缺陷。

　　哈特法理论的第一个缺陷是无法对非实践性规则进行说明。在哈特的相关理论之中规则特别是个体承认规则是在社会实践的基础上形成的。拉兹指出尽管法律作为特定的规则是实践的，但并非所有规则都需要通过实践形成。比如，个体所信任的某些"道德规则"，这种"道德规则"就可以脱离实践，仅产生于人们的信念中。而人们在社会实践中不管是否承认道德规则,也不能对这一规则存在产生影响。基于此,拉兹指出,"把信念归结到特定个体的条件,不依赖其对规则的服从与实践"。① 在拉兹构建的法哲学理论之中,法律规则被视为能够排除其他理由的排他性理由而存在,上述其他理由包含被法律规则排除的全部行动理由,如道德规则、信念等。史蒂文·J.伯顿在相关研究之中指出"个体在实践行动中考虑了特定的理由,当该理由也归属于道德考虑的层面,该理由实质上发挥了完全道德的一种作用"②。

哈特法理论的第二个缺陷在于未能对实践规则和被接受的理由进行有效区分。在该理论中,哈特认为个体将法律权威视为独立于具体内容的理由而接受,但无法解释为什么个体会服从这种规则。为了弥补这一缺陷,拉兹提出了一种概念,即将规范性的规则设定为一种排他性理由。他认为,个体习惯某种行动的理由并不代表个体遵守某种规则。举例来说,个体每天刷牙的习惯并不意味着存在一个特定的规则要求个体每天晚上刷牙。因此,拉兹主张通过规范性的规则来确保规则在实践中具有优先权,这些规则被称为权威性规则。根据拉兹的观点,权威性规则具有排他性理由,这意味着它们可以覆盖个体的行为选择,并在个体实践中具有约束力。权威性规则的优先权使得个体在特定情境下更倾向于遵守规则而不是根据个人喜好或利益作出决策。这使得规则成为一种具有普遍性和约束力的准则,而不仅仅是个体的偏好或主观选择。拉兹进一步强调了权威性规则的重要性,他认为这种规则为社会秩序和共同生活提供了基础。权威性规则的存在使得社会成员能够依靠共同的准则和规范来预测和理解其他人的行为,从而促进社会的和谐与稳定。此外,权威性规则也为公正和合理的决策提供了基础,因为它们建立在公认和接受的普遍准则之上,而不是根据个人的偏好或权力游戏。通过将规范性的规则设定为排他性理由,拉兹的理论解决了哈特法理论中的第二个缺陷。拉兹的观点强调了权威性规则的特殊地位和约束力,使得个体更倾向于遵从这些规则,而

---

① [英]约瑟夫·拉兹:《实践理性与规范》,朱学平译,中国法制出版社2011年版,第18页。

② 陈锐编译:《作为实践理性的法律——约瑟夫·拉兹的法哲学思想》,清华大学出版社2011年版,第19页。

不仅仅是基于个人喜好或利益。这种解释为我们理解法律权威的形成和实现提供了一个更加完整的视角，并提供了一个更加清晰的框架来理解法律规则在社会中的功能和意义。

哈特法理论存在的第三个缺陷是未能充分说明规则自身所存在的规范性特征。在哈特的相关理论之中，采用规范性的术语实现对规则的陈述，即 A 应该做 Z，这一陈述包含了内在的观点，也是对外部实践的一种说明。但是该陈述并不是对特定理由的一种说明和陈述。它只是表明存在一种理由。规则是否存在同规则的陈述是否具有规范性的意义不存在直接的联系。[①] 拉兹采用实践哲学中的理由论，将相关的规则设定为排他性理由，从而克服哈特法理论缺陷的方法。拉兹在相关的研究之中，借助对排他性理由的证明阐明了规则所具有的实践性权威，进而保证了规则自身满足规范性的相关要求。拉兹在相关理论中指出，法律权威的本质即为规范性权威。拉兹的相关理论补充完善了哈特法理论存在的缺陷，将实践哲学确立为法律实证主义的基础。

在拉兹的权威理论中，与他关于理由的理论有着紧密联系。然而，在分析拉兹对权威和理由的理解之前，我们需要先回顾一下哈特在《法律的概念》中关于理由的论述。在这本经典著作中，哈特将理由作为一个重要的概念，用以区分规则和习惯。他认为，规则和习惯的首要区别在于偏离规则的行为会受到批评，而偏离习惯的行为则不会。此外，理由也是规则的内在特征，是规则的定义性特征。哈特已经对理由问题给予了足够的重视，在这个问题上他用理由来解释规则，将其作为区分规则和习惯的标准。那么，拉兹关于理由的论述有何与众不同之处呢？如果拉兹的论述与哈特的无异，那么我们只能说拉兹的规则理论是对哈特理论的精细化和深入化，而不是真正的理论突破。然而，拉兹的权威理论的独特之处在于他对理由的理解与权威的关系。拉兹通过将规范性规则设定为一种排他性理由，提出了权威性规则的概念。他认为，个体的行动习惯并不等同于遵从某种具体规则，因为个体可能只是习惯性地执行某项行为，并没有意识到

---

① See H. L. A. Hart, *The Concept of Law*, Second Edition, With a Postscript edited by Penelope A. Bulloch and Joseph Raz, Oxford: Oxford University Press, 1994, p.87.

规则的存在。例如,个体每天刷牙的习惯并不意味着存在一个规则要求个体每天晚上刷牙。为了解释规则的权威性和约束力,拉兹引入了权威性规则的概念。这些规则被赋予了排他性理由,即它们在个体实践中具有优先权的能力。权威性规则的存在使得个体更倾向于遵从规则,而不是仅仅根据个体的偏好或利益作出决策。权威性规则在社会中起到了统一行为、促进社会和谐与稳定的作用。与哈特理论相比,拉兹的权威理论在解释规则的力量和意义上更加深入。拉兹的理论突出了规则的约束力和优先权,将规范性规则与个体自主性的关系进行了探讨。权威性规则具有深远的影响,它们塑造了社会秩序和共同生活的基础,并为公正和合理的决策提供了依据。然而,我们也必须承认拉兹的理论并非没有缺陷。批评者认为,拉兹过于强调规则的约束力,忽视了个体自主性和自由选择的重要性。拉兹的权威理论可能会削弱个体的自主性和权利,使个体只是被规则所控制,而不是能够自主选择。因此,在理解和应用拉兹的权威理论时,需要平衡个体自主性和规则约束的关系,保护个体的自由权利。

为了说明拉兹的独特之处,我们要回过头来分析哈特。哈特正确地指出理由对于分析规则的重要性,但是,他对理由的理解是有问题的。他认为理由是相关的人的一种信念(belief),因为,在哈特眼中,理由作为理由必须是被某些人认识到,没有被认识到的不可能成为理由。[①] 而所谓的认识又与哈特所谓的"批判反思的态度"有关。但是,理由仅仅是某一社会中普遍存在的态度吗?作为一个不具有这种态度的人,这种普遍态度对他能构成理由吗?假如不构成理由的话,我们只能得出结论说,理由只是针对那些持批判反思态度的人,并不能扩展到这个人群之外。但是,即使持有这些理由的人也不是这样看待理由的,他们认为理由不仅仅是对自己有效,而且应当普遍有效。例如,"虐待动物是错误的"这一点即使对不这样认为的人同样构成行动的理由。甲原来可能并没有认识到这一点,但是,很长时间过去了,甲认识到"虐待动物是错误的"。他会说,这一点一直是作为行动理由的,自己过去的认识是错误的,自己的认识提高只是让我们

---

① See H. L. A. Hart, *The Concept of Law*, Second Edition, With a Postscript edited by Penelope A. Bulloch and Joseph Raz, Oxford: Oxford University Press, 1994, p.92.

认识到这个理由的存在,而理由自身的存在并不因认识而改变。而且把理由等同于认识就相当于取消了实践推理,因为理由无非是个人的各种认识和信念,根本没有对错之分。把理由等同于态度是哈特规则理论的萌芽。

　　拉兹的理由观是什么样的呢?拉兹认为,理由是用来说明和指导行为的,那么,人们是用"世界的真实情况"来说明、指导行为,这才是行为的最终依据。虽然理由实现功能必然要通过人们对"世界真实情况"的认识,但是,这种认识是第二性的、派生性的,认识最终是服从"世界真实情况"的,并依据后者适时地修正自己的内容。因此,拉兹把理由定义为一种事实(fact),但是这种事实并非是与价值对立的,而是"世界所是的样子"的意思。在这种广泛的意义上,事实包含价值(人类生活有着最高的价值,这是一个事实)、信念、事件等。这是拉兹在20世纪70年代对理由的界定,他把价值与其他几种"事实"并列为理由的构成部分。值得说明的是,这里面价值是最为重要的,其他几种"事实"能够成为理由都是预设(presupposed)了价值,没有这种预设,事件和信念根本不能成为理由;反过来说,价值不会把其他几种"事实"作为预设。所以,从本质上看,理由就是价值。如前所述,拉兹认为,价值是世界的一部分,是人认识的对象,而不是人的认知的一部分。这是一种客观主义的价值观:价值如同物理事实和心理事实一样,是这个世界不可否认的一部分,价值无法还原为人的认知和态度。价值的优劣排序由价值世界本身的结构决定,而非由人的意志所左右,因此,在价值领域运用理性是可能的。

　　为了回应许多对"理解但不必然共享"论证观点的质疑,拉兹提出一个"有效行动理由"(valid reasons for action)来支持这一论证观点。拉兹认为观察者可以基于这种有效行动理由来说明团体成员对法律的承诺态度。"譬如,我对一个虔诚的佛教徒说,'这个杯子里装的液体你不能喝,因为杯子里装的是白酒',虽然我本人不是一个佛教徒而是一个爱饮酒之人,但这并不妨碍我从理解虔诚的佛教徒的承诺态度,来对该虔诚的佛教徒提出这种规范性的建议,因为我本人所根据的理解的观点,是一个有效理由的观点即佛教徒不能饮酒,因此,我本人所谓的规范性建议,也是根据该有效理由的观点所作的正确性判断。"①法律实证主义正是基于拉兹的"有效行动理由"来回应反对者的质疑。为了证明哈特所主张的这种"理解但不必然共享"的法理论乃是一种客观存在的法理论,拉兹提出了"有效行动理由"理论,主张观察者可以基于这个理由作出一种规范性陈述。

然而,针对拉兹提出的"有效行动理由",有学者展开了理论质疑。其质疑的理由大概包括如下几点:第一,这个所谓的"有效行动理由"是一个什么样的理由,其究竟是一个道德理由抑或是一个非道德理由;在众多可以接受的理由中如何去认定哪一种接受理由是事实上存在的承诺的态度,进而基于这个承诺态度作出规范性建议,同时作出一个道德中立的描述。第二,哈特及其理论的捍卫者从未正面回答对其所描述对象的质疑,这一质疑使其"理解但不必然共享"的论证观点产生了巨大动摇,因为其无法证实观察者所描述的对象是观察者本人自以为是的看法,还是如实反映社会成员的看法。为此,这两点质疑将会使哈特所主张的"理解但不必然共享"的论证观点产生巨大动摇。进而,将之作为理论根基的拉兹的"有效行动理由"理论也注定是不成功的理论。

拉兹认为,在实践推理中,权威有其必要性,并在权威的受众与相关情境中发挥了重要的中介作用。权威的合法性来源于其能够指导遵从者更好地服从与其私人存在密切联系的正确理由。这样说来,遵从权威所传达的理由并以之行动,相较于直接采用这些理由并行动,更能体现其合理性。举个例子来说,在回答关于在行人众多、连续弯道的道路上汽车的合理速度时,人们可能会有各种各样的理由。然而,比起仅仅靠个人主观判断,依靠遵守法律来确定行驶速度更为合理。因此,针对法律规定的各种限速规定,其合法性源自它能够帮助人们更好地权衡正确理由并根据这些理由行动。拉兹通过强调权威的中介作用,对规则遵从的合法性进行了解释。权威性规则在社会中扮演着重要的角色,起到了统一行为、维护社会秩序与稳定的作用。根据拉兹的观点,权威性规则的合法性来自它们与个体私人理由的关联。当个体借助权威的中介作用来解决问题,并依据正确理由进行行动时,其遵从行为更能够体现合理性。然而,值得注意的是,拉兹的权

---

① [英]约瑟夫·拉兹:《实践理性与规范》,朱学平译,中国法制出版社2011年版,第38页。

威理论并不意味着权威的绝对性或无条件性。并不是所有权威都能提供正确的理由进行遵从。权威的合法性取决于其所代表的价值与原则是否符合个体的理性判断和伦理观念。个体需要对权威的指导进行批判性的思考，并判断其是否与他们认为合理的理由相契合。此外，在权威与个体自主性之间存在一种动态的关系。拉兹的权威理论并不否认个体的自主性和自由选择的重要性，而是将权威视为一种指导个体行动的工具。个体在遵从权威时仍然需要行使批判性思维和自主性。

因此，主张一个具有合法性权威事物时，必须存在一种能够对其权威的实现发挥中介作用的角色。能够发挥这一作用的角色具体是什么呢？对权威能力（authority capacity）而言，有两种特征是必要的：第一，从一个主张自身具备合法性权威的事物出发，其存在必须满足下述情形：一是其指令为权威性指令，且在实践的过程之中该指令不依赖被取代的相关理由。若该条件无法满足，即若权威指令意图借助自身的权威取代特定理由，将无法实现对特定理由的识别，该权威也无法发挥自身所承担的中介角色。在实践中，其不能制造自身所追求的实践差异。需要强调的一点是，这同相关论证与实效的权威不存在直接的联系。在这一过程之中关键在于权威指令被及时识别出来，否则权威指令将无法发挥自身的价值。这一推论的基础是实践之中的权威的基本原理。权威在实践的过程之中试图制造某些差异，仅在权威指令不借助其他的各种理由就能够被识别出来时，权威自身才具备这样的差异制造能力。从另一方面讲，为发现一项权威指令的具体内容，必须进行相关的推理，且上述推理是所发布的命令想要取代的，基于此，一项权威指令由于自身未能独立于决定这一命令的理由而失去价值。第二，权威要求某种创作。主张自身合法性的事物，必须能够在"其受众应当如何行为"这一问题上形成意见，进而体现受众对行动理由推理的差异。

借助对语义的分析可知，拉兹对当前已经完成的同权威相关的研究进行了批判，进一步细化了相关的研究。例如，拉兹在研究的过程之中对"权威"的概念与内涵进行了一系列的区分，依据不同的标准可以将权威划分为理论权威、实践权威，合法性权威、有效权威等。拉兹在对权威理论进行批判与分析的基础上，构建了自身的权威理论，即以理由为根基的权威理论。拉兹指出，应将权威从根本上看作某种特殊的权力，该权力是对保护性理由进行改变的能力,基于此,可以将权威视为改变行动理由的能力。①在一定程度上,可以将权威和规范性权力视为命令。基于拉兹的观点,命令和要求存在差异。命令能够排除接受者自身的意愿。在实践中命令比要求更加专横。要求的发出者通常是在各种权衡的理由之中增加一个理由,而命令的发布者则要求接受者使命令取代自身各种权衡的判断。

基于拉兹的观点,法律与权威的概念存在密切的联系,对于权威的抽象分析适用于对法律的分析。法律对于合法性权威的主张是其本质特征之一。在总结出这一结论之前,拉兹对两个论断进行了进一步的说明:一是若法律具备事实权威与有效权威,则其拥有合法性权威。合法性权威是对有效权威进行解释的一个基本假设,其原因在于,若一个个体被他人视为权威时,该个体才能掌握有效权威与事实权威。二是对权威的分析应从权威辞令的背景之中展开,若法律的存在是实施特定行为和排除相冲突因素的理由,那法律将具备权威。该处的理由是指一个有效的证明,基于这一理由合法性权威将得到有效的证明。②法律的基本特征是其主张自身具备合法性权威。法律自身在实践的过程之中能够为此提供一个决定性的理由,且这一理由具有排他性的特点,该特点的基本来源是法律这一主张的合法性,即存在合法性规则。法律规则能够决定当事人该如何权衡各种理由,尽管不存在其他的理由,法律也应该得到遵守,即法律自身即为最重要的行动理由。

基于上文论述,"法律基于对合法性权威的主张要求法律规则是个体行动的理由,且法律规则能够排除相冲突的理由,即法律规则是一个排他性理由"③。本书所研究的核心问题之一是法律权威。拉兹在研究这一问题的过程之中将其放在了一个更为广阔的领域,进而实现对这一问题的证明,但是相关的证明同法律权威及相关的性质不存在直接的联系,因此受到了相关学者的批评。对于上述问题,在后期的研究之中,拉兹提出了服

---

① 参见[英]约瑟夫·拉兹:《实践理性与规范》,朱学平译,中国法制出版社2011年版,第39页。
② 参见[英]约瑟夫·拉兹:《法律的权威:关于法律与道德论文集》(第2版),朱峰译,法律出版社2021年版,第43页。
③ [英]约瑟夫·拉兹:《法律的权威:关于法律与道德论文集》(第2版),朱峰译,法律出版社2021年版,第48页。

务性观念。这一观念指出,权威的首要价值与作用是对被统治者提供服务,这一观念本质上是一个以公断者模式为基础而构建的观念。拉兹指出,公断性权威在个体同适用于个体行动的正当理由之间发挥了中介作用。基于此,权威可以判断个体基于正当理由的行为。借助上述主体的媒介作用,权威自身为主体的行为创造了理由,主体依据理由的行为取得的实际效果,优于依据自身的判断而行为所取得的实际效果。

第 二 章

拉兹一般权威理论中的理由

要深入认识和理解权威命令同个人理由两者之间存在的相互关系,首先需要对权威的实践过程进行全面和细致的观察。拉兹对这个问题的分析很具有启发性。他在研究这一问题的过程之中,构造了一个争执双方要求仲裁者进行仲裁的情境。在这一特定的情境之中,仲裁者将具有解决争执的权威,争执双方将遵从仲裁者作出的决定。在这一场景之中,参与各方所体现出的行为特点,能够对权威同理由之间存在的关系进行有效的解释。一是权威在给出指令时,必然综合考虑适用对象存在的各种理由。二是在实践之中,若个体认可权威的指令,其将尽可能地服从权威的指令,且不会寻找适用自身的理由。三是对适用对象而言,权威的命令对于自身行为的决定权高于其他种种因素。若个体的其他理由同权威的命令相矛盾,个体也将遵从权威的要求。拉兹在相关研究之中指出权威的命令不完全基于对个人理由的考量,还包含了对公共价值的思考。上述三点系统地揭示了个体行为同合法性权威之间存在的关系,以此为基础,可以对权威在实践的过程之中遵守的基本原则,以及具备的效力进行有效的分析。权威在发布命令之前,应充分考虑各方的合理权益和诉求,在命令发布之后,个体必须服从权威的命令。拉兹认为权威是明确理由的媒介,其指出了人们行动的范畴。[①] 基于此,权威对个体行为的影响存在一定的应然性和有效性。

---

① See Joseph Raz, *Ethics in the Public Domain*, Oxford: Clarendon Press, 1994, p.214.

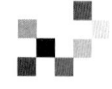

一、拉兹对权威概念的阐释

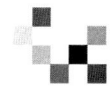

在政治哲学、法哲学的领域之中,权威是核心概念之一。就政治哲学领域而言,权威同义务存在密切的联系;在法哲学领域之中,拉兹构建了法律同权威之间的联结,并对权威相关的理论展开了系统的研究。[①] 尽管通过全面分析权威的功能才能获得一个令人满意的权威定义,但在研究之初,一个建立在日常观念基础上的临时定义对我们来讲是有助益的。有学者将权威作如下界定:"权威是属于个人且借助命名而得到落实的作用力,这一作用力将被其他具有独立意志的个体视为规则而实施。"[②] 权威的命令对个体的行动而言是否为独立理由?拉兹指出若个体服从权威的合法性,则权威命令即为个体遵守的理由,直到对权威如何成为这样一个理由进行研究时,我们才能够真正理解权威的性质。[③]

(一)拉兹对四种权威学说的批驳

在对权威概念进行解释和研究时,一些学者尝试通过对权威的现象进行观察和批判,来揭示权威的本质。这些现象包括个体对权威的承认、社会革命和征服等。然而,虽然当前的研究已经克服了一些困境,但在方法论上仍然存在一些问题。拉兹提出了四种常见解释权威的缺陷,并为我们提供了一些启示。

第一种解释认为权威是对事实权威进行详细说明的必要或充分条件。然而,这种解释并不能有效地揭示权威的本质。的确,我们可以阐明人们

[①] 拉兹所讨论的是广义的实践权威,政治权威是实践权威的一部分。See Joseph Raz, Reason for Action, Decisions and Norms, Mind, New Series, Vol.84, 1975, pp.481-499.

[②] [法]耶夫·西蒙:《权威的性质与功能》,吴彦译,商务印书馆2020年版,第7页。

[③] See Andrei Marmor, The Dilemma of Authority, Jurisprudence, No.1, 2011. 转引自朱振:《再探"权威与自主性"的悖论——以"服务性权威观"为中心的讨论》,载《法治现代化研究》2018年第2期。

获得或拥有权威的条件,以及某一社群承认某些人拥有权威的条件,这构成了一种社会理论。然而,相关研究并未能有效地揭示这些条件的价值,也就是说,我们并不清楚权威的本质是什么以及权威的属性。为了克服这个问题,我们需要更深入地探讨权威的本质和属性。在权威的概念中,存在一个内在的特征,它是指导人们行动和决策的能力。权威是人们在认识行为目标和行为方式时所依据的一种指引。权威性规则或权威人士所表现出的特定行为与普遍的价值观相符合,因此人们自然而然地接受它们,并根据其行动。因此,权威的本质是其能够引导人们行动的能力。此外,权威还具有信任的内在特质。这种信任是指人们对某些规则或权威人士的信任,即使在某些情况下无法验证其有效性,人们仍然相信它们可以有效地指导他们的行动。这种信任基于对权威性规则或权威人士的信任,而不是基于事实或证据的验证。因此,在权威的影响中,信任起着至关重要的作用,它是权威性规则或权威人士所拥有的重要特征。在解释权威时,还需要考虑权威与社会价值观念、认知模式及其对社会秩序和个体自由的影响。权威在一定程度上可以看作是与社会契约或社会规范相交织的概念。社会中存在着复杂的规范和价值观念,人们需要权威来提供指导,以便更好地决策和行动。权威性规则为人们提供了一种可靠的指导,使他们能够从复杂的社会规范中进行有效的决策,从而促进社会的稳定和发展。[①]

第二种解释认为,通过对法律权威形成条件的阐述,可以明确权威的本质。这种解释似乎很有潜力。因此,权威概念的解释需要说明权威主张如何被合法化。这种解释的影响是明显的。然而,这些解释并没有规定权威主张的合法化方式。

有一种合理观点指出,权威主张的有效证明可以证明行为的合法性,从而证明其行为存在正当理由。然而,权威主张的合法性证明与采用具有合法性的论证的性质存在显著差异,也不同于正当行为的性质。事实上,上述观点还存在一定程度的不确定性。我们需要权威来执行某些行为,个体具备权威似乎赋予其执行某些行动或使某些行动正当化的能力,而不必

---

① [英]约瑟夫·拉兹:《法律的权威:关于法律与道德论文集》(第 2 版),朱峰译,法律出版社 2021 年版,第 6 页。

参与对合法性性质的论证。因此,权威的分析不仅包括阐明一个人拥有法律上有效权威的条件,还能够说明在个体具备权威时,其拥有什么。这表明权威是实施某些行为的能力。在权威的解释中,我们需要引入对权威主张合法化的讨论。尽管权威主张合法化并不是权威的必要属性,但它对于权威的理解和解释至关重要。只有当权威主张合法化时,权威的行为才能在法律和社会范围内被承认和接受。此外,权威的分析还需要考虑人们对权威的认同、信任和遵守。权威性规则的效力取决于社会中个体对权威的接受程度。人们是否认同权威主张的合法性,是否相信权威的指导和决策,以及是否愿意遵守权威的规则和行为要求,都会对权威的实施和效果产生重要影响。在研究权威时,还需要探讨权威的范围和限制。权威并不是一种无限的力量,它受到法律、制度和道德等因素的制约。权威的有效性和合法性需要在合理和公正的框架内得以实现。[①]

第三种解释认为,权威作为一个事实能够有效地佐证事实权威同权力之间存在的关系。拉兹认为具备权威的个体实际掌控了规范性权力。但是此处所涉及的是不同的"权力"概念,即权力指个体的影响力,其决定了个体的命运与选择,进而使个体具备了权威。由此,合法性权威将被视为具有正当理由的有效权威。有效权威则是指必须被服从和维护的权威。尽管在研究的过程之中,我们更加重视实践权威而不是理论权威,但是在研究的过程之中可以考虑将两种类型的权威分析最大化。举例说明,无论孩子承认与否,父母对其拥有权威。诚然,父母的权威通常得到其他人的认可,但是从"承认理论"(主张主体间的"承认"是关键因素)的观点来看,这是一种错误的承认类型。父母的权威并非取决于承认。因此,若理论权威无须承认、践行,那么至少也有某种实践权威在其实践的过程之中不需要被践行和承认。若权威无须实践与践行,则某些实践权威由于是理论权威,从而产生了权威性基础。例如,一位医学专家在病理和治疗方面都享有权威,股票交易专家、航海专家及其他众多在其从事领域享有权威的专家,尽管他们的权威有时得不到承认和践行,但其实际上存在。拉兹认为知识和专长并不能赋予一个人统治的权力,这不是权威概念分析的结论。

---

① [英]约瑟夫·拉兹:《法律的权威:关于法律与道德论文集》(第2版),朱峰译,法律出版社2021年版,第6~8页。

若个体掌握了事实权威,其将不仅需要权力,还需要权威,或者别人认为他拥有权威。举例来说,借助暴力的手段使个体屈服同借助权力的主张使个体屈服,两者之间存在巨大的差异,后者才能够真正地体现事实权威。①

第四种解释认为,对权威的界定必须参考相关的规则。也就是说,一个人具备权威则等于该个体掌握了一个完整的规则体系,这一规则体系将把权威授予给个人。这一解释方式事实上是第一种与第二种解释方式的变体,所以很容易遭受同样的批驳。个体具备权威的实践代表了个体对权威的解释。个体在授予部分规则权力的过程之中,其将掌握权威,且在实践的过程之中个体未就具体授予权威的方法进行说明。的确,某些规则明确授予权威。它们拥有权威性且有约束力的表达方式(如已制定的规则),并且其权威性形式规定了它们授权于特定之人。但是这一定义对阐明它们的意义及效果毫无助益。②拉兹对此主张并不认同,他认为当某一公共组织在紧急状态下主张权威时,我们很难说这一权威源于规则。假定存在两个规则体系,一是承认一个人拥有权威,二是否认该个体具备权威,则该个体既具备权威,同时也不具备权威。拉兹从实践哲学出发,认为权威本质上是一个实践性概念。这表明个体具备权威的实践性问题,这一问题将影响具备权威的人的具体行为,即部分个体进行实践推理的基本前提是个体具备权威。

对权威的解释应当释明它的实践意义,它应当释明如何进行实践推理。在非相对意义上,一个人应该做什么取决于谁拥有权威。一个人根据某一规则体系拥有权威,其本身并不具有实践意义。如同"根据特定之人,国会被授予权威"的事实根本无法得出应该做什么的结论意义,仅"根据某些规则,国会被授予权威"的事实仍然不能使我们有所获益。进一步的假设可能引申出,如果根据某人,国会拥有权威,那么国会的确拥有权威。同理,进一步的假设可以允许"国会权威来源与某些规则"的陈述转变为一种非相对化的权威陈述。然而,为了使非相对化权威陈述的转变总是可能,

---

① 参见[英]约瑟夫·拉兹:《法律的权威:关于法律与道德论文集》(第2版),朱峰译,法律出版社2021年版,第8~10页。

② 参见[英]约瑟夫·拉兹:《法律的权威:关于法律与道德论文集》(第2版),朱峰译,法律出版社2021年版,第10~11页。

于是就在"权威来源于某些规则"的概念上设置其他条件,这种做法是错误的。除非还有其他的假设,否则相对化权威将成为实现这种"转变"的绊脚石。"我们需要一种策略能够对其他人的权威观以及社会或人们根据规则接受或主张权威的条件进行探讨。为此,我们所谈论的相对化权威从一定意义上就是指,从某种观点出发,我们仅说明了何人拥有权威。在某些情况下,有些人坚持特定观点或支持特定规则的事实足以使他们拥有权威,但在其他情况下却并非如此。权威陈述从相对化到非相对化的转变从来不是自发的,也并非总是可能。这些因素表明主要概念为非相对化权威。相对化权威概念的价值在于说明个体、社会的非相对化权威观,且后者是前者的先决条件。反之则不然。"①

正如上文所述,理解权威理论已经成为理解当代英美法哲学的一个关键。权威理论以及相关的理论较为复杂,缺乏准确的标准对权威理论进行明确的划分。基于本书研究的目的,可以采用史密斯提出的分类方法,他将当前的权威理论划分为三种类型:一是结果论;二是道义论;三是经验论。本书尝试证明上述三种理论均未能有效地证明法律权威。

第一,结果论的介绍与批判。奥斯丁理论指出,法律本质是主权者的命令,其权威来自自身的强制力。②哈特在相关著作之中对结果论相关的理论进行了批判,并将其总结为"强盗情境"。奥斯丁结果论最大的缺陷在于未准确区分"有义务"与"被强迫"两者之间的差异。③哈特对相关理论进行总结之后指出,强盗未授予受害者义务,进而使其不具备权威。在传统的概念之中,义务同权威存在密切的联系,其为一个硬币的两面。哈特对奥斯丁结果论强调情境的批判,引发了对当代法律之中对于权威阐释的反思,这也充分体现了哈特相关研究的重要价值。哈特采用了剥洋葱似的分析方法,对结果论这一理论进行分析,最终发现该理论未能够清楚地阐释权威,仅仅存在一些错误和不准确的权威观念,未将法律权威的本质准

---

① [英]约瑟夫·拉兹:《法律的权威:关于法律与道德论文集》(第2版),朱峰译,法律出版社2021年版,第11~12页。

② 参见[英]约翰·奥斯丁:《法理学的范围》,刘星译,中国法制出版社2002年版,第17~41页。

③ 参见[英]哈特:《法律的概念》(第2版),许家馨、李冠宜译,法律出版社2011年版,第75~83页。

确地体现出来。①

有学者在研究的过程之中指出若一个命令被服从,是因为个体 X 发布了这一命令,则可以认为 X 具备权威。这一道理同"我们为什么交税,因为法律要求"一样,其有效地平衡了权威和行动理由。从认识论的角度进行分析,权威者自身的命令,同行为者的服从行为之间的相关性是偶然的,其核心在于行为者在决定自身的行为之前,需要考虑和衡量诸多的因素,且上述因素从根本上决定了行动者自身的行动,上述因素包含了自身的欲求、行为动机和行为目的。在这一情况下,强盗的命令所发挥作用的机理是,诱导个体认识到自身的义务。在其他类型的各种场合之中,"命令"这一角色的扮演者通常是自身的道德和朋友的劝诫。在权威这一广泛的概念范畴内,强盗的命令存在迫使受害者行动的权威,但其本质仅是受害者依据其命令行动,强盗本身并不具备权威。即受害者尽管服从其命令,但未承认其权威。在这一意义上,哈特准确地对"被强迫"与"有义务"进行了区分。

第二,道义论的介绍与批判。对权威道义论的解释主要可划分为两种类型:一是以契约、承诺等相关的概念为基础构建承诺。美国建国者的共识是政府的建立基础是公民的同意。霍布斯等诸多的政治思想家也表达了上述观点。在纯粹的自然状态下,个体为享有和平,而愿意遵守法律的指令。如上文所说,我们对此进行反对的理由是,上述的观点基于事实,而不是基于概念,其本质上是一个更具有破坏性的本体论观点。学者只赞同社会契约论的根本在于该理论同历史事实背离。若忽略社会契约论存在的诸多问题,也无法采用这一理论进行有效的解释。其原因正是上文所述的,我们是基于概念进行反对,而不是基于事实,其本身是一个具有破坏性的本体论观点。个体遵照法律指令行动的一个理由是承诺,即个体交税的原因是其具有道德义务兑现自身交税的承诺。但本书在研究的过程之中必须再次说明,遵守法律同个体遵守承诺的行为仅仅是偶然因素的重合,在严谨的概念分析之中,法律未能给出使公民行动的理由,基于此其无法

---

① 参见何永红:《现代法理学中"法律权威"问题的困境——以哈特对奥斯丁的批判为线索》,载《政法学刊》2010 年第 1 期。

主张拥有权威。二是以感激、公平竞争义务等为基础对权威进行解释。①这一解释的思路在于指出个体的义务来源是法律给予了个体足够的恩惠，作为对恩惠的回应，个体服从法律的权威。但应充分认识到个体遵守法律的原因之一可能是感激，但是其并未产生权威。

第三，经验论的说明和批判。在对权威进行解释的过程之中，采用结果论和道义论均无法实现最终目的，这迫使相关的学者寻找其他更为有效的解释途径。在日常的生活之中，人们经常对权威相关的问题进行讨论，并将其置于法律和制度之上。因此在理论上对权威进行证明存在较大的难度，可以尝试从经验的层面对权威进行证明，即对政治体之中人们实际研究的权威进行研究，并将其总结为具体的事物。权威的概念存在于日常的生活语言之中，且在各种场合有着广泛的应用。从表面上看，权威并未被现代人遗弃。受权威这一概念在日常应用之中的多样性影响，其增加了实际应用的难度。基于本书的主旨在研究的过程之中，需要对相关的概念进行准确的区分，即对事实权威、合法性权威两个概念进行准确的区分。事实权威是基于描述的角度展开的。例如，评价个体具有权威是指该个体的主张能够得到其所指向的群体的认可。从事实权威的角度对法律权威存在的特点、基本运行模式等展开研究，这一研究属于法律科学的领域。合法性权威则是基于规范的角度展开，对于这一概念的相关研究应该归属法哲学的领域之中。

事实上，对法律是否具有权威存在着普遍的赞同，但人们对是否应当同意权威的问题存在争议。本书的研究旨在探讨法律拥有权威的理由和基本条件，即规范意义上法律权威的存在基础条件。为了准确科学地回答这个问题，仅仅依靠经验的方法（通过例举实例）来说明是不够的。韦伯认为，在官僚体系社会中，权威现象的普遍存在导致个体无法从科学上解释为何应服从身穿制服的个体。从根本上说，仅根据实例无法证明法律权威自身的合法性。相反，必须通过先验的证据来说明法律自身权威的存在性。在探讨法律权威存在的基本条件时，我们需要从法律的本质和特征出发。法律作为一种规范体系，具有普遍适用和强制力的特征。人们普遍接

---

① 参见[英]约翰·菲尼斯：《自然法与自然权利》，董娇娇等译，中国政法大学出版社2005年版，第186～200页。

受法律的指导和执行,因为法律规定了社会中的行为规范和权利义务。根据规范主义的观点,法律权威的存在是通过其规定的正当程序和程序性要求获得的。只有在这些要求得到遵守和尊重的情况下,法律才能有效地实施并具有权威性。其中,法治原则是确保法律权威的重要基石。法治原则要求法律适用于所有人,无论其社会地位或权力大小。法律的制定、执行和解释必须建立在公正和合理的基础上,以确保权力的平衡和保护个体的权利。法治原则确保了法律权威的合法性和公正性,使其在社会中得以认可和接受。此外,法律权威的存在还要依赖于社会的共识和认同。法律只有在得到社会大多数人的接受和尊重时才能发挥其权威作用。社会共识是指人们对法律所保护的价值观和道德准则的普遍认同。当社会成员普遍认同法律的正当性和合理性时,法律权威才能得到巩固和加强。法律权威的存在还需要建立在根本权利和自由的保护基础上。个体对法律权威的接受和服从是建立在其基本权利和自由得到保护的前提下的。法律作为一种权力结构,必须尊重和保护个体的尊严、人权和社会价值观。只有在个体的权利得到尊重和保障的情况下,他们才会接受和遵守法律权威的规定。[1]

(二)作为"简单解释"的权威概念

拉兹提供了对权威概念的清晰定义,并指出"使 Y 做出 Z 行为"是 Y 做出 Z 行为的理由,表示 X 对 Y 存在权威。他称之为"简单解释",并同时指出并不是只有"理由"才能够解释权威。基于这一观点,拉兹在研究中采用了"理由论解释",即在对实践性概念进行解释时必须说明实践推理的价值。采用"理由论"解释权威的目的是在实践推理中充分说明权威陈述的价值,相比于使用其他概念解释权威,这种方式更为直接。采用"理由"还可以更方便地涉及各种具体事实。例如,下雨是带伞的理由,也是出门被淋湿的理由。简而言之,它们只是同一理由的组成部分。我们可以将"理由"区分为"不完整理由"和"完整理由"。拉兹的"简单解释"提供了一种清

---

[1] 参见何永红:《现代法理学中"法律权威"问题的困境——以哈特对奥斯丁的批判为线索》,载《政法学刊》2010 年第 1 期。

晰而直接的理解权威的方式。按照这一解释，权威的存在可以通过他人对我们行为的理由性影响来体现。当他人对我们作出特定行为提供理由时，他们具有权威，并且我们相应地认可他们的权威。这种权威性不仅仅建立在个人的意愿或社会地位上，而且通过他们对我们行为的理由性干预来体现。拉兹的观点明确指出，权威是基于理由的，而不仅仅是基于规则或权力的。然而，拉兹在进一步探讨权威时提出了"理由论解释"的概念。他认为对权威概念的解释需要涉及实践推理的价值。实践推理是指我们通过思考、评估和权衡不同理由来作出行动决策的过程。拉兹认为，权威陈述的特殊之处在于它们在实践推理中具有特殊的价值和作用。理由论解释强调了权威陈述如何通过影响我们的实践推理来实现其权威性。通过理由论解释，我们能够更加清楚地理解为什么我们会接受或遵守权威的指导，因为权威陈述对我们的实践推理具有重要影响。采用"理由"作为权威解释的基础，还具有便捷性和灵活性。理由的概念可以涵盖各种具体情况和因素，可以适用于各种不同的权威陈述。具体而言，拉兹将理由区分为不完整理由和完整理由。不完整理由是指在某种行为或决策中作为部分依据的理由，而完整理由则是指支持整个行为或决策的理由。通过对理由进行细分，我们可以更好地理解权威陈述如何与我们的实际情况和行为动机相结合，以作出相应的行动。[①] 本书将采用"理由"对权威概念进行分析和研究。

　　权威辞令是按照其要求的那样做的绝对或初始（a prima facie）理由吗？如果它是绝对理由，这将导致其从形式上就缺乏合法性权威，也不可能是事实权威。举例来说，我可以接受某些人的建议、命令及规则作为行动理由，但是我看不出在任何情况下把他人的言论作为绝对理由予以遵守是正确的。在拉兹看来，普遍的共识是：在某些情况下权威性指令不必遵守。由此，如果我们把权威解释为：发布具有绝对约束力指令的能力，那么根本不可能存在可承认的权威和合法性权威。那么权威辞令是初始理由吗？对比一下命令、要求和建议。三者的辨识取决于发出者的态度、信念和意图，而不是接受者的接受方式。一个人的命令、要求、建议可能是接受

[①] 参见［英］约瑟夫·拉兹：《法律的权威：关于法律与道德论文集》（第2版），朱峰译，法律出版社2021年版，第14页。

者的行动理由。但是在某些情况下,这些言论并不是行动理由。站在接受者的立场上,命令、要求、建议没有必然的区别,除非它们明确地或含蓄地表明了发出者的意图、信念或态度。区别之一在于,建议的主要意图是传达关于什么是道德上正确与错误,什么是合法与违法以及是否符合一个人的利益等信息,或者仅是某些原始事实。如果建议者意欲影响接受者,那么前者应该使后者意识到他所说的情况(例如,接收者应该做 Φ 或者在此种情况下实施会给他带来巨大收益)。总之,建议者应该使其建议成为接受者相信其言辞真实性的理由。但是,没有将其建议转变为行为理由的价值,尽管其建议确实成了行为者行动的理由。[①]

另外,要求和命令有意向成为实施要求和命令的行动理由。那么,它们的区别何在?对我们而言,重要区别在于:假设一个人提出了一个要求,并且得到答复称:该要求将给予考虑,但在深入思考的过程之中反对行动的理由推翻了要求行动的理由,进而使提出要求者感到失望。但他不会认为他的要求被忽视了,不存在抱怨的价值,他理应承认无论意愿为何,他只不过是希望"三思而后行",使其要求能够成为众多权衡理由之一。但是,如果他发布一项命令,情况就并非如此了。命令接受者权衡理由的原因之一是命令者自身是否承认命令。命令者期望接受者将其命令视为一个行动的理由,即便存在其他的理由同这一理由相违背(通常不包括紧急状态或其他特别情况)。一个人需要权威去发布命令,而不是需要权威去提出要求,并非所有人都有权提出要求。拉兹认为一个人有权提出要求的事实并没有使他凌驾于接受者之上。相反,一个人有权发布命令的事实证明了命令者拥有对接受者的权威。有权提出要求的人所提出的要求是其接受者的有效(初始的)行动理由,有权发布命令的人所发布的命令同样是有效的。如果我们仅说明有效命令是接受者的行动理由,那么我们仍然无法阐明命令和要求之间的差异以及只有第一位命令者(或要求者)拥有权威的原因。因此,说有效命令是比有效要求更具重量级的行动理由是错误的、

[①] 参见[英]约瑟夫·拉兹:《法律的权威:关于法律与道德论文集》(第 2 版),朱峰译,法律出版社 2021 年版,第 14~16 页。

不恰当的,因为两者的差异不仅在程度上。① 拉兹认为,简单解释的基本观点是正确的——权威是改变行动理由的能力。"无论是简单解释还是对它的批驳都基于过多限制行动理由的观点,如果主张权威具备改变理由的能力,那么这些批驳就会迎刃而解。"②

(三)权威的两种分类

权威这一概念重要且复杂,基于实际研究的需要,对其进行分类研究具有一定的必要性。在对权威进行理论研究的过程之中,进行分类的目的是准确地界定研究对象和讨论的范围。在实际的研究之中对于权威的常见分类有两组:一是理论权威和实践权威;二是事实权威和合法性权威。

1.理论权威与实践权威

在对理论权威进行研究的过程之中仍然存在分类的问题,基于 Roger Teichmann 提出的标准,主要对两种情形展开研究:一是接受者被命令者要求去做某事;二是接受者被要求去做某事。在上述两种情形之中,都可以认为命令者具有权威,第一种情形指理论权威,第二种情形则指实践权威。③ 理论权威通常是以某一领域之中的专业知识为基础,Roger Teichmann 在相关的研究之中提出了具体的实例:

例1:询问一名昆虫专家,鞋子上的甲虫是什么?专家回答,它是一只科罗拉多昆虫。我相信了专家的回答。我相信他的理由是所询问的人为昆虫学专家。这是一个理论权威的例子。

例2:在前往火车站的途中,我问你——一个过路人——几点了。过

---

① 参见[英]约瑟夫·拉兹:《法律的权威:关于法律与道德论文集》(第2版),朱峰译,法律出版社2021年版,第16~17页。
② [英]约瑟夫·拉兹:《法律的权威:关于法律与道德论文集》(第2版),朱峰译,法律出版社2021年版,第18页。
③ See Roger Teichmann, *Authority*, in Anthony O'Hear (ed.), *Modern Moral Philosophy*, London: Cambridge University Press, 2004, p.229. Roger Teichmann 意义上的智识权威基本上等同于理论权威,比较典型的例子是专家权威,拉兹也举过与 Roger Teichmann 相似的例子。See Joseph Raz, *The Authority of Law, Essays on Law and Morality*, Oxford: Oxford University Press, 1979, p.9.

路人回答三点了,我相信过路人。尽管我此前未曾遇到过你,但是我相信你的回答的理由是在这一场景下个体不存在撒谎的意义。因此,我相信你的回答是真实的。这一实例体现了实践权威。

例1中的昆虫专家具有理论权威,例2中的路人具有实践权威。理论权威使人信服的基础是专业知识,实践权威则同个体的行动存在密切联系,其为个体的行动提供了理由。权威本身是一个实践性的概念。这表明权威是一个实践问题,在对相关问题进行回答的过程之中必须考虑到个体的行为。即部分个体拥有权威是实践权威的前提。在对权威进行解释的过程之中必须充分说明权威的重要性,必须对权威发挥自身价值的机理进行说明。[1] 在实践之中,理论权威和实践权威通常存在紧密的联系,且部分情形下理论权威是实践权威的基础。

2.事实权威与合法性权威

一般来说,权威可以分为事实权威和合法性权威两种。事实权威指的是在事实层面上行使权威的能力,即基于其专业知识、技能或经验等方面的高度可信度而被他人接受和尊重。而合法性权威则是指在规范层面上已被证明合法性的权威,即在特定的法律、制度或规则框架下拥有特定权限的个体或组织。然而,需要注意的是,权威的合法性不容忽视。合法性是权威的一项重要属性,它意味着该权威的行使符合特定的法律、制度或规则,并经过合法程序的认可与确认。如果忽略了权威的合法性,仅仅以权威存在与否作为实施特定行为的依据,可能会导致权力的滥用和不正当行为的出现。在学术界存在一种观点,即将权威视为发动某种行动的能力。这种观点直接将有效权威视为对民众施加的权力。然而,需要说明的是,这里所说的权力是一个具有差异的概念。权力可以理解为能够影响他人行为和命运的能力。通过掌握权力,个体或组织可以施加影响,从而对他人的行为和命运产生重要影响。如果一个个体拥有影响他人命运和机会的能力,那么他将被视为具备权威。权威的存在与行使经常与权力的持有者相关联。权威和权力可以相互影响,但它们并不完全等同。权力是一种广泛意义上的概念,包括各种形式的控制、支配和影响力。权威则强调

---

[1] See Joseph Raz, *The Authority of Law, Essays on Law and Morality*, Oxford: Oxford University Press, 1979, p.10.

了一种被普遍认可和尊重的权力形式,其基础是合法性、专业性和可信度等方面的认可。权威通常以一定的权力形式表现出来,但权力并不必然具备权威性。权力可能是通过合法渠道获取的,但是否具备权威取决于其被他人所接受和尊重的程度。个体或组织获得权威的方式具有多样性。在学术领域,权威是通过深入研究和广泛的学术贡献获得的,如扎实的学科知识、高水平的研究成果和对学科发展的推动。在专业领域,权威通常建立在丰富的经验和专业技能的基础上。在政治、行政和组织领域,权威可能是通过选举、任命或授权获得的。[①] 合法性权威能够被证明是有效权威。

在对事实权威、合法性权威进行研究的过程之中必须充分考虑两个方面:一是明确合法性权威在这对概念之中的主体地位。实际上,事实权威独立存在的难度较大,其必须以合法性权威为基础才能够得到有效的解释。拉兹在相关研究之中指出,合法性权威之中并不包含事实权威,但事实权威的概念之中包含了合法性权威。个体具备事实权威时,他必须主张具备合法性权威,基于此,权威这一概念和权力存在密切的相关性。权威在一定程度上指发布命令的权力,且指合法地发布命令,使公民服从的命令。若忽略权威同权力之间存在的联系,则无法对合法与非法的权力进行划分,也不能区分权威和强权。二是合法性权威并未包含有效权威的预设,且所有的合法性权威并不都是有效的,但是对于权威的分析必然包含对有效权威的分析。拉兹认为合法的权威必然包含一定的有效性。同时他也认为上述理论本质上是基于政治原则的结果,在对权威概念及相关的概念进行分析的过程之中均无法得出这一结论。[②]

在前文所述的基础上,必须强调的是,事实权威和合法性权威并不是相互独立的概念。在现实生活中,很多合法性权威往往也是事实权威,而很多事实权威也同样地具备合法性权威的属性。因此,权威分类的界限并不是绝对的,而是可以交叉的。拉兹在相关研究中主要讨论的是合法性实

---

① See Joseph Raz, *The Authority of Law*, *Essays on Law and Morality*, Oxford: Oxford University Press, 1979, p.7.

② See Joseph Raz, *The Authority of Law*, *Essays on Law and Morality*, Oxford: Oxford University Press, 1979, pp.8-9.

践权威。合法性实践权威是指在某一领域具有专业知识、技能和经验的个体或组织,其行使权威的合法性已被证明。这种权威强调的是合法性和实践性的统一:个体或组织在行使权威时需要遵循一定的法律、规则和程序,同时基于其在特定领域内所具有的专业知识与经验,能够为特定行为提供正当的理由与解释。因此,强调了人们在具体实践中对于行使权威的认可和尊重。在法律领域中,法律权威是实践性的,却又具备合法性权威的属性。这种权威主要源于人们对法律规范的普遍接受与信仰。法律规范是在特定的法律程序和规则下制定与确认的,其通过法律程序被认可、公认为合法性权威,法学家们也将其视为一种合法性实践权威。同时,法律规范也是指导人们在具体实践中行动的有力工具。依据法律规范的要求与指引行动不仅是具有实践性依据的,还是符合合法性权威的认可的。这也正是拉兹所强调的合法性实践权威在法律领域中的表现。此外,政治也是一种实践性的权威,政治权威也是合法性权威的一种。政治权威的来源在于一种政治制度和它所制定的一系列行为准则和规范的公认和认可。政治权威通过其普遍接受和信仰的程度,可以引导人们在政治和社会生活领域中的行为。政治制度的合法性来自它所基于的价值观、原则和法律程序的公正性。因此,政治权威的合法性不仅被认可,也具有普遍的实践意义。

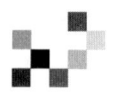

二、理由何以成为权威的分析概念

理由既是当代政治哲学和道德哲学的核心概念之一,也是拉兹分析权威的核心概念。法律作为一种权威,背后蕴含的是理由的支撑。权威是改变理由的能力,以理由为分析概念对权威进行论证标志着权威成了一种实践性概念。尽管权威问题对时下争议问题的直接影响是,一种冷静的思考越来越困难。除了这些外在困难,对权威问题的研究还面临着权威概念的悖论这一难题。同权威相关的悖论存在多种表现形式,其核心则在于权威、理性、自治三者无法兼容。通常认为,权威必然与理性相对,因为理性迫使个体对行动的理由进行权衡。权威则使接受者无条件服从,由此导致了行动理由层面的冲突。自治准许个体对各类问题进行判断进而决定自身的行为,但权威命令可能同个体的判断矛盾,因此将迫使个体放弃自治。实践性的问题均同道德存在密切的联系,但实践权威却否定道德自治,其结果就是导致实践权威的不道德。

以上主张既没有指责权威概念的融贯性,也没有否认某些人被认为拥有权威或的确拥有事实权威。这些主张质疑的是合法性权威的可能性。悖论的实质并非源于对合法性权威的否认,而是源于以下事实:这种否认被认为是基于道德的性质或理性的基本原则。此外,上述主张不仅反对政治权威的合法性,而且反对所有处于理性人之上的权威。若权威的本质同道德观、理性相矛盾,则意味着服从合法性权威的个体道德信念存在问题。他们坚持了一种非理性的信念,或者对道德或权威的概念犯了基本的理解错误。这就使得这些主张更为有力,比如说,这些主张可以免遭质疑。即使我们没有办法区分实质道德信念的对与错,至少我们可以厘清各种道德概念,明晰它们之间纠缠与对峙的关系。若道德、理性同权威的概念相矛盾,则将使个体认为所有的权威均是不道德的,且对于权威的服从必然缺乏理性。

(一)对权威本质论的学术史考察

毋庸置疑,权威是法哲学和政治哲学之中最具有争议的一个概念,因此权威是社会组织、政治行为正当性讨论中的核心,让这场争论不可避免地、无限地持续下去。"大多数权威的古典分析由于无法明确区分下述三个问题而受到了削弱:(1)成为一个权威意味着什么?(2)权威如何得到合法性证明?(3)一个人如何获得权威?"[1]拉兹仅关注第一个问题。

对权威的解释多种多样,学术界当前存在一种通用的解释,即借助对具备合法性权威和有效权威的条件的揭示来说明权威的本质。但是,拉兹认为这一解释未能明确有效权威合法性的根源。他认为,说明在哪种条件下个体能够拥有权威,是社会理论的关键组成部分之一。但是这一解释不

---

[1] [英]约瑟夫·拉兹:《实践理性与规范》,朱学平译,中国法制出版社2011年版,第64页。

能说明此类条件赞同的内容的本质,即无法说明处于权威的地位意味着什么。① 该解释未对合法性进行预设,仅仅说明了应如何对合法性进行证明。拉兹认为基于合法性对问题的分析存在多样性,无法对权威的准确模式进行清晰的界定,因此迫使人们放弃采用描述的方式对权威进行解释。② 必须指出的是,拉兹认为对权威的合法性条件进行探索具有非常重要的价值。他在相关研究之中说明,仅对权威的合法性条件进行说明无法实现对权威的解释,这实际上并不是一个正确的研究方向。拉兹认为对于权威的证明存在巨大的难度,他在后续的研究之中对权威的合法性问题也展开了研究,发展出了权威的服务性观念。在对权威的三个规范性命题进行解释的过程之中,最核心的概念仍然是权威,对于权威的论证能够说明实践权威为什么具有排他性。证明权威合法性的关键在于说明权威的价值和意义。③

在前文中,我们已经了解到权威可以被分为事实权威和合法性权威,这两种权威之间存在交叉的情况。然而,在权威解释方面存在某些错误的观点,这些错误观点未全面分析相关条件,并且未能说明拥有权威的根本价值。因此,我们需要选择合适的概念对这一事实进行科学的解释。拉兹在其相关研究中指出,人们对权威的解释不应该完全局限于权威的合法性或有效性。相反,解释权威应当在个体拥有权威时对其具体拥有的内容进行系统的分析和解释。这暗示着权威的本质是实现某些行动的能力。从这个角度来看,权威的根本价值包括两个方面。首先,权威的价值在于它提供了一种有效的指导和引导,可以引导我们在特定领域内作出正确的判断和决策。其次,权威的价值在于它提供了一种有效的影响和激励,可以促使人们作出行动和决策。实现这两个方面的价值,依赖于权威所体现的行动能力。在这个意义上,"拥有权威"不仅仅关注权威的存在或者是合法性,而是着眼于权威的实际能力。权威能够实现行动的能力,在有助于解

---

① See Joseph Raz, *The Authority of Law*, *Essays on Law and Morality*, Oxford: Oxford University Press, 1979, p.5.

② See Joseph Raz, *The Authority of Law*, *Essays on Law and Morality*, Oxford: Oxford University Press, 1979, p.6.

③ See Joseph Raz, *Authority and Justification*, Philosophy and Public Affairs, Vol.14, 1985, p.67.

决问题或者促进社会进步的情况下,带来积极的社会影响,并为人们在特定领域内的行动提供有力的支持。此外,拉兹还指出,权威的拥有需要基于某些条件。这些条件可能包括专业知识、技能、经验、资格和授权等方面。只有当个体或组织满足这些条件时,才能够被视为拥有权威。这其中的条件展示了权威的内在组成与积累,它不仅仅代表着一种特定的社会地位,同时也是基于相应的财富、实践经验和资格等方面的认可与尊重。[1]

由此可见,上述模式的研究进路是不成功的,因此下文将对两种主要的权威解释模式进行说明:权力和同意。将这两种权威解释模式称之为"主要的"的原因有以下两个:一是这两种解释模式在当前的学术研究之中具有较高的代表性,大部分学者均赞同这两种解释模式和观点,且这两种模式对拥有权威的本质进行了说明;二是拉兹以反驳这两种对权威的解释为基础,构建了自身对权威的解释体系。此外,拉兹还构建了个人的两种权威解释模式:一是借助对特定规则的参照实现对权威的界定,即若一个人具有权威,将存在一个规则体系授予其权威。[2] 拉兹提出的这一解释模式本质上是上文所述的两种主要的解释模式的变种,因此也是一种错误的解释路线。该解释模式的谬误在于将权威的价值,转换成了个体具有权威时的条件。拉兹的这一模式认为仅有特定的规则体系授予人权威时,个体才能够拥有权威。但是该理论却未说明在何种规则下将被授予权威,在何种规则下将不被授予权威。[3] 此外,授予权威的规则可能出现各种类型的冲突,基于此,需要采用相对化的解释,而这相对化的概念将切断权威同实践理性之间的联系。这意味着权威必须是确定的,无法参照一个不确定的事物进行分析,否则将导致权威的分析缺乏实际的价值。二是以爱为基础,其有效地解释了上帝权威等类型的权威。对于这一解释模式,拉兹将其总结为:这是启发灵感的权威,个体服从权威的理由是自身想服从他,且这一服从并不是自身所预想的,即这一愿望并非来自其他层面的利益诉

---

[1] See Joseph Raz, *The Authority of Law, Essays on Law and Morality*, Oxford: Oxford University Press, 1979, p.7.

[2] See Joseph Raz, *The Authority of Law, Essays on Law and Morality*, Oxford: Oxford University Press, 1979, p.9.

[3] See Joseph Raz, *The Authority of Law, Essays on Law and Morality*, Oxford: Oxford University Press, 1979, p.9.

求,这一愿望来源于个体的本性和对权威主义的认识。① 拉兹认为这种解释在实践的过程之中存在下面两个问题:一是从行动的视角出发,爱是一个二阶理由,而不是一个一阶理由,在这一理由之前还存在着更具有提前性的理由,且这一理由的产生不仅是爱的原因;二是这一解释模式只能够对极少数的权威类型进行解释。大部分的政治权威无法采用这一模式进行解释,且这一解释模式并不能够发挥启发灵感的价值和作用,可能不存在这一类型的政治权威。② 下文将从权力的观念出发展开分析。

1.权力:事实权威的解释

在上文的论述之中已经说明权威本质上是行动的一种能力,因此在学术界形成一种观点,即权威是实现某些行为的能力,其将有效权威视为针对个体的权力。③ 拉兹在研究之中说明权力和能力存在相同的解释,但解释的侧重点存在差异。权力和权威则是两个完全不同的概念,且二者均是政治哲学的核心概念,在理论研究的过程之中存在被混淆的现象。④ 在政治思想发展的早期,对于权威和权力存在较为严格的区分,部分学者指出政府之中的权力、功能和义务三者将达成一种平衡,进而保证官员具有足够的权力,议会具有足够的权威,公民具有一定的自由。若政府体系不满足上述要求,则该政府体系在运行的过程之中将面对革命的风险。⑤ 采用政治结构实现对权威和权力划分的经验在美国宪法之中也有所体现。尽管在不同的情形之中,权威都处于一个特殊的位置,在罗马帝国时期是元老院,在美国政府体系之中是联邦最高法院,但是上述两者的价值和功能存在巨大的差异。元老院的价值在于提供政治建议,联邦法院的价值则在

---

① See Joseph Raz, *The Morality of Freedom*, Oxford: Oxford University Press, 1986, p.32.

② See Joseph Raz, *The Morality of Freedom*, Oxford: Oxford University Press, 1986, p.34.

③ See Joseph Raz, *The Authority of Law, Essays on Law and Morality*, Oxford: Oxford University Press, 1979, p.7.

④ 参见[美]汉娜·阿伦特:《权力与暴力》,洪溪译,载贺照田主编:《西方现代性的曲折与展开》,吉林人民出版社2002年版,第44~45页。

⑤ 转引自[英]彼得·斯特克、[英]大卫·韦戈尔:《政治思想导读》,舒小昀、李霞、赵勇译,江苏人民出版社2005年版,第43页。

于进行司法解释。①

在一些学者看来，权威被定义为一种形式的权力或能力。Robert Ladenson 提供了一个关于规范性权力或能力的分析线索，他用统治的权力来界定政治权威，即"有足够的理由认为，对统治权力的拥有以及假定要被行使权力的人们的接受一起构成了对强制行动的一个合法性证明，否则，这些行动将是不道德的"。这里的权力并非指规范性权力，而是指能够使被统治者按照统治者意愿行动的能力。在 Ladenson 的观点中，权威的本质在于统治权力，其特点在于能够获得被统治者的接受和认可。这种接受和认可是基于对权力的合法性的相信，即被统治者有足够的理由相信统治者拥有并行使权力。一旦权力的合法性得到认可，那么统治者的行动就具备了道德的合理性。反之，如果权力不能获得合法性的认可，那么统治者的行动将被视为不道德的。在这种观点下，权威并非只是简单地指示一种能力或权力，而是依赖于被统治者的接受和认可。这种接受和认可是建立在被统治者对权力的合法性的相信基础上的。因此，权威的存在与行使依赖于权力的合法性。如果统治者没有获得被统治者的接受和认可，那么其所行使的权威将失去合法性。需要强调的是，这里所说的统治权力不是指规范性权力，而是指能够使被统治者按照统治者意愿行动的能力。与规范性权力不同，这种权力涉及实际的能力和控制，是一种实践性权力。它包括对统治者所拥有的权力的接受和认可，以及被统治者按照统治者意愿行动的能力。②

拉兹认为，并非任意一种权力均能够被视为权威。拉兹举例说明如下：我的邻居能够采用威胁的方式，在我和他的居住区烧垃圾，进而阻挡我在我家的花园里种植各类高大的树木，但是我的邻居对我并不具有权威。拉兹认为，权威具有控制和行使自身权力的正当权利。若正当的权利未暗示任何的义务，其可以同要求权相比较。邻居具有威胁我的正当权利但不代表我有服从他的义务。这表明他对我的威胁不存在错误，且与我对他的

---

① 参见［英］彼得·斯特克、［英］大卫·韦戈尔：《政治思想导读》，舒小昀、李霞、赵勇译，江苏人民出版社2005年版，第43页。

② See Robert Ladenson, *In Defense of a Hobbesian of Law*, Philosophy and Public Affairs, Vol.9, 1980, p.137.

抵制兼容。① 我同邻居均存在对等的权利，且不存在服从的义务，因此不存在权威。Ladenson 在对政治权威进行解释的过程之中增加了两个要素：一是政治权威是强制的权威；二是政治权威的拥有者由于服从者的认可进而获得了统治权。② 拉兹在相关研究之中指出，上述对政治权威的描述不是对权威的解释，仅仅是对政治权威的说明和界定，其在对政治权威进行解释的过程之中进行了错误的划分，即将政治权威划分为权威的解释。③ 拉兹对这一理论进行了反驳。

由上文中的条件可知，拉兹在相关的研究之中指出，强权的运用同权威存在差异，权威同服从存在紧密的联系，但强权运用不一定能够产生服从的结果。存在的一种特殊情形是，强权在运用的过程之中包含了被服从者的诉求，此时被强迫者存在服从的意愿，但这一情形本质上并不是权威的行使。基于此，权威实现的基本形式为发布特定类型的指令。④ 尽管威胁也是服从的原因，拉兹认为政治权威在实现的过程之中存在广泛的强制和威胁，但是这一威胁同义务不存在联系，其未进行义务的强加。在实践之中单纯基于威胁的权威是事实权威，其本质是构建统治的权力，且成功地实现统治的建立与维持。在拥有合法性的权威之后，其受众将存在一个服从的义务，此时的权威具有合法性。⑤ Ladenson 在相关研究之中最大的错误是认为权威可以同服从的义务相脱离。在对第二个条件进行研究的过程之中，拉兹指出，默许这一行为同事实权威存在联系，但是同合法性权威无关。有效的政治实践需要以默许为基础，Ladenson 错误地认为所有的权威均具有合法性。上文的研究已经说明事实权威同合法性权威存在巨大差异，在现实研究之中，若不以合法性权威为参照，事实权威也将无法存在。

---

① See Joseph Raz, *The Morality of Freedom*, Oxford: Oxford University Press, 1986, pp.24-25.

② See Joseph Raz, *The Morality of Freedom*, Oxford: Oxford University Press, 1986, p.25.

③ See Joseph Raz, *The Morality of Freedom*, Oxford: Oxford University Press, 1986, p.25.

④ See Joseph Raz, *The Morality of Freedom*, Oxford: Oxford University Press, 1986, pp.25-26.

⑤ See Joseph Raz, *The Morality of Freedom*, Oxford: Oxford University Press, 1986, p.26.

针对上述两点的研究,拉兹给出了以下结论:"Ladenson 基于事实权威对合法性权威进行了解释,并证明了合法性权威是正当的事实权威。在此基础上,将事实权威解读为对个体行使的某种权力。这一研究存在诸多缺陷,其根本在于若不参照合法性权威的概念,将无法对事实权威进行合理的解释。"① 具备事实权威的核心不仅在于对个体存在某种影响力,还在于其能够主张个体的义务。

2.承认:理论权威的解释

承认观点认为,接受一个言论是权威即承认存在一个如下所述的理由:个体将依据言论的内容去行动。基于此,权威言论是一个信念的理由,并非一个行动的理由。因此将某个个体视为权威无须一个使群众信服的理由,其原因在于服从的理由即为行动的理由。② 但这一解释仅仅能够实现对理论权威的解释,无法解释实践权威。

根据这个解释,合法性权威的言论并不影响理由的权衡。在笔者看来,这一解释的缺陷在于将两种不同性质的理由混为了一个整体,即将行动理由、信念理由混为一谈。实践权威本质上是一个排他性的理由,理论权威则为群众提供了信念的理由。承认观念对于权威的解释具有一定的价值,个体行为的依据是理由,其核心不是在于存在的理由,而是个体在行动的过程之中相信的理由。但是承认理论对于实践权威的解释仍然是错误的。承认理论之中权威提供一个使个体普遍服从的理由,且相信每一个个体均依据理由行动。综上,合法性权威的本质来源是言论,而不是行动的理由,在实践中并不能创造相关的理由。拉兹表明,在对权威的解释之中,权威自身的言论未对做什么的理由产生影响,但是对同主要问题相联系的次要问题产生了影响。③

在权威的解释方面,基于承认观点的学者认为,权威的言论并不能影响个体的行动理由。因此,权威对于个体的实践推理产生的影响较为有

---

① Joseph Raz, *The Morality of Freedom*, Oxford: Oxford University Press, 1986, pp.27-28.

② See Joseph Raz, *The Morality of Freedom*, Oxford: Oxford University Press, 1986, p.29.

③ See Joseph Raz, *The Morality of Freedom*, Oxford: Oxford University Press, 1986, p.29.

限。尽管实践权威可以施加规范且直接的影响,但承认观点的解释未能充分体现权威对个体的行动理由的影响。因此,根据这种观点可以推导出一个无差异的命题,即个体的行动理由未被权威影响。然而,这一观点的限制在于其对实践权威的特点未能给予应有关注。事实上,实践权威所施加的影响既有规范性的因素,也具备具体的行动能力,从而影响个体的决策和行动。例如,在医学领域,医生的权威来自他们的专业知识和实践经验。当医生作为实践权威给出某种治疗方案时,患者可能会受到其影响而接受治疗并采取相应的行动。从这个角度来看,权威作为一种实践性的概念,其优势在于它所具有的实现行动的能力,以及对个体决策和行动的影响力。权威的影响往往存在于个体的感性和理性层面,因为权威的话语往往可以被个体所接受并具有指导性。此外,权威对个体行动的影响不止于权威言论所赋予的规范性因素,还涉及权威本身所具备的实际能力和控制。对于某些领域,权威的实践性指导对个体的行动理由产生了很大的影响,因为它们具有很高的可信度和可靠性。[①] 这里仅对承认观点之中存在的错误进行纠正,对于实践权威在实际行动的过程之中提供的行动理由将在下文进行详细的说明。

3.权威发布的规范

权威发布的规范是另一类极其重要的规范。对它们的分析构成对权威(至少构成对实践权威)之本质之说明的不可或缺的一部分。要理解一个人拥有权威意味着什么,我们就必须理解另一个人认为此人拥有权威意味着什么。个体具备权威则意味着,其他的个体认为他具备权威,或群体以对待权威的方式对待他。认为个体具备权威的基础是,个体的命令或想法是权威性的命令,因而是排他性理由。为表明事实确实如此,我们必须再次考察权威能够得到合法性证明的方式。

由于证明权威之合法性的方法很多,拉兹只选两种最常见、最重要的权威加以证明:以知识、经验为基础的实践和以社会合作为基础的实践权威。个体能够受到掌握大量知识和信任的判断力的帮助,常常非常重要。但是尊重个体的观点与建议并不代表个体将承认其具备权威。也许寻找

---

① See Joseph Raz, *The Morality of Freedom*, Oxford: Oxford University Press, 1986, p.29.

建议的目的常常只是为了获得可能与一个人所面临的实践问题相关的信息。在这种情况下，建议者可能只被视为一个事实方面的权威，而不是一个指导行动的权威。有时征求建议的目的是要了解基于其他人如何评价各种相关的考虑，以校正一个人的看法。如果建议者的推理不同于自己的推理，那么征求建议者就不会听从建议者的判断。他只会把这种判断视为一种他可能会出错的苗头，然后重新检查他自己的论证。建议者同样未被视为权威。

(二)理由作为分析工具的有效性

对人类来说，并非所有的行动都有理由，有的行动是出于理由的，而有的行动则似乎毫无理由。本书探讨的重点是实践推理中的理由与行动，而至少在实践推理中，行动是有理由的，且是为理由所驱动的。理由解释、说明了行动。在一定程度上，拉兹以对权力的批判为基础对权威进行了分析。由上文的论述可知，拉兹在对 John Lucas 定义的权威概念进行修正时，首先对权威进行了简单的解释，在此基础上以批判的视角给出了自身的解释，对权威进行界定的一个合理路径是"个体具备权威的意义"是什么？拉兹指出 John Lucas 给出的解释较为合理，这一解释的内容如下："若个体或群体命令'使 X 行动'，则 X 发生了行动，则该个体或群体将具备权威。"[1] John Lucas 在相关研究之中将权威界定为一种实现的能力，且这一能力存在一定的规范性，其借助改变个体的规范性，而不是仅仅改变个体的信念来实现对 John Lucas 的这个解释，拉兹将"理由"这一概念引入了对权威的定义之中。将理由的概念引入权威的概念之中，对于拉兹的相关分析具有根本性的价值。"假设，使 X 做 Z，那么他就应当做 Φ。根据这一假设，John Lucas 的定义可以进行如下描述。若个体命令'使 X 行动'是 X 行动的理由，则该个体将具备权威。"[2] 拉兹的这一解释对 Lucas

---

[1] Quoted from Joseph Raz, *The Authority of Law, Essays on Law and Morality*, Oxford: Oxford University Press, 1979, p.11.

[2] Joseph Raz, *The Authority of Law, Essays on Law and Morality*, Oxford: Oxford University Press, 1979, p.12.

对于权威的定义进行了限定,其关键在于 Lucas 为明确指出权威是针对个体的权威,为使这一解释更加的清晰准确,应对 Lucas 对于权威的定义进行修正:若 X 命令"使 Y 做 Z",是 Y 做 Z 的理由,则 X 对 Y 存在绝对权威。拉兹将这一分析称之为简单解释。综上所述,拉兹在对 Lucas 的定义进行研究的过程之中引入了一个全新的概念——理由。为更好地展开下文的分析,笔者先对"理由"概念作一前提性分析,在本书第三章的理由范式部分会详述。

对于将理论引入权威的解释中,拉兹提出了相应的观点。他认为,理由可以提供对实践性概念解释的基础,即所有具有实践性质的概念,都可以通过理由和实践推理之间的相关性来得到阐明。在权威的解释中,采用理由的基本原因在于可以直接说明权威在实践推理过程中所扮演的角色,而且这一推理过程不需要借助额外的中间媒介。实践推理和个体的行动之间存在着密切的关系,因为实践推理被看作是包含行动的具体推理。因此,理由在实践过程中即为实践的理由。

从行动和理由的关系出发,可以认为行动是由理由所支持的。理由是行动的推动力,触发个体的行动。行动和理由之间的关系可以被视为是一种内在关系,暗示了行动的创造力。无论是个人或者集体,行动的执行都必须依赖于相应的理由,只有这样才能确保行动的合理性和目标的实现。毫无疑问,理由是支持人们在实践过程中行动的基础。此外,拉兹还提出了关于理由的一般性理论。理由不仅是一种个体的情感信仰或推出结论的论证过程,而且是普遍通用的基本概念。从这个角度来看,理由是广义上的实践性概念,可以适用于所有具有实践性质的概念,包括对权威的解释。理由对实践性概念的解释,基于的是理由和实践推理之间的相关性。实践推理是一种特殊类型的推理,其目的是指导和支持行动。在实践推理过程中,个体根据所掌握的知识和经验,被引导着作出相应的决策和行动。而理由则提供了这一过程中所需的知识和经验。因此,理由和实践推理之间的相关性是密不可分的。在解释权威时,理由的应用可以理解为权威言论的理由。权威言论是一种实践性概念,在实践推理过程中具有指导和支持行动的功能。同时,权威言论的理由也是这一过程中所需的知识和经验。因此,在对权威进行解释时,应该考虑理由和实践推理之间的相关性,即权威言论如何成为实践推理的理由,并影响个体的决策和行动。需要强调的是，理由对权威解释的应用并不限于对权威言论的理解。理由作为具有实践性质的概念，在实践推理过程中具有指导和支持行动的功能。因此，理由是包括权威在内的一切实践性概念解释的基础。在研究权威的解释时，必须对行动和理由之间的关系进行深入的剖析，以透彻理解权威的实践性质。除此之外，理由中还包含了道德、伦理、法律等实践性概念。这些概念在实践推理过程中也扮演着重要角色。道德规范、伦理原则和法律法规都是社会实践中产生的重要概念，它们的制定和执行都需要理由的支持。在实践推理过程中，这些概念既是行动的推动力，又是合理决策的基础，确保了行动的合理性和方向性。由此可知，在实践过程中理由即为实践的理由，下文将首先对理由同行动的关系进行介绍，然后说明拉兹关于理由的一般性理论。

Jonathon Dancy 在相关研究之中认为，"个体在行动的过程之中，通常存在某些因素，驱动去开展行动，此处的因素即为其行动的根据。现实之中个体没有理由的行为是较为罕见的。有目的性的行动总是存在一个理由，尽管部分行动是出于习惯"[①]。Dancy 的观点较为直接简略，现实之中理由同行为之间的关系高度复杂。行动的理由本身也无法清晰准确地进行说明，徐向东在相关的研究之中指出，其根源在于个体所相信的理由，同个体之间存在的行动的动机两者之间存在的关系无法准确地表达。[②] Dancy 在研究的过程之中说明了一个基本的事实，个体能够基于各种各样的理由而行动。徐向东相关的研究也说明从行动的概念入手，可以对行动的理由这一概念作出一个较为明确的解释。

在研究行动的定义方面，徐向东提出了一个在直观上容易接受的概念。他将行动定义为基于行动者的视角，通过某种方式促使自身所期望的结果发生。这一定义强调了行动的目的性和主导性，与个体的自主决策和意愿密切相关。相比之下，行动与身体运动存在一定的差异。身体运动可以被视为机械的运动，而行动则更多与个体的意愿和目的有关。通过行动，个体追求自己所期望的结果。这种结果可能是一种积极的状态的发生，也可以是阻止某种不希望的状态的发生。行动的目的性使得个体倾向

---

① Jonathon Dancy, *Practical Reality*, Oxford: Oxford University Press, 2000, p.1.
② 参见徐向东：《道德哲学与实践理性》，商务印书馆 2006 年版，第 161 页。

于主动参与并影响事态的发展。在群体层面上,行动的目的是达到特定的结果。群体的行动常常与共同的目标、利益或价值有关,通过集体努力来实现共同的愿望或目标。人类行动的特点是目的性强,即行动者希望通过自己的行动来实现某种结果。这种目的性激励着行动者积极地去行动,通过努力和决策来推动事件的发展。人类作为理性主体,在行动中可以根据自身的意图和目标作出选择。行动者在行动过程中会根据自己的判断和理性思考来决定采取何种行动方式,以达到自己希望的结果。行动的目的性也反映了个体对事态发展的主动性和自主性。个体在行动的过程中不仅仅是被动地适应外部环境和条件,更重要的是能够自主选择和决定自己的行动方向和方式。行动者根据自身的信念、目标和价值观来决定行动的方式和目标,以实现自己的意愿。值得强调的是,行动并不仅仅局限于个体级别,在群体层面上同样存在着目的性强的行动。群体的行动通常与共同的目标、利益或价值有关,通过个体的集体努力来实现共同的愿望或目标。群体行动的目的性不仅仅是个体行动的简单累加,还蕴含了群体协作和组织的力量。在群体行动中,个体之间相互影响和相互配合,共同追求着特定的结果。① 综上所述,行动并不仅指物理层面的运动,其本质上具有一定的随机性,这说明了行动同实践之间存在密切的关系。基于此,行动实质上是表示性的。在个体或群体行动的过程之中,行动的理由将得到理解。② 在我们对某些事情进行实践推理的过程之中,实践推理一定是具有目的性的。

在各种类型的理由中,基本的理由类型是行动理由和信念理由。拉兹在相关的研究之中指出,在对个体的行为进行评价的过程中,理由将被提及,且理由是解释的核心。③ 基于笔者的研究结果,拉兹提到的行动理由概念主要指行动理由的功能,即行动的理由具备解释、评价与引导三个方面的具体功能。拉兹在相关的论述之中列举了具体的实例。部分群众可以依据合理的理由说 John 娶 Marry 的理由是钱,部分群众认为他们是

---

① 参见徐向东:《道德哲学与实践理性》,商务印书馆 2006 年版,第 162 页。
② 参见徐向东:《道德哲学与实践理性》,商务印书馆 2006 年版,第 165 页。
③ See Joseph Raz, *Practical Reason and Norms*, Oxford: Oxford University Press, 1999, p.16.

因为相爱所以结婚。基于此，若个体因为错误的理由而行动，则其他人不应做同类的事情。基于此，行动的理由具备解释、引导他人行为和评价三个方面的功能。在实现上述三个方面功能的过程之中，拉兹指出"对行动理由进行解释的过程之中困难重重的根本原因在于，未对理由发挥三种功能的情形进行明确的细分。充分的解释能够表明概念应用的各个目的，且能够说明各个目的之间存在的联系。理由能够发挥指引和评价的作用，其原因在于其能够被引入不同的解释之中，且相关的解释能够参照行动者的指引进行行动"。①

若具体的事物成为一个理由，其存在以下三种存在形态：陈述、信念和事实，上述三者之间存在复杂的关系。部分个体认为理由仅仅指陈述，其原因在于陈述包含了一个完整的逻辑结构。拉兹则指出："理由必然服从于具体的逻辑分析，其是进行实践推理的核心部分之一，但是在实践的过程之中信念、事实能够进行有效的逻辑分析。语言和人类的直觉无法有效地支撑以下的几个观点：理由全部都是陈述的。"②拉兹在相关论述中举例如下：天要下雨这样的一个陈述不是我带伞的具体理由。拉兹在相关的研究之中同时指出，事实也是一个具体的理由。事实同信念之间的选择存在巨大的困难。信念在部分情况下能够被视为一个理由，但不能将所有的信念全部都视为一个理由。若理由一定要实现指引和评价行为的目的，那一部分理由并不是信念的。行动者自身的信念也不是行动者自身欲望的理由，不能借助这一理论对行动者的行为进行解释。解释的关键在于行动者基于理由所获得的信念，但这不能说行动者的信念是理由，这表明了个体的行为同某些适用于信念的理由存在密切的联系，其同适用的事实之间不存在相互依赖。③拉兹进行推理的一个基本前提是对事实和信念进行了严格的划分，这同徐向东的判断存在显著的差异，徐向东在研究的过程之中将理由和欲望整合为一个整体。拉兹认为在剥出欲望之后，理由仍然存

---

① Joseph Raz, *Practical Reason and Norms*, Oxford: Oxford University Press, 1999, p.16.
② Joseph Raz, *Practical Reason and Norms*, Oxford: Oxford University Press, 1999, p.17.
③ See Joseph Raz, *Practical Reason and Norms*, Oxford: Oxford University Press, 1999, p.17.

在。拉兹在对排他性理由进行论述的过程之中,提供的规范性理由将个体的判断完全排除。事实同信念之间存在的差异是对民主的内在价值的忽略,对于与这一点相关的内容,下文将进行深入的分析。

　　拉兹对理由的性质和作用进行了总结,并指出了使用理由的两种方式。这两种方式在实践中可以有效区分,同时它们在重要性上存在一定的差异。被理解为事实的理由具有重要的规范性,能够决定应该如何行动。而为了确保自身的行动与现实世界的本质相符,我们应该重点关注理由所指示的应该如何行动,而不仅仅局限于分析自身的想法是什么。另一种对于理由的解释概念,与解释性的目的密切相关,但与指引性目的无关。在拉兹的理论框架中,理由起着至关重要的作用。他将理由定义为影响我们行动选择的因素,既可以是我们先验的信念、意愿和情感,也可以是来自外部的客观事实和条件。理由既可以是支持某种行动的正面因素,也可以是推动我们避免或阻止某种行动的负面因素。拉兹认为,理由是我们在行动中进行选择和决策的基础。拉兹指出,使用理由的方式可以分为两种。首先,理由被理解为事实时,具有重要的规范性。当我们认为某个理由是基于客观事实时,我们相信它具有一种普遍的约束力,并决定了我们应该如何行动。这种理由的出现使得我们能够确立行动的方向和目标,并对行动的合理性和正确性进行评估。它提醒着我们在行动中应该遵循实际情况,并将行动与现实世界的要求相适应。因此,理解理由的规范性可以使我们明确应该如何行动,而不仅仅是关注自身的想法或愿望。其次,理由被理解为解释性的概念,与指引性的目的无关。当我们将理由视为解释某种现象或情况的因素时,我们关注的是理解事物的原因和动机,而不是为了指导行动而进行评估。这种理由的关注点在于帮助我们理解特定事件或行为的背后动因,揭示其发生的原因和意义。与指引性目的不同,解释性理由更多地涉及对现象的理性分析和解释,以推动我们对世界的认知和理解。尽管两种理由的解释方式不同,但它们在我们的行动选择和决策中都发挥着重要的作用。规范性的理由帮助我们确定行动的方向和目标,使我们能够根据现实世界的本质进行合理和正确的决策。而解释性的理由则提供了对现象和行为背后原因的理解,促使我们在认知和理解上更加全面和深入。①

综上,在进行实践推理的过程之中发挥作用的是事实理由。"通常将行动理由理解为在施行某一个行动时的理由,行动者在特定条件下实施的行动将被视为一个事实,且可以认为事实同理由之间存在密切的联系。"②但是这一结论未有效地说明理由的应用,事实可能存在但不一定真实,为有效地消除指向可能的概率,拉兹把理由看成是人的理由。在描述"行动理由"的过程之中应该认识到这一概念本身不是一个行动者,而是一个变量。其理由是事实同群众之间存在的紧密联系。③ 这一观点为拉兹对权威的理论进行协调奠定了坚定的基础。

在系统地理解拉兹的权威理论之前,首先需要系统地认识拉兹关于理由的理论,在此需要对理由和权威之间的关系进行分析。拉兹认为进行规范性分析的核心是行动理由。拉兹指出对规则进行解释的最大困难在于明确规则同行动理由之间存在的具体关系。若部分规则存在一个明确的理由,且相关的规则同此类理由在逻辑上存在密切的联系。④ 对行动理由的规范对于事实的解释,将准确地说明规范同规范性概念之间存在的关系。⑤ 基于上文的论述,拉兹在对理由和权威进行解释的过程之中,引入了"行动理由—规范—权威"的基本框架。在此基础上拉兹对"强制规范"的概念进行了说明。并将这类规则和原则采用下面的方式进行了陈述:若某个人被强制实施某一行动,此类原则和规范将具有实践性。拉兹在研究的过程之中采用了"强制规范"对相互之间的类型规范进行了划分。⑥

---

① See Joseph Raz, *Practical Reason and Norms*, Oxford: Oxford University Press, 1999, p.18.

② See Joseph Raz, *Practical Reason and Norms*, Oxford: Oxford University Press, 1999, p.19.

③ See Joseph Raz, *Practical Reason and Norms*, Oxford: Oxford University Press, 1999, p.19.

④ See Joseph Raz, *Practical Reason and Norms*, Oxford: Oxford University Press, 1999, p.9.

⑤ See Joseph Raz, *Practical Reason and Norms*, Oxford: Oxford University Press, 1999, p.10.

⑥ See Joseph Raz, *Practical Reason and Norms*, Oxford: Oxford University Press, 1999, p.49.

规则与规范性的术语存在着密切的联系。基本规则中包含了规范性的术语,这些规则旨在引导和指导我们的行动,从而使得我们能够更好地适应社会和自然环境。例如,当某个体实施某个具体的行动时,这个行动符合相应规则的陈述,这便是规则作为实际行动的理由。然而,需要注意的是,这种关系是对规则和实际行动之间关系的简化,而规则本身并不是具体的理由,事实才是具体的理由。在相关研究中,拉兹对此进行了注释和说明。他认为,规则是一个对象,它不能作为理由本身,只有事实才能作为具体的理由。规则是一种描述性的语言,它们并不具有规范性的特征,不具有直接的行动指导作用。规则只是人为创造的概念和语言,它们的存在和使用是基于人类社会的需要和人的语言能力。因此,规则作为理由的实际运用需要在具体的情境中进行深入探讨和分析。规则与事实之间的联系需要通过具体的判断和对现实情况的分析来确定。在法律制度中,规则的陈述和使用需要清晰而严谨,并且需要基于现实中的事实和情况加以指导。法律规则需要对现实中的事件进行准确的描述和推断,使得它们能够真正具有规范性和指引性的特征。在拉兹的法律哲学理论框架中,规则、事实和理由之间的关系是密不可分的。规则作为论述性语言,能够描述法律制度和相关规则的内容和结构。它们可以引导我们进行正确的判断和决策,对我们的行动产生影响。然而,与规则相比,事实更具有直接的实际性和影响力,是行动选择和行动结果的真正依据。当我们作出决策时,需要同时考虑规则和事实的基础和影响,以确保我们的行动合法、准确、可靠。[①] 基于此,将针对强制规范产生一个理由,且这一理由同一般的理由存在区别。在拉兹的理论之中,强制规范同其他理由的差异主要在于其是否被信任、遵守和实施。若系统了解了强制规范和一般理由的差异,将能够准确地判断是否为强制规范。

从前文的分析中可以看出,理由是分析权威概念的重要概念之一。当我们分析权威的特征和作用时,需要考虑其依据和理由,以便更好地理解和应用权威概念。在对权威概念进行分析的过程中,拉兹强调了两个关键点。首先,他不认为权威只能够通过理由进行解释,而是认为权威可以通

---

① Joseph Raz,*Practical Reason and Norms*,Oxford:Oxford University Press,1999,p.51.

过多种方式来解释。其次,他将理由分为部分理由和完整理由,并采用完整理由对权威进行分析。在拉兹的法律哲学理论框架中,权威是一种行动指导方式,具有规范性和指引性的特征。权威的出现可以使人们认为一种做法是正确和必要的,从而促使人们更加合理和有效地进行行动选择和决策。然而,权威概念的本质和意义需要通过合理的解释和分析才能真正得以理解。理由在权威概念的分析中具有重要的作用。它们提供了权威的依据和解释,揭示了权威能够起到指导和规范人们行动的原因和特点。然而,拉兹并不认为权威只能够通过理由进行解释。他还认为,权威可以通过其他方式进行解释和解构,如通过传统、习俗、社会规范等方式。通过这些方式,权威可以具有更加广泛的适用性和意义,对人们的行动指导具有更加广泛和深刻的影响。此外,理由的分类也对解析权威概念的意义和作用具有重要的影响。拉兹将理由分为部分理由和完整理由,并认为完整理由是更能够准确反映权威概念的特点和本质的方式。完整理由不仅包含了权威本身的内容和要素,还涵盖了它的前提和解释性背景等因素。

因此,通过采用完整理由来分析权威概念,能够更加全面地反映权威的特点和作用,以及权威与社会和文化因素之间的关系。总之,理由是分析权威概念的重要概念之一。在解析权威的意义和作用时,需要结合理由的不同分类和权威的多样性进行深入分析。通过采用完整理由进行分析,能够更好地反映权威的多元性和作用,提高对权威概念的理解和应用水平。这对于法律实践和社会治理都具有重要意义。[①] 基于上文的分析,本书继续对 Lucas 简略的解释进行分析。拉兹指出,Lucas 解释不合理的地方主要体现在三个方面:一是未对权威的有意图和无意图行使进行准确的划分;二是权威同具备权威之间存在的差异;三是未充分考虑个体需要被赋予权威这一事实。[②] 上文中存在的失败之处的根本在于,采用简单解释无法对相关的问题进行说明,即不能说明权威所提供的理由是什么性质。

[①] See Joseph Raz, *The Authority of Law*, *Essays on Law and Morality*, Oxford: Oxford University Press, 1979, p.12.

[②] See Joseph Raz, *The Authority of Law*, *Essays on Law and Morality*, Oxford: Oxford University Press, 1979, pp.12-13.

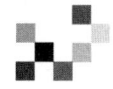

三、权威与理由的关系

(一)拉兹提供的两个论证

拉兹对法哲学乃至一般性的实践哲学的突出贡献在于转用"理由"的概念分析权利、义务、规则、权威等规范性现象,得以将法律、政治与道德哲学统合为一个广阔的实践哲学(实践理性)场域。所谓理由,就是指支持或反对我们采取某个行动的考量,因而可以将我们的行动决策全部化约到理由的范畴之中,进而展开实践推理与行动慎思。当我们有理由做某事时,我们就应当做某事。在我们思考某个行动时,通常会同时存在许多理由,理由与理由之间既会支持与兼容,也会冲突和竞争。理由之间兼容一般不会给我们带来困扰,因为它们都共同指向某个决定;但理由之间存在竞争时,有关如何行动的推理可能就较为复杂。拉兹认为,可以大致划分出理由的三种竞争形态:(1)权衡模式,当理由之间出现竞争时,依据各自的分量权衡作出最终的决定。比如,当存在两个不同的理由 A 和 B,A 支持我做某事,而 B 不支持我做某事,因为 A 的理由分量胜过了 B,所以我的实践推理结果就是做某事。(2)取消模式,某个理由削弱甚至取消了其他理由的分量。这种模式的典型情形就是,当我对 X 作出某个承诺时,我就有了完成承诺内容的理由。但随后 X 跟我说,他/她不需要我完成这个承诺,这等于将我从承诺义务中解放了出来,取消掉了承诺所蕴含的理由分量。(3)排除模式,也即通过排除某些理由的分量而支持另一些理由。还以承诺为例,当我作出某个承诺后,承诺不仅给了我一个完成承诺内容的理由,同时还排除了我原本可以权衡的相关行动理由,促使我不要出于可能支持我违反承诺的那些理由而行动;如此,也就解释了我们所熟悉的"守诺义务"。权威给予我们理由的方式就属于上述第(3)种模式。对此,拉兹提供了两个论证。

其一,现象学论证。对于权威指令的理解,可以在经验层面观察与分析一些现象中得到答案。例如，以下情形中士兵复杂的矛盾感受就提供了一个识别权威指令作为排他性理由的测试。当军官向其下属的某个士兵发布一个命令时，虽然该士兵根据自己的判断认为这个命令并不正确，但其最终执行了命令。因为即使他认为自己的判断是对的，但同时也会认为命令的意义就在于排除自己的判断。如果我们将这个例子改造一下则更为明显：假如是该军官的上级军官向他下达此命令，然后他又将此命令下达给下属士兵，当该士兵根据自己的判断并未执行时（假设该军官也认为该命令可能是错误的），该军官就会产生一种复杂的矛盾态度：他既想表扬该士兵——因为他遵从了自己的判断，又想责罚该士兵——因为他违背了命令。正是这种复杂的不安和矛盾心态证明了命令带来的实践差异，也证明了权威指令作为排他性理由的性质。由此看来，权威所给予的理由也并不那么神秘。权威指令是权威表达特定行动要求的意图，从这个方面讲，它和承诺、决定等以言行事的现象非常相似，是一种人为的或者非自然意义上的理由创造。当我们对别人作出某个承诺时，即使我们事后可能会后悔，但承诺就是承诺，它排除了我们在这件事上的进一步权衡。当我们作出某个重要的决定时，意味着我们完成了这件事上的论证和慎思，当别人再问及此事时，典型的回答就是"这事已经决定了"，不再更改。因此，一个意图可以创造出一个理由，虽然我们不能说这个意图创造出来的一定是一个有效的或者真正的理由，但起码是一个推定的理由。现象学的论证在分析权威概念时并不能充分，因为现象学的分析具有局限性，只能够提供对部分（即使是典型的）现象的分析，而不同的人可能会对同样的现象持有不同的理解。对于权威概念，有些人可能会将其视为一种排他性的理由，即权威指令意味着关于这个行动的决定权已经不在我们手中，它排除了其他理由的权衡。而其他人可能会将权威指令提供的理由当作分量很重的一阶理由，通常情况下能够胜过其他理由，因此整个实践推理过程是以理由竞争中的权衡模式而非排除模式展开。因此，我们无法简单地从人们实践推理的经验描述中确定这两种实践推理过程哪一种是正确的。这时，我们需要引入目的性论证（也称为辩护性论证）这一思想来进一步探讨权威概念。目的性论证是通过解释权威概念的实际作用来证明其正确性和价值。权威的出现可以使人们认为一种做法是正确和必要的，从而促使人们更加合理和有效地进行行动选择和决策。通过这种方式，权威可以发挥重要作用,并且在实践中得到广泛应用。这使得我们可以基于目的性论证的思想来进一步解析和理解权威概念,揭示其深层次的意义和价值。此外,目的性论证的思想也有自身的局限性和挑战。首先,目的性论证需要考虑权威的实际效果和作用才能证明其正确性,但这并不一定意味着权威在道义上正确或是逻辑上不可驳倒。其次,不同的人对权威的理解和评价会因其思想观念以及实践经验的不同而有所不同,因此我们需要进行多方面的分析和探讨才能真正得出权威的实际意义和价值,从而更好地应用和理解权威概念。

其二,目的性论证。我们为何将权威指令视为排他性理由而非通常的一阶理由(即使是分量很重的一阶理由)?为何支持排除模式而非权衡模式?其理由必然要诉及排他性理由背后的价值。权威指令本身不是终极理由,终极理由都是一阶理由,权威指令的合法性总是建立在根本价值之上,建立在更为基本的考量之上。但这并不意味着权威指令对于实践推理就是不重要的,它是对各种冲突性理由的一个总结和体现,替代了对各种理由的权衡。对法律权威而言也是如此,法律是以系统性规则的方式指引公民的行动。规则可以帮助我们节省时间和精力、避免重复劳动(重复计算)、减少计算错误的风险。很多人会认为规则的这些价值完全是因为人本身时间精力有限,而且很容易受到外在条件的限制,因此才接受规则。但是拉兹认为,即使将人置于理想情形之中,也应当接受规则,否则就是一种理性的浪费和不理智。接受规则能够将我们的理性能力解放出来,让我们更好地遵从理由。接受规则就意味着将规则视为一种排他性理由,依据理由排除的方式而非理由权衡的方式行动。就法律规则而言,它还有着更为特殊的功能。法律规则调和了人们的深层价值分歧与具体决定,在深层理由与具体决定之间提供了一种中层装置,从而有助于创造和维护多元文化的存在。以刑法规定不得杀人为例,佛教徒不杀人是出于众生平等、不得杀生之理由,基督徒不杀人是出于上帝诫令之缘故,而非宗教信仰人士不杀人可能是出于不应残忍和尊重生命的原因,尽管理由各异,但他们都没有杀人,都遵守了法律。法律规则既保留了人们在此问题上的实质分歧,也为此问题提供了具体的共识性指引。

因此,按照权威指令提供的排他性理由而行动其实是出于实践理性之要求,与我们的实践理性完全吻合。按照排他性理由行动与按照一阶理由行动一样,都是对理由的遵从,因为不因某些理由而行动并不等于忽略和不顾理由而行动。只要这种排他性理由的合理性能够得到说明,那么按照其行动就是符合理性的。正是通过直接服从权威指令,我们间接地实现了遵从理由的目的。在这个意义上,权威充当了人与理由之间的中介与桥梁。不过,这里需要对"服从"概念作进一步的分析和澄清,因为此处存在着潜在的歧义。当我们说服从权威时,可能存在两种不同的含义:(1)仅仅要求行动者与权威指令保持结果上的一致,权威指令与行动者之间不存在动机上的要求,也即行动者并非受到权威指令的激发而行动,行动者无须出于权威指令而行动;(2)不仅要求行动者与权威指令保持结果上的一致,而且在动机上要求行动者出于权威指令而行动。行动者这么做,就是因为权威这么说了。这两种解释都能够起到排除的效果,保证了行动者遵守权威指令。但第(2)种解释会带来理解上的难题,因为它会要求行动者将权威指令当作内在理由而非指示理由:一个内在理由是一个关于最终是否采取某个行动的事实,它本身是赞成或反对这个行动的事实;而一个指示理由是作为指示一个内在理由存在与否的证据或根据;如果权威要求行动者必须出于权威指令而行动,权威指令与行动之间是一种激发关系,那么权威指令就必须是一种内在理由。但如前所述,排他性理由的力量来源于一阶理由,是对相关一阶理由的总结和反映,它最好被理解为是指示理由,指示或告知行动者那些已经存在的内在理由。因此,权威指令与行动者行动之间不存在必然的激发关系,对权威的服从应当采取第(1)种解释,仅仅要求行动者与权威指令保持结果上的一致。

(二)拉兹对 Hurd 观点的修正

在此对 Hurd 的总结进行分析,然后对拉兹关于权威与理由的研究进行总结,在总结的过程之中采用了 Hurd 的总结模式。

第一,"理论权威—建议—内容依赖的理由"。拉兹认为不管建议者自身具体的愿望是什么,其提出的建议将被视为一个信念理由,而不是行动理由。① 理论权威仅仅给出了一个信念理由,而未给出一个行动理由,其价值在于使群众认识到内容的真实性,但该建议缺乏被依赖的理由。Hurd 在研究的过程之中未准确地说出建议是内容依赖理由的原因,且他在研究的过程之中还忽略了建议可能被接受者视为一个有效行动的理由,也能够被视为是一个排他性理由,但是这与建议本质是一个信念理由不存在矛盾。这种特殊的情形是真实存在的,如个体在面对自身未知的领域时,他将求助于行业内的专家,且自身对专家的建议缺乏足够的判断力,此时专家的建议将成为个体行动的理由。在这一情形之中建议既是实施行动的理由,又是排他性的理由。若这样的一种情形出现,建议是否还是理由?答案是肯定的,其原因主要有两点:一是建议作为一个保护性的理由其不存在意图,但建议者的建议被接受之后其具有了意图,因此建议仍然是被视为一个信念的理由;二是建议在进行转化的过程之中,理由和行动之间存在内容层面的联系,专家主要是指智慧层面的力量,其知识转变为力量才能够成为保护性的理由。

第二,"影响性权威—要求—内容独立的理由"。"要求"本质上是内容独立的理由,但是 influential authority(影响性权威)这一相关内容的论述存在一定的问题,拉兹在相关研究的过程之中未论述这一问题,Hurd 在研究的过程之中也未对这一术语进行界定。下文在研究的过程之中将依据权威理论的发展过程,以及相关学者和专家在研究的过程之中的论述,对相关的问题进行揭示。Hurd 在相关的研究之中指出,influential authority 这一名词的说法针对的是要求对应的权威的类型。在实践的过程之中借助这一概念完成了对权威的总结分类。在实践推理的过程之中,理论权威和实践权威存在巨大的差异,要求则处于命令同建议的中间位置,同要求存在联系的权威类型在实践之中的作用,以及实践言论的强度存在何种关系?要求的本质是在权衡的过程之中补充了一个新的理由,对权衡产生了一定的影响。对于这一现象,拉兹认为命令者仅是想借助,对于所

---

① See Joseph Raz, *The Authority of Law, Essays on Law and Morality*, Oxford: Oxford University Press, 1979, p.21.

要求的行动的支持进而对接受者产生影响。[①] 要求性的理由对接受者产生了影响性的作用，influential authority 的论述能够准确地表达要求的内涵，但是导致了以下两个问题：一是 influence 是一个存在不确定性的词，无法对其影响的程度进行准确的界定，在部分语境之中，我们可以认为命令的本质也是一种影响；二是拉兹虽然曾经采用 influence 来实现对权力的界定，但实践权威本质上是一种规范性的权力，其能够对个体的规范性状况产生巨大的影响。基于此，本书认为拉兹对 Hurd 相关的理论进行了科学的完善。

第三，"实践权威—命令—内容独立的理由"。命令是一个典型的实践权威，其本质上是内容独立的理由。在上文的论述之中已经总结了拉兹和 Hurd 的观点，基于此，我们可以认识到实践权威的命令等同于一种规范性的权力，其能够作为排他性的理由，也能够作为行动的理由，因此其是一个保护性理由。"实践权威—命令—内容独立的理由"这一模式整体上是正确的，但是在具体的内容上存在简化的倾向，其在研究的过程之中未明确排他性理由同一阶理由、要求等相互之间存在的关系，同时也未对命令和建议进行科学的区别。综上，在下文的论述之中，将对上述两个问题进行系统的论述，并指出本书关于实践权威的核心主张，同时也解决了本章内容的核心问题，即权威提供什么样的理由。

权威是人类社会中普遍存在的一个现象，同时也是法哲学和政治哲学等领域研究的重点之一。拉兹在对权威展开研究时，主要从实践哲学的角度出发，探讨了权威与行动理由之间的关系，并将理由作为核心的分析概念。在拉兹的理论框架中，权威的本质是具有内容独立性和排他性的行动理由，具有优先性并能够取代接受者自身的判断并排除其他的理由，这是拉兹一直维护的基本观点。如果该观点不成立，在实践推理的过程中权威将无法发挥其正常作用。那么，拉兹所谓的行动理由是什么意思呢？在拉兹的理论框架中，行动理由是指在进行行动选择和决策时所依据的理由或原因。简单地说，在进行行动选择和决策时，人们需要对不同的理由进行权衡和选择，从而最终确定一种行动方案。这里的理由可以包括认知、意

[①] See Joseph Raz, *The Morality of Freedom*, Oxford: Oxford University Press, 1986, p.37.

愿、信仰和价值观等方面的因素。在这个过程中，行动理由的重要性非常大，它不仅决定了最终行动选择和决策的结果，还关系到人们的信念和价值观念，从而深刻影响到人们意志和行动的方向。在权威的分析中，理由的重要性更是倍加凸显。权威被认为是一种具有内容独立性和排他性的行动理由，其在实践推理的过程中具有优先性，可以取代接受者自身的判断并排除其他的理由，从而使其起到指导和规范人们行动的作用。这种内容独立性和排他性的特征使得权威成为一种重要的实践概念，在现实生活中也具有广泛的适用性和实践价值。然而，这种重要性和价值也使得权威的本质和意义需要进行深入的探讨和分析，以便更好地理解和应用权威概念。目前，对于权威的分析仍存在多种解释和理解。例如，在拉兹的理论框架中，权威具有内容独立性和排他性的特征，但在其他理论框架中，权威则可能被理解为一种更加复杂和多元的概念。此外，在实践推理的过程中，权威所起到的作用也需要进行进一步的分析和探讨，以便更好地理解和应用权威概念。

综合本章的讨论，可以将以下要点总结如下：第一，权威概念的分析实质是分析权威理由的性质，即通过理由这一概念来分析实践权威为行动提供何种指引。第二，实践权威对行动来说是一种"命令"，而非"要求"或"建议"。权威的概念分析关注的是权威在实践中对行动的作用和指引效力，较少关注行动者的主观思考和动机。第三，这个命令是内容独立的排他性理由，直接体现了权威性理由的独特性质。第四，对行动者而言，实践权威的排他性直接排除或取代了行动者自身独立思考理由在行动中的作用。第五，权威性理由是行动者行动的决定性理由，因此行动具有一定的强制性特征。

在权威概念的分析中，我们需要重点关注权威理由的性质。权威理由是指在行动选择和决策中，权威所提供的理由或原因。通过理由这一概念的分析，我们可以深入探讨权威对行动的指引作用。这一分析将有助于我们更好地理解和应用权威概念。在实践中，权威对行动者来说是一种"命令"，而不是一种"要求"或"建议"。这意味着权威性理由具有一定的强制性特征，对行动具有一定的约束力。在权威的概念分析中，我们着重关注权威对行动的作用和指引效力，而较少考虑行动者的主观思考和动机。这使得权威概念的分析更加客观且具有实践导向。首先，权威性理由具有内容独立性和排他性的特征。内容独立性意味着权威性理由不依赖于其他理由的支持,它具有自身的独立性和自足性。排他性则意味着权威性理由可以直接排除或取代行动者自身的独立思考理由,在行动选择和决策中起着决定性的作用。这些特征使得权威概念在实践中具有独特的意义和价值。其次,对行动者来说,实践权威的排他性使其直接排除或取代了行动者自身独立思考理由在行动中的作用。这意味着行动者在面对权威性理由时,往往无法基于自身思考和判断来作出决策,而是被迫按照权威的指示来行动。这对行动者来说,可能会产生一定的挑战和困扰。最后,权威性理由是行动者行动的决定性理由,使得行动具有一定的强制性特征。权威性理由的存在使得行动者在面对权威时,往往不能将其视为可选择的选项,而是被迫按照权威的要求行动。这种强制性特征对于权威的理解和分析具有意义:一方面,从实践层面来看,强制性特征使得权威在指导和规范行动时更具有决定性。另一方面,从理论层面来看,强制性特征的存在也使得权威概念在哲学和法学领域的分析更加丰富和深入。

第 三 章

理由范式的基本框架

现有的法律权威理论研究存在着诸多问题,如理论不够简洁、无法自圆其说,或者具有诸多局限性等。在这些问题之中,对于权威理由的探讨更是一个热门话题。研究者们从不同的角度对权威理由进行了分析和研究,但目前仍未能达成完全一致的结论。因此,理由范式的出现填补了这一问题的空缺。拉兹在其中作出了创新性贡献,将理由分为一阶理由与二阶理由。而其他学者在此方面的认识并不足够清晰,这可能有其实际原因,即日常用语中并未涉及相关的区分。在对拉兹的理由范式进行研究时,首先需要对一阶理由进行界定。一阶理由主要包括两种类型:一是肯定行动的理由;二是否定行动的理由。拉兹认为,不同的行动理由具有各自的权威性。例如,下雨是带伞的理由,同时下雨也是不能穿布鞋外出的理由。这两种理由都属于一阶理由。在相关论述中,拉兹构建了一个一阶理由冲突模型,该模型旨在探讨两个不同理由在实践中的应用和冲突情况,并通过对这些冲突理由的修正来完成二阶理由的论证分析。凭借这些冲突理由,我们可以从不同角度对一阶理由进行推演,从而得到关于一阶理由与二阶理由冲突的推导。通过这些推导,我们可以建构出相关的冲突模型,并将其应用于具体的实践案例中。其次,拉兹的理由范式进一步将理由划分为二阶理由,对于二阶理由的界定和分类也具有重要作用。二阶理由则更加抽象和广泛,涉及多重因素的影响和多种理由的相互关系。例如,在实际行动中,我们可能会遇到"好为人师"和"看人下菜碟"的矛盾,这就是二阶理由的冲突。在理由范式的框架下,拉兹运用一阶理由和二阶理由相互作用的方式,构建了一套完整的对于权威性理由的分析体系,包括理由冲突模型、理由修正模型等,从而在权威性理由的研究方面开创了一条全新的研究路径,该体系具有独特的理论和实践价值。

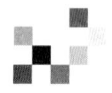

一、拉兹对一阶理由的分析

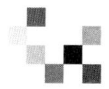

拉兹在对权威性理由开展研究的过程中,区分了行动理由的冲突,通过这种方式进一步提出了一阶理由和二阶理由的概念。其中,一阶理由是指人们在实践中直接遵循的理由,通常是关于行动的道德、法律等方面的理由。而二阶理由则更加广泛和抽象,它们通常涉及更为深刻的哲学和政治问题。在这种区分之中,一阶理由被视为人们认识权威的切入口。人们可以通过理解一阶理由来深入了解权威性理由的性质和作用。因此,在权威性理由的研究中,一阶理由的界定和分类具有重要的作用,进一步推动了权威性理由的研究和理论建构。与一阶理由相对应的是二阶理由,它通常更为复杂和抽象,涉及更广泛的哲学和政治问题。通过对二阶理由进行研究,我们可以深入探究权威性理由的深层次内涵和作用。比如,人们可能认为某个权威理由是合理的,但也可能有某些人认为这个权威理由是不合理的。这就涉及权威性理由的争议和多样性问题,需要对权威性理由进行更加深入的分析和探讨。此外,拉兹的理由范式也强调了理由的冲突与修正。拉兹认为,不同的理由之间可能会产生冲突,尤其是在实际行动中,可能会出现一阶理由和二阶理由之间的冲突。通过对这些冲突理由的修正,我们可以深入了解一阶理由和二阶理由之间的相互作用,以及权威性理由和其他理由之间的冲突和调和问题。

(一)价值与一阶理由的内在联系

拉兹在研究的过程之中将理由这一概念,同其他的法哲学、政治哲学等进行了有效的对接,并构建了完善的分类学说,说明了不同类型的理由在社会实践之中的不同运作模式。学界对此喝彩者有之,批判者亦有之。因此理解拉兹的法律权威理论就可以从理由这个一般性的分析单元入手,我国学界对此也有所着墨。目前法哲学界对拉兹理由范式的探讨更多的是建立在其早期的理论之上,也就是法律提供的理由如何区别于一阶理由,很少研究其一阶理由本身的特性。然而,正如我们将在关于法律权威的论述中详细分析的,一阶理由是法律权威的基础,尽管法律权威所提供的理由试图阻断人们对一阶理由的思考,但只有其权威本身立基在一阶理由的道德性之后,它才能完成这种运作。由于拉兹后期的政治哲学著作已经对一阶理由作出了详尽的分析,所以这种勾勒只能是粗略的,可能会以概括性的方式予以总结,也许会减损拉兹学术理论的精确性。好在本书是法哲学的研究,这种粗略的介绍旨在了解拉兹的政治哲学研究成果,为后文的法律权威研究提供伦理学基础。

拉兹指出权威的核心是理由,权威相关的问题都同理由存在一定的联系。诚如他所言,"'理由'本质上是一个基本单元,用于说明实践性的概念,我采用理由为基础进行说明的原因"①。部分理由试图对个体的信念进行规范,如达尔文提出的进化论,直接改变了后代生物学家的信念。部分理由尝试对个体的行为进行规范,"规范性实践理由的事实是,特定行动在实施的过程之中具备特定属性,其能够给予实施者特定的目的,上述属性使拥有者存在执行行动的可能,且这一事实能够被理解"②。拉兹在研究的过程之中尝试模糊上述两种理由的界线,③对本书的研究而言,后一种理由更加重要,即尝试对个体的行为进行规范。在各类行动理由之中,一阶理由的本质是仅有人们自己内心所产生的简单欲望驱动,而不论社会对人的欲望如何规制的一种行动理由。

可以简单地将一阶理由看作支持或反对行动的理由,在面对不确定性因素时给予不同潜在行为不同的分量。追求成功人生、服从老师要求均是刻苦学习的理由,追求友谊和快乐则是逃课的理由。在实践之中一阶理由的一般表现是"基于理由 A 做或不做行为 B"的基本逻辑。拉兹采用肯定

---

① Joseph Raz, *The Authority of Law, Essays on Law and Morality*, Oxford: Oxford University Press, 1979, p.12.

② Joseph Raz, *From Normativity to Responsibility*, Oxford: Oxford University Press, 2011, p.13.

③ See Joseph Raz, *Introduction*, in Joseph Raz ed., *Practical Reasoning*, Oxford: Oxford University Press, 1978, pp.2-4.

和否定的形式对一阶理由的特征进行了说明。基于肯定的层面,一阶理由同善、价值存在联系,也可以认为具有价值的事物才能够被视之为行动的理由。哲学上认为行动理由会对行动的主体产生一定的约束,且这一理由也是引导个体走向幸福生活的重要工具。基于此,该理由能够对善和价值进行有效的识别。个体能够借助意志实现对自身生活的控制,并对自身的行为负责。对此进行概括的论述,个体能够借助自身意向的行为将善和价值的观念引入自身的行动之中,并借助自身的行动实现自身的目的。基于此,理性的意向行动是依据理由的有价值的行动。在这一传统的理论体系之中,价值是客观价值、行动理由也是客观理由,且这一价值观念不依据主体的变化而变化。例如,禁止故意杀人,承载的基本价值理念是生命是宝贵的,尽管某个杀手可以在杀人之后获得一定报酬,并提升其生活质量,但客观的行动理由反对这一后果论的主体判断。这种客观理由也是一种事实性存在,"理由是这样一种事实……因为行动在某些方面或某种程度上是善的"[1]。在实践之中,理由的客观性不能表征其具备普遍性,拉兹指出各类机制均依附于社会。部分机制的存在依赖于社会实践,部分机制的实践保护形式以社会实践为基础。[2] 这一特点表明拉兹的理论具备社群性,即价值的存在与实践是以社群的历史为基础而展开。他认为不可能存在适用于各类情形的价值选择,价值观念自身均同自身的社会实践活动存在紧密的联系。即所有的社群均承认个体的生命价值,并依据社群习惯对生命进行保护。

这种社群性与客观性的理由概念可以澄清很多对拉兹理由范式的误解,其中最典型的就是斯蒂芬·佩里(Stephen Perry)的"价值基础的权威观"(the value-based conception of authority)。[3] 佩里认为,拉兹提出的理由本质上是原子化的理由,因此无法解释一些基于社会价值的理由论。具体来说,当权威提供的行动理由比个体自我权衡更好地服务于道德理由

---

[1] Joseph Raz, *Engaging Reason: On the Theory of Value and Action*, Oxford: Oxford University Press, 1999, p.23.

[2] See Joseph Raz, *The Practice of Value*, Oxford: Clarendon Press, 2005, p.19.

[3] See Stephen Perry, *Political Authority and Political Obligation*, in Leslie Green & Brian Leiter eds., Oxford Studies in Philosophy of Law, Vol. 2, Oxford: Oxford University Press, 2013, pp.57-58.

时,权威才能得到证成。但是佩里认为,很多权威并不涉及个体的背景性理由,相反它们是为了实现一种集体的共同价值。比如,法律规定汽车向右行驶,这种规定所立基的并不只是驾驶员之间的协调,还在于使社会秩序得到形成,即使是一个不开车的社会成员也能从中受益。因此,如果某条路上的驾驶员签署了一份在此路上向左行驶的协议,也不能被视为一份有权威的行动指引。佩里强调,在拉兹的理由范式之中,由于权威给出的保护性理由只是基于相关利益者的背景性理由,因而无法看到更大范围内的集体利益的存在。因此,需要一种比拉兹的理论更为实质性的权威证成(或服从证成)理论。不过,佩里误解了拉兹(当然拉兹的某些论述容易受到佩里的指控),因为背景性理由不是基于行动者自己的视角或是自己的利益,而是基于社群性的实践所产生的价值,因此社会中所存在的背景性理由至少从社群内部的角度看来是一种客观性理由,即使它无法使某些成员或群体直接受益。但是背景性理由可以最终溯源至社群共同善,否则就无法解释征兵、纳税、公共服务这些制度的权威性。

  部分学者提出了道德理由的情景,并反对相关的概念,但事实上并不是所有行动理由均同道德存在关系。例如,以法律为代表的规范性文本制定的行动理由。事实上,拉兹也未将全部一阶理由均纳入道德理由的范畴。大部分事物在特定的环境之中均能呈现自身蕴含价值的一面,这为个体的行动提供了理由。[①] 上文所述的价值为一个广泛的概念,即该价值可能指美学价值,也可能指道德价值或感官价值。基于美学价值展开分析,三亚美丽的落日,是个体前往三亚旅游的理由;基于感官价值分析,冰激凌的味道甜美是个体购买的理由。上述价值均未同道德价值产生联系,但此类价值在现实生活之中具有普遍性,因此在研究的过程之中不能将道德理由等同于行动理由。在本书的研究之中,将道德理由看作一阶理由的典范,实际上道德对人际往来之中的各种行为进行了有效的规范,即法律如同道德一样是一个整体性与全面性的规范体系,我们不可能在不参照法律体系的前提下理解单一法律规范的特性,这使对后文所言的法律权威的证成是一项整体性的权威证成,即使它提供的是一项又一项个别的理由。在

[①] See Joseph Raz, *Engaging Reason: On the Theory of Value and Action*, Oxford: Oxford University Press, 1999, pp.29-30.

整体证成中,道德的核心地位就得到了体现。从直接方面来说,法律保护着最重要的道德价值;从间接方面来说,法律通过解决协调性问题为个人与社会的道德实践提供保护。与此同时,美学价值和感官价值对个体的日常行为产生了重要影响,借助对不同价值的衡量,有利于引导理性的个体走出思想的困境。但是,在现阶段大部分法律体系之中,美学价值、感官价值的判断被授权给个人。也就是说,法律理由更多的是选择了道德的规范领域,而像去三亚旅游或吃冰激凌等事项并不应该属于法律干涉的范围,尽管法律有能力去干涉。所以说一阶的道德理由证成了权威,也是权威成立之后意在排除的慎思理由,因此本书所涉及的一阶理由通常是指道德理由,也就是基于道德善或道德价值提出的做或不做某事的行动理由。

拉兹在研究中指出,一阶理由具备规范性是因为它们涉及了价值。特别是道德价值,作为一阶理由中最典型的代表,为一阶理由赋予了规范性,并为理由之间的联系提供了范式。通过对拉兹的理论进行分析,我们能够更加清晰地认识一阶理由本质和其与价值之间的关系,从而奠定了进一步研究理由的基础。首先,一阶理由具备规范性的重要原因在于其涉及了价值。拉兹关注的是人们在实践中的行动理由,而这些行动理由往往与价值密切相关。例如,人们在行动中往往会遵循道德准则,这是一种道德价值的体现。道德价值是一种超越个体利益的普遍规范,它塑造了人们的行为规范和道德判断,从而使得一阶理由具备了规范性。通过认识和理解这种规范性,我们能够更好地理解一阶理由的作用和价值,并将其运用于我们的实践和决策之中。在充分认识一阶理由规范性的基础上,拉兹进一步作出了区分,该区分是为了清晰地认识理由之间的关系。在否定的层面上,拉兹区分了一阶理由和其他类型的理由,如二阶理由。这种区分为我们理解一阶理由和其他类型的理由提供了框架和切入点。通过对不同类型的理由进行分类和分析,我们可以更好地了解它们的特点和作用。此外,拉兹的理论分析还为我们进一步研究理由奠定了基础。通过对拉兹的观点进行深入分析,我们可以更加清晰地认识理由的本质和特点,理解理由在实践中的作用和价值,并从中发现理由之间的复杂关系。例如,通过对一阶理由和二阶理由进行区分,我们可以深入研究它们之间的相互作用,探讨权威性理由的性质和作用等。

拉兹在研究中对规范性理由和说明性理由之间的差异进行了深入的

分析。我们在日常生活中使用"理由"一词时,往往会存在一定的混淆,有时我们将其视作原因的代名词。例如,当风吹闭房门时,当被问及门为何关上的理由时,我们可能认为是因为风,或者风是门关闭的理由。然而,由于这个事件中未涉及任何个体的意图,因此它并不能成为规范性的理由,仅仅是一种说明性的理由。通过使用这样的说明性理由,我们可以解释整个事件的逻辑关系和概念,并通过相关事件对其陈述的真实性进行还原和判断。尽管所有的理由都存在说明的功能,但规范性的理由并不仅仅在于解释。"如果它们是规范性理由,那么就会赞同其所意欲的理由。它们在潜在的情况下,也就是可能的情况下,证明并要求它们所支持的理由。"这一点是拉兹在此讨论中强调的。

首先,拉兹认识到了规范性理由和说明性理由之间的本质差异。说明性理由更多地涉及解释和描述,它们解释为什么某个事件发生,或者为什么某个事实成立,但并不涉及我们应该如何行动或作出何种道德判断。而规范性理由则具有指导和规范行为的特性。它们与价值概念有关,更关注于应该如何行动,以及为什么我们应该根据某些准则来行动。在拉兹的观点中,规范性理由是一种促使我们行动的力量,它们在潜在情况下支持并要求我们遵循它们所代表的规范。

其次,拉兹指出规范性理由的重要特征是它们具有说服力。规范性理由可以影响我们的信念和行动,因为它们代表着一种推动我们赞同和遵循的基准。虽然规范性理由并不直接证明某个观点是真实的,但它们在潜在情况下为我们提供了支持和要求,并推动我们根据规范性理由进行判断和行动。拉兹的这一观点引发了对规范性理由的进一步研究和讨论。在社会和法律领域中,规范性理由的作用和价值不可忽视。它们不仅指导我们的道德判断和行为规范,还在法律规范中发挥着重要的作用。通过深入研究规范性理由的本质和特征,我们可以更好地理解它们在个体和社会行为中的作用,以及它们与其他类型理由之间的关系。[①]

拉兹的论述为我们详细阐明了规范性理由与价值以及行动之间的关系和逻辑。规范性理由在解释和理解行动的背后动因时起到了重要的作

---

① Joseph Raz, *From Normativity to Responsibility*, Oxford: Oxford University Press, 2011, p.18.

用。而其更为重要的价值在于对行动进行评价和说明。这是因为规范性理由中蕴含了一种评价能力和指导行动的作用。通过对拉兹的理论进行研究和分析，我们可以更加深入地理解一阶理由的本质，认识到它与规范性理由的密切关联，并在展现自身的解释能力的同时，体现对行动的评价能力和行动引导能力。拉兹认为，规范性理由对价值与行动之间的关系和逻辑进行了解释和阐明。规范性理由是一种将价值与行动有机结合的推动力量。它们不仅叙述了价值的存在和重要性，还指导我们应该如何根据这些价值作出具体的行动决策。在人类行为背景下，规范性理由扮演了桥梁的角色，将抽象的价值观念转化为具体的行动指引。规范性理由的存在和运作，使得行动具备了一定的合理性和规范性，使得我们的行动可以根据一定的价值准则得到评价和解释。此外，我们可以推断出一阶理由实质上属于规范性理由。一阶理由作为我们讨论的焦点，在本质上是与规范性理由紧密相联的。一阶理由在体现自身解释能力的同时，也具备评价能力和对行动的引导能力。它们不仅仅是对事实背后的原因进行解释，更重要的是通过考量行动是否符合某种价值标准来进行评价和指导。一阶理由在实践中起到了规范人们行动的作用，因此被归属于规范性理由的范畴。

在对一阶理由的内部展开分析时，拉兹重点说明了道德同理由之间存在的关系。审慎的理由同美学理由、感官理由等混淆为一个整体，大部分学者认为审慎理由同道德理由是相对立的存在，对两者进行区分具有重要的研究价值和意义。审慎理由通常是指以实现自身利益为目的，对个体的行为进行引导和评价的理由。詹姆斯将审慎理由视为规范性理由的一种类型，未将其同道德理由进行区分。价值自身不管处于审慎或道德的状态，都将具有规范性。[①] 拉兹对上一观点提出了不同意见，拉兹认为道德价值不必同其他的价值理由进行区分，但是纯粹基于自身的利益来源无法实现法律权威。正如上文所述，拉兹对于价值秉持了一种客观的态度，尽管其来源是社会实践，但上述价值存在之后，人们不能否定这种价值的存在本质上是一种主观的态度，不能进行普遍化的评价，且不能对普遍的行为法则进行有效的指引。若不存在道德的理由组成我们生活的目的，纯粹的利己主义将不形成规范性的理由。

---

① See James Griffin, *Well-Being*, Oxford: Oxford University Press, 1996, p.161.

在这一点上,拉兹和主流哲学家保持了一致。价值自身的规范性体现在"它的约束力来自那里,个体为什么要服从"。① 拉兹在他的相关研究中将以个体利益为目的的审慎性理由彻底从规范性理由的范畴中剔除,这意味着审慎性理由不再拥有约束个体行动的力量。这一观点使我们认识到,在探索一阶理由所蕴含的价值时,我们必须摒弃自私自利的思维,并在个体利益之外寻求明确的规范性指导,尤其是道德理由。由于审慎性理由并非规范性理由,因此它无法被正当性权威所吸纳。首先,拉兹的研究结果表明,拉兹将以个体利益为目的的审慎性理由与规范性理由进行了明确的区分。审慎性理由强调个体在行动中保护自身利益的需要,而规范性理由更关注在行动中遵循某种价值准则。通过将审慎性理由从规范性理由中排除,拉兹认为个体不再受到单纯以个体利益为导向的理由的约束。这意味着个体行动不再受到"规范性"的要求,而是更加注重个体主体性和自由选择。其次,一阶理由所蕴含的价值特征要求我们超越个人私利,确立明确的规范性指向。一阶理由的价值特征在于其超越了个体利益,更加强调道德理由的存在。在追寻行动的一阶理由时,我们需要摒弃自私自利的思维,寻求超越个人利益的价值准则。这意味着一阶理由要求我们根据道德原则来评判和引导行动,而不仅仅是基于个人私利。最后,由于审慎性理由不属于规范性理由的范畴,它也无法被合法性权威所吸纳。合法性权威通常以规范性理由为基础来产生对个体行动的约束力,但由于审慎性理由不具备规范性的特征,它无法被合法性权威所承认和接受。这意味着,个体行动中以个体利益为目的的审慎性理由无法成为合法性权威的基础。

(二)基于一阶理由的行动

哈特在其理论中认为,在前法律社会中存在着许多优点。在这样的社会中,每个行动主体更有可能从内在观点来看待规范,从而使得规范能够获得最大限度的自愿服从,并使违法者承受来自社会的最大压力。虽然这种社会在世界上可能从未真正存在过,但历史学家对史前社会的描述可能

---

① Joseph Raz, *Engaging Reason: On the Theory of Value and Action*, Oxford: Oxford University Press, 1999, p.303.

最接近这种情境。其中的一些社会并没有制度化的强制手段,但由于其独特的价值体系得到了群体成员的一致认同,每一项道德规范都几乎机械地得到服从,因此对违法者施加的舆论压力有时比现代社会的强制力更加有效。首先,哈特认为前法律社会具有重要的优点。在这种社会中,个体行动的遵循规范更多是出于内在的理解和认同,而不是外在的强制。这意味着规范能够得到最大限度的自愿服从,使得社会成员更加自觉地遵守规则和法律。这种自觉性来源于个体对规范价值的内在认同,而不是外部权威的指导。对于规范的自愿服从使得社会能够更和谐地运作,因为个体行动体现了对共同价值和社会秩序的共同追求和尊重。然而,值得注意的是,历史学家对史前社会的描述可能是我们对前法律社会情境的最佳认知。在许多史前社会中,缺乏正式的强制机构和制度,但基于共同的价值体系,社会成员对道德规范表现出近乎机械式的服从。这种服从往往是基于对共同利益和社会秩序的一致认同,而非对权力威胁的恐惧或外部强制手段的依赖。在这样的社会中,个体对于违背道德规范的行为将面临来自社会群体的强大压力和谴责。事实上,这种舆论压力有时比现代社会的法律强制力更加有效。这是因为史前社会的道德规范被视为群体成员共同价值体系的核心,嵌入了人们的思维和行为模式中。由于每个个体都深入内心地认同了这些规范,他们对于违背规范的行为感到愤慨和不满,并通过舆论和社会压力来制约违法者。这种有效性部分归功于社会成员对共同价值观的强烈认同,以及对破坏规范的不容忍态度。然而,我们需要认识到这种前法律社会的理想状态在现实中几乎是不可能完全实现的。现代社会中,法律和制度的建立与发展旨在填补人类行为多样性和利益冲突所带来的缺陷。法律通过规范、强制和制度安排来确保公正和秩序,因为人类行为的复杂性和多样性使得完全依赖个体内在的理解和认同变得困难。

受道德同习惯规范存在的不确定性、无效率性以及静态性的影响,社会在发展的过程之中形成了三种类型的"次级规则"并逐步实现弥补,进而推动社会发展至法律社会阶段。[①] 哈特法理论的核心观点认为,规则是鉴别法律概念的关键所在。它区分了法律规则和规范,将法律规则定义为具

---

① 参见[英]哈特:《法律的概念》(第2版),许家馨、李冠宜译,法律出版社2011年版,第85~89页。

有正式的制定过程和明确的规则形式的规范。这些规则不仅规范了行为的内容，还规定了违反规则所带来的后果。哈特认为，法律规则是基于一个共同的约定达成的，它们并非基于道德标准、自然法则或其他形式的集体决策产生的。哈特的法理论强调了法律的历史进化和社会的复杂性。他认为，从原始社会至现代法律社会的进化过程中，法律规则有了很大的演变。在前法律社会，尽管缺乏正式的制度和强制机构，但人们的行为仍然广泛遵循一些非正式的规则，这些规则基于内部观点和道德准则，获得了群体成员的共识认同。这些准则不依赖于权威指导或强制手段，而是源自群体共同价值体系。在这种社会中，规则通常是基于自愿遵守和自我约束而产生的，个体的行动得到了内在认可和尊重。这种社会与现代法律社会存在差异，但也值得我们关注其价值。然而，哈特的法理论也存在一些限制。他未能将法律从原始社会至法律社会的进化全程全部进行说明，在对前法律社会的说明中仍然存在诸多的问题。这也使得其存在发展出一个完整法律体系的必要性，以便消除自身的体系内部存在的缺陷和不足。在此基础上，拉兹也对哈特的法理论提出了批评。他认为，哈特未能解决法律体系内部存在的问题，这些问题源于法律规则的缺乏或不完善。

拉兹认为这些缺陷不仅仅是法律进化过程中产生的，而是体系内部根本性问题的反映，需要更深层次的分析和解决。这些根本性问题往往与法律规则缺乏对个体权利的保障、缺乏有效的维护机制、缺乏法律规则的实效性以及缺乏具体的法律标准等问题相关。因此，为了进一步完善哈特的法理论，我们需要深入研究法律进化的本质和现代法律体系中存在的问题。我们需要认识到，法律规则的产生和发展是一个漫长而复杂的过程，需要考虑历史、文化、社会和政治等因素的相互作用。同时，我们也需要重视法律规则的实施和执行，确保其对个体和社会的保护有效果。这可以通过建立更为完善的法律体系，包括法律标准、规则和维护机制等来实现。

拉兹提出的理由范式指出，一个社会如果只存在一阶理由，即仅仅通过直接衡量某类价值来指引行动，那么这个社会将与价值之间具有密切联系。在这种社会中，每个理由都承担着特定领域中的某种价值。这些价值与社会成员的实践行为紧密相关，社会主体希望实现个体和集体的价值，并且在必要情况下可能作出自我牺牲。然而，以上分析揭示出纯粹由一阶理由构成的社会存在内部缺陷，无法有效地指导个体的行动，从而导致人的行为陷入困境。这是因为单纯依靠一阶理由存在一些局限性，无法涵盖社会中复杂的利益冲突和价值多样性。一个纯粹的一阶理由社会可能会忽视不同个体和群体之间的权益平衡和利益分配问题。在实际生活中，个体和群体会面临各种各样的利益冲突和权益争端。这些冲突和争端可能会涉及个人自由、社会公平、经济利益、环境保护等不同领域的价值。如果社会只依赖一阶理由，无法提供有效的指导来应对这些复杂问题，从而使得个体的行为在遇到利益冲突时变得困惑和无法决策。此外，一个纯粹的一阶理由社会可能缺乏对道德决策过程的指导和限制。在道德领域中，个体的行动需要考虑到伦理标准、道德义务和社会责任等因素。这些因素是复杂而多元的，不仅仅局限于一类直接价值的衡量。一个单一的一阶理由无法充分考虑到道德决策的复杂性，因此无法为个体提供准确的道德指引，使得个体在面对道德决策时容易陷入困境。基于以上分析，纯粹的一阶理由社会存在内部缺陷，无法有效地指引个体行动。为了解决这些问题，我们需要在社会中引入更多的二阶或更高阶的理由。以更全面、综合和多样化的方式来指导个体行为。这些二阶或更高阶的理由可以包括法律制度、社会规范、伦理准则、公共政策等。这些理由不仅能够更好地反映社会的复杂性和多样性，而且能够提供更为全面和准确的指导，使得个体能够更好地决策和行动。

尽管一阶理由的存在有可能解决了赋予选项价值分量的问题，但是它并没有有效解决其他问题。这是因为：首先，个体的意志力、理解力均存在一定的限度，在行动的过程之中无法充分地认识一阶理由，也无法使一阶理由在行动之中得到贯彻。此外一阶理由在实际应用的过程之中可能发生冲突。尽管在实践的过程之中，我们可以认为存在一个绝对理性的人，其具备超越常人的意志力与理解能力，但是在实践的过程之中仍然无法避免在一个行动场景之中存在多个行动的理由。基于此，个体需要在多个行动理由之间进行取舍。若相关的理由具有同等的分量，最理性的个体也无法进行最准确的判断。不同的一阶理由，其蕴含的价值不同。在依据拉兹的价值观念进行分析时，必然得出价值多元论的结论。在缺乏统一的度量衡的标准下，各个价值之间无法进行化约，导致一阶理由的价值不能在各自的分量上进行比较。

上文中关于一阶理由的系统分析，仅仅同个体自身的审慎理由相关。

在实际生活之中个体处于困惑的状态时会向其他的主体求助,被求助的主体包含了理论权威及实践权威。在对个体进行理论指导的过程之中,对于拉兹的相关论述主要有三种帮助模式。依据对上述三种帮助模式的比较,实现了从伦理学到法哲学的过渡。史蒂夫在对权威进行解释的过程之中指出,权威分析理论的基础是分析的起点,权威是个体进行审慎思考的具体体现。如前所述,它帮助我们认识和服从行动理由。"权威是实施行动的能力,并且相关行动因而改变了规范性状态。"[1]也就是说,权威具备使行动主体的规范性改变的能力,若权威说"使某件事发生"是个体具体做某件事的行动理由,且未对慎思之后的一阶理由的价值进行分析。拉兹将这一解释命名为"简单解释"。但他发现卢克斯的解释是非常模糊不清的,若某个个体对于行动是"使某件事情发生",则这件事情存在三种不同类型的陈述,建议、命令、要求,则该命令给予陈述者自身在态度、信念以及意向上的影响将存在差异。行动者自身的慎思导致对个体行动理由影响的差异。

  关于"建议"的相关研究在本质上是一种弱规范性描述,常用的表达形式:"你应该去做某件事情。"拉兹指出,"建议的目的在于告知被传达的人,基于利益的角度出发,道德上正确或错误的事情是什么,即什么是合法的信息,什么是非法的信息,或者说明某些基本的事实"[2]。基于此,建议未影响主体进行审慎思考的过程,也未改变思考的理由,仅通过传达信息、事实,增强对一阶理由的理解。在具体的实践之中,建议的提供者处于建议的执行者之外的位置,其处于旁观者的位置上具有卓越的理解力与优越性,其目的在于告知行动者行动理由。真正的建议要求建议者相信其陈述的正确性、真实性或合理性,并设身处地地站在行动主体的位置进行慎思。不过,建议自身不具备改变行动的能力,其提供的信息仅仅是行动自身参考的一个因素。行动这一主体不一定遵循陈述的内容完成相关的事务,也未被相关建议内容约束。实际上一阶理由的规范性必然仍将指向其所慎思的结果并行动,尽管这一行动的内容可能和建议的内容相反。这说明建

---

[1] Joseph Raz, *The Authority of Law*, *Essays on Law and Morality*, Oxford: Oxford University Press, 1979, p.12.

[2] Joseph Raz, *The Authority of Law*, *Essays on Law and Morality*, Oxford: Oxford University Press, 1979, pp.13-14.

议者仅仅能够承担理论权威的角色,并不是实践权威。建议本身并不归属于任何理由,其也不能改变任何行动理由的状态,其仅在思考的过程之中发挥一定的帮助。

　　要求的规范性强于建议,其在实践之中的常见表达方式为:"你需要完成某项工作。"要求同建议的差异在于,当要求自身以某种价值的概念为基础被提出时,要求者自身的陈述能够转变为一个新的理由,且这一理由在要求之前被视为不存在。拉兹在相关的要求之中指出"设想某个个体提出一个新的要求,且这一要求被考虑,但是在权衡后发现反对该要求的理由压倒了包含这一要求在内的所有的理由,要求者会产生失望感,但是不会认为他提出的要求被忽视了"。① 依据这一论述,要求同建议存在显著的差异,要求的内容本身可以转变为行动的理由。即在要求被发出之后,其将被纳入行动者自身慎思的内容之中,但其同建议者自身的建议一样,要求自身的规范性并不强制依据要求的内容行动,而是尽可能地服从要求的理由。例如,在高考志愿选报的过程之中,考生计划选择数学、计算机,因为这两个专业符合其对自身未来的规划。但是考生的父母要求其选择法学专业,但顺从父母是自身的价值之一,考生在志愿填报的过程之中不得不加入法学专业这一选项。要求的规范性价值体现在此,但是其并不强迫行动者作出最终的决定。

　　命令的规范性强于要求和建议,其具备改变主体行动的能力,有学者认为,命令区别于前两者的关键在于"希望命令接受者 X 放弃自己不服从命令的理由",②但是拉兹认为这一表述实在太弱了,命令的核心不是"意志取代"的意图,而是影响行动者慎思的能力。典型的例子是军事命令,为确保军事目标的完成,军队内部具有更为严格的等级制度。在上级的军事命令被下达之后,所有士兵都必须严格地服从命令,尽管士兵认为存在更优的选择,但是因为命令自身是一个一阶理由,尽管士兵自身的想法也被视为一个一阶理由,但是命令的发布者希望一阶命令的顺序是固定的,命

---

① Joseph Raz,*The Authority of Law*,*Essays on Law and Morality*,Oxford:Oxford University Press,1979,p.15.
② 汪雄:《论命令的内容与结构和命令的强制性基础》,载《北大法律评论》编辑委员会编:《北大法律评论》第 18 卷第 2 辑,北京大学出版社 2019 年版,第 117 页。

令的理由能够被放置在任何其他的一阶理由之前。即命令自身同要求、建议的根本差异在于,命令自身是实践权威,其认为行动的主体不能对命令进行评价,应当无条件地服从命令,这就使命令"有改变行动理由的能力"。[1]

David Enoch 对拉兹理由分类的改进同样值得我们关注,为我们理解拉兹的前述理论提供了更为深入的视角。[2] David Enoch 从理由给予(reason-giving)而非理由类型的角度论证了理由给予的实践差异。第一种为认识上的理由给予,这类似于拉兹所说的建议。给出理由的主体并非新提出了一个理由,而是提醒或论证了行动主体原本就有的行动理由。第二种理由给予是触发式的,这种类型的理由给予并不是提醒行动主体,而是触发了原先存在的行动理由存在的条件。比如说,牛奶厂商提价给予了我不买该厂商牛奶的理由,这并非给出全新的理由,而是触发了"如果商品涨价则销量下降"这个一般性行动理由的存在条件,使理由真正具体化到实践场景之中。第三种理由给予的类型是坚实的理由给予,这种类型既非提醒也非给出一个经验性的存在条件,而是给出一个全新的行动理由。根据拉兹的依赖命题,"全新"二字得作出限定性解释,是对原有理由的综合。这种给予行为本身就带有规范性,而不是认识或触发原有理由的规范性。这种理由不存在于理由给出之前的场景中,如将军的命令作为行动理由在下令之前并不存在。David Enoch 将拉兹所列的要求与命令都纳入坚实的理由给予类型之中,所不同的是要求给予的不是一个不败的理由,而命令则是,也就是说命令建立理由的同时也带来了义务。因而,David Enoch 认为我们理解命令就必须从带来理由与义务的保护性出发,只有这样我们才能理解命令的排他性特征。

应当说,一阶理由本质上是以价值为基础的理由,其中最具备代表性的理由是道德价值理由,此类一阶理由在实践之中构建了一张理由网络,能够将各种类型的不同事物放置到不同的价值分量上。拉兹在相关研究

---

[1] Joseph Raz, *The Authority of Law, Essays on Law and Morality*, Oxford: Oxford University Press, 1979, p.17.

[2] See David Enoch, *Authority and Reason-Giving*, Philosophy and Phenomenological Reseach, Vol.89, 2014, pp.298-301.

之中指出，一阶理由本质上是一个意向行动，即行动主体在对理由进行慎思之后，在理由的指导下开始行动。也就是说，不仅仅是行动和理由的外在"符合"，而是二者之间有着归因性的"遵从"。① 拉兹认为在进行法律或道德归责时，只需考虑行动是否符合理由。遵从是一种过强的要求，没有意识到法律或道德责任，或是依照其他理由而符合该理由行动时，我们就不应当承担责任。在理性的个体遇到困惑时，必须借助自身的意志力、理解力对当下的各种行动的规范性理由进行思考，进而指导自身走出困境。在现实的生活之中，个体会在同一时间面对不同类型的一阶理由，由此出现理由困惑。其根本原因在于不同的理由均存在着一定的价值，对个体的行动产生了一定的影响，但是每一个理由之间存在一定的冲突，在实际行动的过程之中，只能够选择其中的一个理由，对理由的选择成为个体的一个难题，在选择的过程之中存在以下两种情形。

第一种情形是在应用的过程之中产生了冲突，即两种一阶理由在实际应用的过程之中并未出现冲突，但某一具体的行动无法同时满足两个理由的要求。比如，古语中"忠孝难两全"，或是不得杀人和孝顺父母这两项一阶道德理由，分别承载了生命价值和家庭价值，抽象地看并没有任何价值冲突，甚至没有任何关联。然而，在一定情况下，两个理由却指向完全不同的行动方向，我们就必须在此间进行抉择。在拉兹看来，这本质上是两种一阶理由在分量上进行比较的问题，其中更强的分量是指对人的行动进行引导的理由。事实上，拉兹在相关研究中，将德沃金原则视为理由冲突应用的典型代表。在德沃金的研究之中，原则本质上仅仅是道德同法律的连接点，但是在拉兹的研究之中，原则仅仅是一阶理由自身的表现形式。相较于拉兹对理由冲突的细碎论述，我们更容易掌握德沃金对原则的探讨。我们可以通过分析原则来认识一阶理由的应用冲突。

在德沃金的相关研究中，他指出在实际应用过程中，原则并不是以一种完全存在或完全不存在的方式应用。特别是当不同原则之间发生冲突时，需要对各个原则的重要性进行全面的考虑和分析。即使在作出对某一原则的选择时，未被选择的原则仍然保留其有效力。这一观点体现了在实

---

① 参见[英]约瑟夫·拉兹：《实践理性与规范》，朱学平译，中国法制出版社2011年版，第204~205页。

际应用中,原则之间可能存在权衡和取舍的情况。当不同原则之间存在冲突时,决策者需要权衡各个原则的价值和意义,进而作出相应的选择。而这种选择并不意味着被舍弃的原则就会完全失去其存在和效力。未被选择的原则仍然具有一定的价值和影响,在其他情境中可能得到运用和重视。这种观点对于我们认识和应用原则具有重要的理论意义。首先,它提醒我们在实践中要充分考虑原则之间的相互关系和可能发生的冲突。不同原则可能代表着不同的价值追求和利益诉求,并在特定情境下发挥作用。因此,我们需要充分了解和分析这些原则,以便在实践中综合考虑其重要性和适用性,避免片面和简单地对待原则问题。其次,德沃金的观点强调了原则权衡的必要性。当我们面临原则之间的冲突时,需要对各个原则的分量和重要性进行全面的考虑和分析。这种权衡不仅仅是基于个体的主观偏好,更应该基于对原则的理性评估和公正判断。只有通过全面而客观的权衡,我们才能作出准确和合理的选择。此外,德沃金的观点还强调了原则的保留性。即使在作出选择时,未被选择的原则仍然保留其有效力。这意味着原则并不是孤立存在的,而是相互关联和相互影响的。被舍弃的原则可能在其他情境中继续发挥作用,或者对于思考和评估其他问题提供参考和借鉴。因此,我们不能简单地将原则视为互相独立的个体,而是要理解其在整个原则体系中的地位和作用。这一观点的重要性在于引导我们不断深化对原则的理解和运用。原则不仅仅是抽象的概念,更有着实际应用的指导意义。对决策者来说,需要在不同原则之间进行权衡和分析,以便作出更加合理和有效的决策。同时,我们也需要认识到原则的相互关系和保留性,避免过度偏重某一原则而忽视其他重要的因素。[1]

一阶理由与原则应用之间存在着密切的联系与相似性。一阶理由源于自身客观的价值和规范性,因此未被选择的理由仍然存在着一定的规范实力,但其在实践中可能无法直接指引行为的实现。这一研究表明,在处理冲突问题时,我们需要对不同理由的分量进行权衡分析,以使得理由在不同情况下发挥更为严格的指导作用。只有在作出考虑周全的选择后,一阶理由才能真正有效地指引人们的行为。首先,我们需要深入理解和分析

---

[1] 参见[美]罗纳德·德沃金:《认真对待权利》,信春鹰、吴玉章译,上海三联书店2008年版,第37~38页。

一阶理由的本质和特点。一阶理由是指一件事情本身所拥有的价值和意义，其来源于自身的客观实体和规范性质。一阶理由是一种普遍性的道德规范，因为它不受具体社会、文化和历史条件的影响，而是具有更为普遍的道德意义和参照指标。一阶理由不同于原则，因为原则是对一系列具体情境和行为的指导，而一阶理由更加强调对事物本质的理解和认识。当不同一阶理由之间发生冲突时，我们需要对各个理由的分量进行权衡。这意味着我们需要考虑每个一阶理由所包含的具体价值和意义，以确定其在特定情境中的重要性和适用性。一个一阶理由的重要性和价值与其在具体情境中的实现和影响密切相关。因此，在权衡分析过程中需要充分考虑相关情况和条件，以便作出更为准确和合理的选择。此外，对于未被选择的一阶理由，其规范实力并没有完全消失。未被选择的一阶理由仍然具有一定的道德参考价值和规范实力，尽管其无法直接指引行为的实现。这意味着我们需要认识到一阶理由的普遍性和长期性，以便在未来的情境中评估和应用。同样，我们也需要认识到选定的一阶理由并不是孤立存在的，而是相互关联和相互影响的。一阶理由之间可能存在着共通性和衔接性，因此我们不能简单地将一阶理由视为单独存在的个体，而应该将其放在更加综合和整体的环境中进行评价。

一阶理由和价值的概念经常被运用于指导行为和规范行为。然而，在这些概念应用的过程中，不同的理论可能会对这些概念的关系和应用产生不同的理解和理论。拉兹在价值和一阶理由的研究中强调了价值之间存在的直接冲突情形，与德沃金的观点形成了显著的对比。本书将会对这些观点作出进一步的分析和比较。首先，我们需要理解拉兹提出的直接冲突情形是怎样的。在拉兹的理论中，不同的价值之间可以直接产生冲突。这意味着在处理冲突问题时，我们需要考虑这些冲突是来自不同的价值，而不仅仅是不同的一阶理由所引起的普遍性冲突。例如，在处理一个道德冲突问题时，可能会发生人权与政治权利之间的相互冲突。在这种情况下，我们需要考虑具体的价值分量，以便作出更加准确和公正的决策。相比较于德沃金的理论，拉兹在其理论中更加强调了价值之间的直接关系和冲突。其次，在德沃金的相关研究中，他认为在价值的抽象层面上，价值之间存在着联系和支持。这个观点是基于对价值的整体性和共性的认识。德沃金认为，尽管在具体的实践层面上可能存在价值之间的冲突和竞争，但在更为抽象的层面上,价值之间是相互联系和相互支持的。尽管德沃金承认了在实践层面上可能存在冲突,但他并未展示价值之间的直接冲突情形,反而强调了价值的整体性和共性。这种对比表明,在价值与一阶理由的研究中,不同的理论对价值和理由之间的关系和应用产生了不同的认识和观点。在拉兹的理论中,价值之间可以直接产生冲突,导致实践的应用变得更加复杂和困难。与之相反,在德沃金的理论中,尽管存在实践层面上的冲突,但在抽象层面上,价值之间存在着联系和支持,这也使得我们更好地理解和运用一阶理由。①

对于价值多元化的问题,拉兹提出了不同于德沃金的观点,他认为不同的价值之间不能进行化约。值得注意的是,基于一阶理由的行动可以解决一些个体的困惑和一些价值的冲突,但是这种理由的"自然状态"不可能完全消除困惑和冲突。因此,拉兹认为需要引入二阶理由才能有效地解决这些问题,而这种独特理由类型背后的支撑力量则是权威的存在。在本书中,我们将深入探讨拉兹如何看待价值多元化和困惑冲突问题,并对其引入权威及二阶理由的相关理论进行深入剖析。首先,为了更好地理解拉兹的观点,需要明确一阶理由的概念。一阶理由是指一件事本身所拥有的价值和意义,其源于自身的客观实体和规范性质。在处理道德和法律问题时,一阶理由扮演着重要的角色,可以指导人们进行判断和行动。然而,由于不同的价值之间可能存在着冲突和竞争,这也导致基于一阶理由的行动并不能完全解决所有的困惑和冲突,并且缺乏足够的普适性。针对这一问题,拉兹提出了二阶理由的概念。相对于一阶理由,二阶理由的特点在于,其并不来自事物本身所拥有的价值和意义,而是来自权威存在的支撑和认可。在拉兹的理论中,权威存在是指在某个社会环境或制度中被公认和认同的规范或价值体系。权威存在的概念为人们在处理困惑和冲突时提供了新的思路和途径,使得二阶理由可以通过权威存在的支撑来实现对一阶理由的指导和规范。接下来,我们可以对拉兹的理论进行更进一步的理解。在拉兹看来,价值是多元化的,不同的价值之间并不可以化约。因此,在实践中,我们需要处理不同价值之间的冲突和困惑,而基于一阶理由的

---

① See Joseph Raz, *A Hedghog's Unity of Value*, in Wil Waluchow & Stefan Sciaraffa eds, *The Legacy of Ronald Dworkin*, Oxford: Oxford University Press, 2016, p.17.

行动并不能完全解决这些问题。这也导致我们需要引入二阶理由来弥补一阶理由在解决困惑和冲突方面的不足。相比德沃金的观点,拉兹的理论更加强调价值的多元化和权威存在的重要性。德沃金在相关的研究中主要关注价值在抽象层面上的关系和支持,但是他未将价值之间的冲突和多元化引入这些研究中。这种不同的理解和分析表明,人们在处理困惑和冲突问题时需要综合考虑不同的理论和观点,以便选择最准确和最公正的决策。

二、二阶理由的再分类

首先,我们需要理解一阶理由的局限性。在只存在一阶理由的社会中,个体在行动决策时仅依赖于自身的理解力和意志力,往往无法作出符合最佳理由的行动。这是因为个体在面对复杂的伦理和法律问题时,往往难以准确把握和权衡不同的一阶理由,导致行动的选择出现偏差或不当。因此,仅仅通过慎思和自身的能力往往无法解决这个问题。为了应对这一问题,拉兹提出了二阶理由的概念。二阶理由指的是在遵循某个理由采取行动或根据某个理由行动时,个体所依据的任何理由。换言之,二阶理由并不仅仅是表达一个单一的理由,而是包括了遵循或依据理由而进行的行动所带来的所有可能的理由。这种对理由的综合考虑和引入权威的思路,使得个体在行动决策中可以更全面地评估和权衡不同的理由,以便选择最佳的行动路径。这里涉及的权威存在概念是拉兹理论的重要支撑。权威存在是指在某个社会环境或制度中被公认和认同的规范或价值体系。拉兹认为,个体在面对困惑和冲突时,应该寻找和依据权威存在来指导自己的行动决策,以确保行动的合理性和正确性。通过引入权威存在,并将其纳入二阶理由的考虑范围,个体可以更加准确地评估和选择合适的一阶理由,最终达到最佳理由的行动。拉兹的理论突破了传统一阶理由的限制,强调了二阶理由在解决困惑和冲突方面的重要性。通过引入权威存在,并将其作为二阶理由的背后支撑力量,拉兹为个体提供了更全面和有效的行动决策方法。然而,值得注意的是,对于如何识别和确定权威存在之间仍存在一定的争议和挑战。在实践中,个体需要通过社会共识、法律制度和伦理规范等多个方面的参考,判断和决定何者具备较高的权威性。[1] 拉兹在相关的研究之中对二阶理由进行了系统的区分,即将二阶理由划分为肯定的二阶理由与否定的二阶理由。肯定的二阶理由是指开展行动的理由,否定的二阶理由则是指阻止行动的理由。由此构成了二阶理由定义的组成部分。[2] 否定的二阶理由也被称为排他性理由,即不依据一个理由而开展行动的二阶理由。基于此,应更加全面、充分地理解二阶理由。在下文的研究之中,将对一阶理由与二阶理由的强度以及冲突性问题展开研究。

(一)二阶理由的排他性与保护性

命令的存在为我们研究相关的问题提供了一个全新的角度。在这一过程之中,对理由进行权衡的标准不是其在分量上的大小,命令者自身认为命令的内容均可以取代一阶理由,进而指挥行动者行动。这一结论似乎同上文之中关于一阶理由的相关分析相矛盾。一阶理由自身同价值存在紧密的联系,行动主体服从一阶理由的过程即是自身价值所实现的过程。在一阶理由发生冲突的情形之中,行动者应对各个理由的分量进行审慎的思考,并依据最大的分量决定自身的行为。命令自身的存在为我们的研究提供了一个反例。在现实的生活之中,命令的模式在生活之中有着大量的分布,我们不能忽视这些命令的模式。对于不遵守一阶理由的反例,相关学者在研究的过程之中形成了如下观点:即认为命令和要求是规范性要求的类型,不能采用理由的模式展开分析和讨论,连接理由的名词是应当,而不是需要。[3]

拉兹在探讨上述反例时提出了理由范式的概念,并在研究过程中引入了一种全新的理由类型,即二阶理由。他认为,理由范式可以作为一种研

---

[1] Joseph Raz, *Reason for Action, Decisions and Norms*, MInd, New Series, Vol.84, 1975, p.484.

[2] See Joseph Raz, *The Authority of Law, Essays on Law and Morality*, Oxford: Oxford University Press, 1979, p.17.

[3] See John Broome, *Normative Requirements*, Ratio, Vol.12, 1999, pp.398-405.

究方法来分析和评估不同理由之间的关系和互动。通过采用理由范式,我们能够更好地理解二阶理由在规范行动方面的作用和影响。首先,让我们来理解理由范式的概念。在拉兹的理论中,理由范式是指一组具有相似特征和结构的理由,它们共同构成了某个特定领域或现象的理由体系。通过研究和分析理由范式,我们可以揭示不同理由之间的逻辑关系和运作机制,进一步理解和解决困扰我们的价值冲突和行动困惑。对于二阶理由的引入,拉兹认为它是一种独特的理由类型。相较于一阶理由,二阶理由本身并不能成为行动的理由,但它具有干涉和影响一阶理由的能力。二阶理由的出现可以改变一阶理由的规范性状态,从而对个体的行动决策产生积极或消极的影响。二阶理由的存在为我们提供了一种全新的思考方式,使得我们能够更加细致地分析和评估不同行动的合理性和合法性。通过引入二阶理由的概念,拉兹试图回答一个重要问题:为什么在一定情况下,个体可能会选择违反某些一阶理由而行动?拉兹认为,二阶理由的干涉可以改变一阶理由的规范性状态,导致某些一阶理由在特定情境下失去了其原有的约束力,从而影响了个体的行动选择。通过研究二阶理由与一阶理由之间的关系,我们能够更深入地理解不同理由之间的相互作用和冲突,以及这些相互作用对行动规范性的影响。需要指出的是,二阶理由的具体运作机制和对一阶理由的影响可能存在一定的复杂性。二阶理由并非简单地替代或取代一阶理由,而是通过干涉和辅助的方式对其产生影响。在具体研究中,我们需要分析和评估不同理由之间的逻辑关系和权衡,以确定二阶理由对一阶理由的影响程度和合理性。这也同时挑战着我们在解决困扰我们的行动冲突和困惑时所需的研究方法和分析框架。基于此,二阶理由本质上是理由自身的制度化形态的演变,正如在哈特法理论中次级规则导致了规范的制度化形态一样,其创造了一种较为复杂的局面。在高度复杂的情形之中,理由无须遵守"自然状态"的基本准则,而二阶理由的存在突破了传统上慎思的过程,尽管其本身不反对慎思,但无须按照慎思权衡的结果行动。拉兹把二阶理由划分成两种类型:一是积极的二阶理由;二是消极的二阶理由。前者是依据某一种一阶理由而形成的理由;后者则是一种根据某一种理由不作为的理由,在研究之中将其称之为排他性理由。① 后者与法律有关,并且在日常生活中更为常见,因此本书主要探讨排他性理由。拉兹认为,正当的二阶理由,也就是有能力改变一阶理由规范性状态的理由是具备合法性权威者发出的理由。或者说,二阶理由构建了一个由规范性权威构成的结构,"在该规范性权威之中引入机构仅仅是一个简单的补充,借助补充一个新的维度,即引入对权威进行评价的维度,进而实现了对整个规范体系的改革"。②

在家长命令小孩晚上不许出去玩这个例子中,我们可以看到一个特殊的理由类型,即排他性理由。拉兹认为,排他性理由是一种特殊的理由类型,它可以对行动主体的行动产生限制和影响。此外,排他性理由还可以干涉其他一阶理由,从而影响理由的规范性状态。那么,什么是排他性理由呢?排他性理由指的是一种强制性的理由类型,它要求行动主体在特定情境下排除其他一阶理由的选项,并必须服从排他性理由的指引。在达成行动决策时,行动主体不需要考虑其他一阶理由的选项,而是必须服从排他性理由的要求。这种排斥其他一阶理由的做法,进一步限制了行动主体的自由和选择。具体来说,在家长禁止小孩晚上出去玩的例子中,家长的命令构成了排他性理由。小孩在晚上的行动选项被排除,只能服从家长的命令。由此,排他性理由对小孩在晚上行动的一阶理由产生了干涉和影响,从而造成了行动主体的限制和无法选择。虽然排斥其他一阶理由是排他性理由的一种特征,但拉兹认为这并不排斥行动主体通过慎思的过程来排除自身的一阶理由。慎思是指通过对不同行动选项进行深思熟虑和评估,从而消除一阶理由的选项,选择最佳的行动方案。尽管慎思可以帮助行动主体消除环境中存在的一阶理由,但是如果一个排他性理由存在,则其会超越一阶理由的选择,从而对行动主体的选择和行动产生限制。需要注意的是,排他性理由的适用范围和具体的指引可能存在争议和挑战。在实践中,我们需要对不同的理由类型进行深入的分析和评估,确定其是否

---

① See Joseph Raz, *The Authority of Law*, *Essays on Law and Morality*, Oxford: Oxford University Press, 1979, p.17.
② [英]约瑟夫·拉兹:《实践理性与规范》,朱学平译,中国法制出版社 2011 年版,第158 页。

适用于特定情境和目的。此外，我们也需要考虑排他性理由对行动主体的自由和价值冲突所带来的影响，以便确定其是否具有合理性和合法性。

排他性理由的意义在于，通过不考虑理由的分量而排除了对被排除的理由的考量，从而绕开了（理由的）分量问题。如果它们不得不在分量上与被排除的理由进行角力的话，那么它们就只能排除它们胜过的理由，从而失去了独特性。它们的作用是避开理由之间的比较，在普通的理由之上创造出一个不同的层次。只有当它们成功地无视其他理由的分量而予以排除的时候，这一作用方才实现。[①] 这段话最直接地表明了排他性理由不同于一阶理由的特征。首先，排他性理由不考虑理由分量，而直接取消掉某些一阶理由的选项。其次，排他性理由是针对理由的理由，因此是不同层次上的理由运作方式，一阶理由的冲突运作方式不适用于该层次的分析（除非是两个二阶理由之间的冲突）。最后，排他性理由无法进行分量权衡，满足一阶理由的相关要求无法超越满足排他性理由。然而，什么样的排他性理由才具有合法性呢？按照拉兹的解读，行动主体与排他性理由相一致似乎更加符合被排除的理由。这看起来是一个悖论，既然理由被排除了，为何还能与其相符合呢，排除理由不应该就是反对该被排除理由承载的价值吗？这涉及拉兹对排他性理由的一个证成。

排他性理由是规范性权威存在的表现，拥有权威的地位就在于它有资格发布排他性理由，因而这种理由是权威运作的主要方式。在拉兹看来，规范之中存在二阶理由，且正是这一原因使其成为规范。若一个规则期望借助规则实现对行动理由的指引，则该规则本质上是一个规范。[②] 拉兹在研究的过程之中将命令性规范视为法律的典范，其他的法律本质上是对命令性规范的一个补充。命令性规范本质上是一个排他性理由，从本质上讲，一个实施的规范性行动，自身即为一个一阶理由，又同时是一个不与行动理由相冲突的排他性理由。[③]

---

① 参见［英］约瑟夫·拉兹：《实践理性与规范》，朱学平译，中国法制出版社 2011 年版，第 220 页。

② 参见［英］约瑟夫·拉兹：《法律体系的概念》，吴玉章译，中国法制出版社 2003 年版，第 274 页。

③ 参见［英］约瑟夫·拉兹：《实践理性与规范》，朱学平译，中国法制出版社 2011 年版，第 57 页。

义务性规范既是一个一阶理由,同时也是一个排他性理由,这一规范性理由被称为"保护性理由"。这是一种独特的理由形态,但它和其他理由一样,"本质上是对行为的指引,这就是使它们成为理由的东西;我们能够被它们所指引"。① 排他性理由的作用和功能在于对一阶理由的状态和规范进行有效的调整,进而使排他性理由同一阶理由一起构成一种全新的理由组合形态,这种形态就是保护性理由。规定保护性理由相关的规范普遍地存在于我们的生活之中,如交通法规之中,"机动车靠右侧行驶",这样的法律有着在 H 环境下社会主体应该做 A 的条件句式。首先其明确指定了一个进行行动的理由,机动车靠右行驶 A,其次它是一个排他性的理由,将自身所管辖的范围内的 B、C、D 等事项排除,如靠左行驶、居中行驶等理由。相关法律在进行规制之前,存在相关的理由且具有同等的价值。尽管相关的价值并不存在可以通约的选项,进而导致了行动主体同个人的慎思出现巨大的差异。

通过对一阶理由和二阶理由的划分,我们可以更加深入地理解权威性和实践权威性的差别。权威性和实践权威性是由拉兹提出的两种权威类型,前者是指基于某种权威来规范行动主体的行动,而后者则是指基于行动主体所在社会环境和文化背景来规范其行动。通过对一阶理由和二阶理由进行划分,我们可以更好地理解这两种权威类型的差别。首先,要理解一阶理由和二阶理由的概念。一阶理由是指基于行动主体所在的情境和环境而产生的具体理由,它们是与行动主体的利益相关的,并广泛存在于行动主体的社会环境和文化背景中。二阶理由是指关于一阶理由的理由,它本身并不能成为行动的理由,但它具有干涉和影响一阶理由的能力。在权威性和实践权威性的比较中,我们可以看到二者所包含的要素不同。权威性是一种独立于内容的一阶理由,它基于某种权威来规范行动主体的行动。当权威性被认为是有影响力的权威时,它可以作为一种约束行动主体的力量,通过对行动主体的利益等因素进行评估,从而影响行动主体的行动决策。而实践权威性不仅包含了独立于内容的一阶理由,还包括排他

---

① Joseph Raz, *Comments and Response*, in Meyer, Paulson and Pogge eds., *Rights, Culture and the law: Themes from the Legal and Political Philosophy of Joseph Raz*, Oxford: Oxford University Press, 2003, p.257.

性的二阶理由。实践权威性通过保护性理由(指权威性指令提供的独立于内容的一阶理由与排他性的二阶理由)来干涉和影响行动主体的决策和行动,从而达到规范行动主体的目的。同时,权威性和实践权威性的决策方式也有所不同。权威性是依赖于内容(行动主体考虑的与其利益相关的理由)的一阶理由和独立于内容的一阶理由共同决定应当做什么。在此基础上,行动主体的决策仅基于一阶理由。与之不同,实践权威性决策的方式是依赖于未被排除的依赖于内容的一阶理由和保护性理由。在决策时,行动主体需要综合考虑一阶理由和二阶理由,以达到最佳的行动决策。此外,权威性和实践权威性还有不同的义务关系。权威性类似于要求,对行动主体的行动并没有产生实际的义务性要求。而实践权威性类似于命令,它不仅是一个独立于内容的理由,更重要的是向行动主体施加了一项明确的义务。

(二)排他性理由作为分析工具的关键意义

在行动中,我们可以将权威理解为改变行动理由的能力,这种解释方式在一定程度上是合理的。然而,它并不能对建议、要求和权威性命令进行区分。在行动的实践过程中,命令、要求和建议都可以成为改变行动理由的原因。为了准确解释权威的实际意义,拉兹对权威的不同类型进行了限定。在他的著作《自由的道德》中,拉兹分析了实践权威、理论权威和有影响力的权威这三种不同类型的权威。通过使用"行动的理由"和"相信的理由"这两个标准,拉兹对实践权威和理论权威进行了区分,并指出他讨论的权威是指实践权威类型。拉兹的权威概念指的是狭义的实践权威类型。理解这两种实践权威概念之间的区别有助于阐明拉兹的权威概念。实践权威包括有影响力的权威和狭义的实践权威这两种类型。

有影响力的权威是指那些能够通过影响行动主体的行动理由来改变其行为的权威。这些权威可能是由于其地位、知识或其他因素而产生的。有影响力的权威可以通过对行动主体的利益等因素进行评估来影响其行动决策。而狭义的实践权威是指那些通过权威性指令提供的理由来干涉和影响行动主体的决策和行动的权威。狭义的实践权威不仅独立于具体行动的内容,还具有排他性的二阶理由。通过这种限定,拉兹对实践权威的概念进行了准确的界定。拉兹在其著作中强调了行动的理由和相信的理由这两个标准,以区分实践权威和理论权威。理论权威是指那些基于行动主体的信仰来规范行动的权威。这些信仰可以是宗教、道德、伦理或其他理论体系中的信仰。而实践权威是指那些基于现实情境和环境来规范行动的权威。实践权威是由行动主体所在的社会环境和文化背景所形成的。

通过这一区分,拉兹对权威的不同类型进行了准确的划分,从而更好地理解和解释了权威的概念。拉兹的权威概念中,狭义的实践权威是一种特定的权威类型,它通过独立于具体行动内容的一阶理由和排他性的二阶理由来干涉和影响行动主体的决策和行动。相比之下,有影响力的权威更加强调对行动主体行动理由的影响,而不像狭义的实践权威那样具有排他性的二阶理由。这种区分有助于更加明确地理解拉兹的实践权威概念,并且揭示了实践权威的独特性和重要性。实践权威作为一种权威类型,具有其特定的实践意义。它通过规范和引导行动主体的行动,以促进社会秩序、道德规范等方面的实践目标的达成。实践权威在社会生活中起到了重要的作用,它为人们的行动提供了有力的指引和支持。实践权威的实施是通过权威性指令的方式来实现的。这些指令具有约束性和规范性,要求行动主体在特定情境下按照指令规定的方式行动。这种约束性和规范性的指令使得实践权威具有了一定的强制性和义务性。行动主体需要遵守这些指令,并将其作为行动理由来决定自己的行动。实践权威的直接干涉和影响使得行动主体在行动决策时不得不考虑权威所提供的理由,这也使得实践权威成为行动主体的重要约束力。与实践权威相对应的是理论权威。理论权威是基于行动主体的信仰体系来规范行动的权威。它是建立在理论或哲学思想基础上的,涉及道德、伦理、宗教等方面的信仰。理论权威提供了行动的理由,但相对于实践权威来说,它的影响力并不像实践权威那样直接、具体。通过对实践权威和理论权威进行区分,我们可以更好地理解权威的本质和作用。

实践权威是一种实践导向的、直接影响行动主体行动理由的权威,它通过独立于内容的一阶理由和排他性的二阶理由来引导和规范行动主体的行动。相比之下,理论权威更多地关注行动主体的信仰体系,并通过信仰提供行动的理由。排他性理由在实践的过程之中,排除相互冲突的一阶理由时主要参照的标准是理由的具体类型,而不是理由的重要性。如果在理由的权衡中它不具有一定的分量,但是仍然能够排除相冲突的理由,那么,这种情况就只能有一种解释,即排他性理由是其适用范围内的绝对理由。根据拉兹的观点,排他性理由不是绝对理由,但是它的确具有一定的重要性。通过不同类型理由冲突的解决方案,我们也能看出排他性理由存在一定分量,当二阶理由之间发生冲突时,它仍然依靠相对重要性来解决冲突问题。不过拉兹并没有明确回答排他性理由的重要性是如何被确定的。他认为,一阶理由和排他性理由在原则上是可以进行比较的,只是我们不经常进行这种比较。在他看来,我们承认排他性理由的存在,不是因为其内容上的重要性,而是因为行动主体的认识能力有限。因此,行动主体按照排他性理由行事(行动主体不按照某种特定理由行事)将有助于实现对一阶理由之权衡的符合。这里需要注意的是,排他性理由所排除的有效的一阶理由,仍然保持其有效性。换句话说,排他性理由并不阻止行动主体自己对一阶理由的权衡,仅是要求他按照这种权威行动。[1]

从一般意义上讲,行动理由的主要功能是指引行动。拉兹认为行动理由仅是行动的正当的、直接的指引,并不要求行动主体严格遵守。而排他性理由是否是一般意义上的行动理由?这个问题一直存在争议。有两种意义上的排他性理由:弱意义上的和强意义上的。作为弱意义上的排他性理由,它是指基于其他理由的行动合法化的根据;作为强意义上的排他性理由,它具有义务性行动理由的特征,被要求严格遵守。根据拉兹的观点,排他性理由不仅仅是让人们相信依照有效的一阶理由行动是错误的,即它既不是一种认识论理由(相信的理由),也不是一种普通理由。排他性理由并非严格意义上的行动理由,它是允许或禁止人们按照某些其他理由行动的理由。[2] 在拉兹那里,排他性理由是一种特殊的行动理由,其主要功能不是指引特定行动的方向,更确切地说,它在本质上需要参酌其他理由,才

---

[1] See Joseph Raz, *Practical Reason and Norms*, Oxford: Oxford University Press, 1999, pp.36-39.

[2] See Joseph Raz, *Practical Reason and Norms*, Oxford: Oxford University Press, 1999, pp.182-186.

能确定其要求是什么。① 它仅是指出那些基于其他理由可以采取的行动，却鉴于某些特定的有效理由而不应当这样做。拉兹似乎并不关心排他性理由是否是行动理由及其重要性，他更为关心的是法律体系中是否存在有效的排他性理由。

有影响力的权威发布的权威性指令往往类似于要求，而不是命令。这与狭义的实践权威形成了明显的对比。前者所提供的行动理由被加入行动主体的理由权衡中，并且潜在地产生影响。换句话说，有影响力的权威通过影响行动主体的理由权衡来引导其行动。与此相反，狭义的实践权威不仅将行动理由划入行动主体的理由权衡，还通过一种特殊方式来"保护"这些新加入的权威性理由。具体来说，狭义的实践权威具有一种特殊的约束力和义务性。

有影响力的权威作为实践权威的一种类型，具有影响行动主体行动理由的能力。然而，它并没有提供权威性指令的约束力和义务性的明确解释。相比之下，狭义的实践权威通过一种"保护"机制解释了权威性理由的约束力和义务性。这种"保护"机制使得狭义的实践权威能够对行动主体施加一定的义务。行动主体需要遵守权威性指令，并将其作为行动的决策因素。这种特殊的"保护"机制使得狭义的实践权威具有明确的约束力，同时也使得其所提供的权威性理由变得具有明确的义务性。

那么，这种特殊的"保护"机制是如何实现的呢？为了回答这个问题，我们可以借助拉兹对行动理由的分类。拉兹将行动理由分为具体行动的一阶理由和指导理由的二阶理由。一阶理由是行动主体根据其个人目标和价值判断所确定的理由，而二阶理由则是行动主体为了实现其个人目标和价值判断而依赖的一种理由。狭义的实践权威对行动主体的约束力和义务性就体现在它对二阶理由的保护上。狭义的实践权威通过一种特殊的机制来确保其所提供的权威性指令的理由被加入行动主体的二阶理由中，并且不受其他理由的干扰。这种机制使得权威性理由在行动主体的理由权衡中具有优先地位，并且对行动主体施加一定的义务。换句话说，行动主体在面对权威性指令时，不仅将其作为一种额外的理由来权衡，还需

---

① See Joseph Raz, *Practical Reason and Norms*, Oxford: Oxford University Press, 1999, p.185.

要尊重并遵守这些权威性理由所带来的约束。通过这种特殊的"保护"机制，狭义的实践权威能够实现对行动主体的具体义务和约束。它不仅提供了行动的理由，而且通过特殊的机制确保这些理由在行动主体的理由权衡中具有约束力。这种约束力和义务性使得狭义的实践权威具有一定的权利，能够对行动主体施加义务并影响其决策和行动方向。

综上所述，拉兹将个体的行动理由划分为两种类型：一是根据某种理由作为理由，即"一阶理由"。这一类型的理由涉及了"事实同行动主体之间存在的联系"。[①] 比如，下雨是个体带伞的理由。二是采用其他的某种理由作为或不作为理由，即"二阶理由"，其处于更高层次的对话之中。这种理由的本质是根据某种理由作为或不作为的理由。[②] 即该理由是根据理由的理由，在实践之中被称之为"二阶理由"。在实践的过程之中，"二阶理由"可以被划分为肯定的二阶理由，依据某一理由做某件事的理由；与否定的"二阶理由"，依据某一理由不做某件事的理由。二阶理由反映了法律指引人们行动的两种具体方式：通过规定追求某种行动或避免某种行动的理由（这是立法者的选择），要影响人们某种行动过程的后果。[③] 拉兹在研究的过程之中指出，"否定的二阶理由"也称"排他性理由"[④]，在某些特殊的情形下，在同一事实下，行动的理由自身也是排他性理由，排他性理由本质上也是指一个行动的理由。[⑤] 拉兹将此类事实称为行动的"保护性理由"。拉兹的结论是，权威所提供的行动理由是"保护性理由"。

---

① See Joseph Raz, *Practical Reason and Norms*, Oxford: Oxford University Press, 1999, p.19.

② See Joseph Raz, *Practical Reason and Norms*, Oxford: Oxford University Press, 1999, p.39.

③ 参见［英］约瑟夫·拉兹：《法律体系的概念》，吴玉章译，中国法制出版社 2003 年版，第 169 页。

④ See Joseph Raz, *Practical Reason and Norms*, Oxford: Oxford University Press, 1999, p.39.

⑤ 参见［英］约瑟夫·拉兹：《论排他性理由》，琚轶亚译，朱学平校，载《中国社会科学院大学学报》2022 年第 3 期。

(三)保护性理由的理论澄清

在实践过程中,排他性理由也是一个行动的理由,但与其他理由相比,它具有独特的性质和地位。拉兹在他的研究中指出,排他性理由是一个行动的理由,但它并不是一个不依据理由行动的理由。这个问题在相关理论中是造成混乱的根本原因。为了更好地理解和应用行动理由的概念,我们需要对拉兹关于二阶理由的理论作详细的解读和批判。我们首先需要澄清的是,排他性理由在行动中的实际作用和意义。排他性理由与其他理由相比,具有了一定的独立性和优先权。这种独立性和优先权源于排他性理由中所包含的特定价值取向和道德准则。在面对相互冲突的理由时,排他性理由可能会成为决策的主导因素。这种主导性不仅归因于排他性理由本身的内容和特性,还归因于行动主体的价值偏好和社会背景。在实践中,排他性理由的优先性往往与行动主体的个人价值观和社会价值观相匹配。因此,排他性理由在实践中具有很高的指导作用和实践影响。然而,排他性理由并不是一个不依据理由行动的理由。这是由于排他性理由还需要通过理由的认可和支持才能成为一个具有约束力和义务性的理由。理由的认可和支持基于对其本身的内容和特性的认知和评估,同时还需要考虑行动主体的目标和价值判断。

因此,排他性理由的约束力和义务性不是天然和自然的,而是依赖于其内容、认可度和实践背景等多种因素。在这种意义下,排他性理由是一个行动理由,但也需要根据实际情境和实践需求进行具体的评估和权衡。拉兹提出的二阶理由则更加深入和细致地解释了行动理由的本质和作用。二阶理由是行动主体为了实现个人目标和价值判断而依赖的一种理由,它是对一阶理由的总结和指导。一阶理由是根据个人目标和价值判断所确定的理由,并在行动主体的理由权衡中起到了重要作用。二阶理由在这个基础之上,通过总结和概括行动主体的理由偏好和价值取向,并对其进行指导。因此,二阶理由既是行动的理由,也是理由的指导者和总结者。[1]

---

[1] Joseph Raz, *The Authority of Law*, *Essays on Law and Morality*, Oxford: Oxford University Press, 1979, p.17.

排他性理由在实践的过程之中,仅仅是禁止不依据某个理由行动,但未禁止依据全部理由行动,排他性理由本身也是一个行动的理由。理由之间的冲突存在较为复杂的关系。拉兹在相关的研究之中例举了以下的例子:儿子认为外套丑是不穿外套的理由,这一理由与他母亲要求夜间出行时要穿外套的指示矛盾,同时这一理由又由于父亲否定了母亲的指示进而得到了加强,但父母的命令同儿子个人的想法存在差异,父亲的命令本质上是一个全新的理由。该理由是一个行动的理由,同时也是一个排他性的理由,拉兹将这一理由称之为保护性理由。

拉兹对保护性理由的阐释揭示了该概念所包含的内容独立和排他性这两个要素。简而言之,拉兹认为权威所提供的行动理由具有排他性和独立于内容的特点。在拉兹的权威概念中,排他性要素进一步强调了权威的独特性,权威所提供的行动理由不仅仅是作为内容独立的理由存在,更重要的是它向行动主体施加了一项义务。首先,内容独立性是保护性理由的一个重要特征。这意味着权威所提供的行动理由不依赖于行动主体自身的个人价值观或目标,而是基于权威所代表的特定价值体系或性质。无论个人是否认同或理解权威所提供的行动理由的内容,其独立性使其能够在实践中发挥其约束和指导的作用。这对于确保行动主体能够遵循权威的指令、规则或法律具有重要意义。然而,这也提出了一个问题,即权威是否应该拥有独立于个人的内容独立性。某种程度上,这取决于权威的合法性和有效性,以及对权威的认可和支持。其次,排他性是保护性理由的另一个关键要素。排他性要素强调权威提供的行动理由具有排他性,即它是其他理由所无法取代或替代的。这意味着在面对行动决策时,行动主体应该优先考虑和遵循权威提供的行动理由。权威的意图和指令在实践中具有显著的权威性和约束力,行动主体应该将其视为一种道德上或法律上的义务。然而,排他性权威并不意味着它是绝对的或没有争议的。在一些情况下,行动主体可能会面对不同权威之间的冲突,或权威指令与个人道德判断之间的抵触。这时,行动主体需要权衡和解决这些冲突,以找到最合适的行动方向。

拉兹在权威的概念中,强调了通过提供保护性理由来施加义务的重要性。这意味着权威不仅仅是一个命令者或规则制定者,而且其指令和规则具有明确的道德和法律意义,行动主体应该遵循和执行。通过行使权威,社会秩序和公共利益得以维护,个人的自由和权利得到了保护。从这个角度来看,权威所提供的行动理由使得行动主体具有一项使命和责任,即遵守权威的指令,以维护社会的正常运转和秩序。

一阶行动理由属于保护性理由。这说明保护性理由能够发挥指导个体行动的功能,基于此,一个正当的行动理由同价值必须存在一定的联系。这使规范和其他的情形得到了有效的区分,如许诺,两者都通过创设二阶理由使行动主体处于义务的约束之下。[①] 在拉兹的分析中,许诺处于一个很微妙的位置,一方面拉兹承认它是一个二阶理由,另一方面又指出行动主体应该通过慎思得出是否遵守许诺,这就违背了二阶理由运作的过程。笔者认为这是由于许诺的特殊性所造成的,不包含具体内容的承诺本质上是一种形式化的二阶理由,其不存在任何的价值,如"我答应你,明天依据你说的去做",但是在明天时,对方的言语不再是可能的规范性行动理由。同法律法规的内涵不同,各种类型的规范都包含了一定的内容并以此为实践的基准。在日常的生活之中,禁止性的规定,如在高速公路上能够看到"车速禁止超过120"的告示,其也蕴含了车速在120之内均为合法的含义。基于此,车速允许在120以内行驶。综上,在实践的过程之中可以基于价值对规范是否构成行动的理由进行判断,或者对规范的合法性权威进行判断,在此基础上分析其是否是一个行动的理由。

此外,保护性理由本质上也是一个排他性理由。依据排他性理由的基本定义,其目的在于将某些一阶理由完全排除。当然,这种排除或取消是针对行动主体的选择而言的,并不是真正消灭理由的存在。不得不说,排他性特征在法律的陈述之中有着集中的体现,虽然法律条文自身并未将其凸显出来,但是在对法律陈述进行转换之后,其排他性就得到了充分的体现。"通常,诉诸规范语言意味着人们接受了法律规则的有效性,即接受了有关规则的约束。避免使用规范语言则往往表明不相信法律规则的有效性。"[②]由于在现代社会之中法律始终坚持自身的权威,借助立法或相关的

---

① See Joseph Raz, *Promises and Obligations*, in P.M.S. Hacker and Joseph Raz eds., *Law, Morality, and Society*, Oxford: Clarendon Press, 1977, pp.220-222.

② [英]约瑟夫·拉兹:《法律体系的概念》,吴玉章译,中国法制出版社2003年版,第279页。

程序实现对一阶理由的选择性收录,尤其是纳入了道德性理由之中的一阶理由。依据法律的标准不能将全部的理由全部排除在外,仅能够将法律上得不到承认的理由排除。① 这一实践证明,具有合法性的法律权威能够排除一阶理由,同时也能够承认和容忍一阶理由存在。对后者而言,这意味着法律权威之中包含的多元规范性秩序。

在理解保护性的理由在实践中的运作过程时,我们需要考虑到该概念所包含的排他性和行动理由的双面性。保护性理由具有排他性,即该理由是由权威所提供的、具有独立性的行动理由,其目的是保障权威的指令能够得到遵循和执行。同时,保护性理由也具有行动理由的双面性,即它们既可以被视为独立的行动理由,又可以为其他行动理由提供支持和保护。保护性理由的排他性和行动理由的双面性之间实质上是单向的。保护性理由的排他性是以其所包含的一阶行动理由的价值为基础的。这一阶行动理由能够通过排除其他可能的行动理由来实现其价值,如权威所提供的指令。通过排他性的行动理由,权威的命令得以成为行动主体的义务和责任。因此,排他性是保护性理由中最重要的元素之一。同时,在保护性理由中也存在着行动理由的双面性。正如拉兹所阐述的,保护性理由既能作为独立的行动理由存在,又能为其他行动理由提供支持。这意味着保护性理由可以通过支持其他行动理由来发挥作用,保证这些行动理由能够被有效地执行。例如,基于法律文本来解释和运用权利的行动理由,在实践中也受到保护性理由的支持和保护。在实践中,保护性理由的运作存在着具体的运作方式。首先,保护性理由可以被用来解释和应用规则和法律,从而维护社会秩序和公共利益。通过强调排他性和行动理由的双面性,保护性理由能够有效地约束和指导行动主体的行为,达到法律所要求的约束和效果。其次,保护性理由还可以被用来平衡权利的冲突。在现实生活中,不同的权利有时会相互冲突,这时保护性理由可以通过为一方权利提供支持或保护来解决冲突,以确保公正和平衡。需要注意的是,保护性理由并不是一成不变的,不同的权威可能存在着不同的保护性理由。这也意味着保护性理由可能存在着某种程度上的主观性和文化差异。在实践中,如何

---

① See Joseph Raz, *The Authority of Law, Essays on Law and Morality*, Oxford: Oxford University Press, 1979, p.33.

理解和应用保护性理由需要基于具体的社会、文化和法律背景。此外,保护性理由的实现也需要考虑到行动主体的权利和价值观。在权威指令与个人道德判断产生抵触的情况下,行动主体需要在保护性理由和个人道德判断之间进行权衡,以找到最合适的行动方向。

如前文所述,当不存在二阶理由时,行动主体需要借助慎思来实现对不同分量理由之间的考量,进而作出最佳的选择实现对行动的指导。排他性理由的存在简化了上述过程,其本质是将部分理由选项完全取消了,进而使行动的主体能够直观地发现行动的理由,即保护性理由存在之处。行动的主体应尽可能地实现自身所承载的价值,即体现自身保护性理由的特点。行动主体必须在实践的过程之中实现自身所承载的价值,因此其必须将所有其他的理由进行排除。在实践的过程之中,仅仅是排除同行动理由相冲突的部分理由,剩余的其他种种理由则同被保护的理由一起,实现对主体行动的有效指引。"机动车靠右行驶"这个法律规定只是排除了靠左行驶、居中行驶和其他冲突的行动理由,但并不排斥"开车时注意行人安全"这样的理由,反而要求驾驶者在不冲突的场合下,同时完成这种理由的规定。这一理论暗示排他性理由同行动理由一样,其本质上来源于自身所蕴含的价值。

很多学者对于保护性理由的有效性表示怀疑,甚至认为这一概念本身存在着自相矛盾的问题。这种观点的出现使得我们需要对保护性理由这一命题进行辩护,并且必须清晰地梳理出其中的两个关键要素:独立于内容要素和排他性要素。首先,独立于内容要素是指保护性理由不依赖于其所指向的具体内容而存在。也就是说,保护性理由应该是普遍适用的,并不受特定情境或具体指令的限制。这一要素的核心是将保护性理由与其所保护的内容进行区分,使其成为一种独立于具体情境的普遍性道德原则。只有当保护性理由具备了独立于内容的属性,它才能成为一种普世的道德标准,具有普遍性和广泛的适用性。其次,排他性要素是指保护性理由具有一种排他性的特征,即其所包含的行动理由能够排除其他可能的竞争性理由。这意味着保护性理由对于行动主体的决策和行为具有约束力,使其只能选择遵循或执行权威所提供的行动理由。在这个意义上,保护性理由与其他潜在的行动理由形成了一种对立关系。只有当保护性理由在实际应用中具备了排他性的特征,它才能起到约束和规范行动主体行为的作用。为了证明保护性理由的有效性,我们需要解决两个关键问题。首先是如何确立独立于内容的保护性理由。对于这一问题,一种可能的方法是通过道德理论或原则来建立基础。例如,基于康德的道德理论,我们可以认为保护性理由具有普遍性和普世性的道德原则,与特定内容无关。这样一来,保护性理由就能够独立于具体情境或指令的限制,成为一种普适的道德准则。其次是如何确保排他性要素的成立。排他性要素的实现需要依赖于权威的合法性和公正性。在法律领域,权威通常指具备法定地位的机构或个人,其拥有制定和施行规则的权力。只有当权威的指令被视为合法和公正的,行动主体才会被其所提供的行动理由约束。这意味着保护性理由的有效性与权威的合法性和公正性密切相关,需要在这些前提下进行解释和应用。

  1."独立于内容"要素之澄清

  在前文的基础上,哈特提出了"独立于内容"的概念,这个概念对于探讨保护性理由具有重要意义。哈特指出,独立于内容的理由通常建立在客观的事实之上。这些理由可以被命令者对于同一个或不同的个体发布,而且这些理由的实现方式是通过理由本身的形式来实现的,而不依赖于所涉及行动的性质和特征。在这种情况下,需要将"独立于内容"的理由与那些与行动密切相关的理由进行区分。同时,也需要将其与因为执行理由而产生某种欲求结果或产生某种价值现象的理由进行区分。首先,我们来详细解析哈特对于"独立于内容"的理由所提出的观点。哈特认为,这类理由并不依赖于行动所涉及的具体内容。这意味着它们是普遍适用的,可以适用于不同的情境和行动对象。举个例子来说,我们可以将一条道路乌黑且湿滑作为一个理由来支持对车辆的限制性行动,无论是针对某个特定的驾驶员,还是对所有车辆都是有效的。这个理由的独立性就在于它并不关注具体的行动对象或者情境,而是基于客观存在的道路状态。此外,哈特还强调了独立于内容的理由与那些由于执行理由而产生某种欲求结果或产生某种价值现象的理由之间的区别。在行动执行的过程中,我们可能期望通过执行某个具体行动来获得某种利益或者满足某种欲求。然而,独立于内容的理由并不与这些结果直接相关。它们与行动的目的或所导致的结果无关,而是通过其自身的形式来约束行动主体的行为。以前述的例子为例,道路状况乌黑且湿滑这个理由并不直接关注驾驶员的欲求或者车辆限制对行动主体的利益,而是通过对道路状况的客观判断来约束行为。

独立于内容的理由的提出,同时也需要注意到它与其他与行动相关的理由之间的区别。其他与行动相关的理由可能是因为行动的性质、目的或者所产生的结果而存在的。例如,在道德伦理学中,道德行为的合理性可能是由于它符合某种道德原则、实现某种道德价值或者达到某种道德目标而产生的。与之相反,独立于内容的理由并不与所涉及行动的性质、目的或结果直接相关,它们仅仅依赖于理由本身的形式和客观存在的事实。通过对哈特提出的"独立于内容"的理由进行分析和辨析,我们可以更清晰地理解保护性理由的概念。保护性理由作为一种特定类型的理由,具备了独立于内容的属性。它们不依赖于行动的具体内容,而是通过其形式和客观存在的事实来约束行动主体的行为。同时,保护性理由也需要与其他与行动相关的理由区分开来,以便更深入地研究保护性理由的学理性和逻辑性。保护性理由的学理性在于它们可以作为一种普遍适用的道德准则,而不仅仅是适用于特定情境或具体指令的限制。独立于内容的保护性理由可以被视为一种普世的道德原则,它们与行动的具体内容无关。

这种理论观点与康德的道德理论相呼应,康德强调道德行为应基于普遍适用的道德原则,而不应受到个人或特定情境的偏好或利益的影响。因此,将保护性理由作为道德行为的基础和规范是有其学理性的。保护性理由的逻辑性在于它们具备一种排他性的特征,能够排除其他可能的竞争性理由。排他性要素的存在使得保护性理由对行动主体的决策和行为具有约束力,使其只能选择遵循或执行权威所提供的行动理由。这种逻辑关系可以从法律的角度来解读。在法治社会中,法律具备权威性和合法性,它规范着社会成员的行为,并提供了一种共同认可的行动理由。因此,根据保护性理由的逻辑性,行动主体应当遵从合法的法律权威,并将其提供的保护性理由作为行动的指导。[①] 也就是说,独立于内容的真正含义是指命令的效力不依赖于它的内容的合法性,而取决于它是由权威发布的这一事实。

在拉兹的著作《自由的道德》中,他承认了"独立于内容"的要素在分析

[①] 参见[英]哈特:《命令与权威性法律理论》,晨航译,载郑永流:《法哲学与法社会学论丛》2007年第2期,北京大学出版社2008年版,第24页。

权威概念中的重要性。他对"独立于内容"进行了不同版本的阐释,并强调了其对理解权威理由的作用。他指出:"若一个理由同以此为理由的行动之间缺乏必要的关联,则该理由就可以被认为是一个内容独立的理由。这个理由显然是一个外在的事实,即某个权威人物已经这样说过,而且他的这一说法在特定的范围内将会成为相当多行动的理由,也包括(在典型的情形中)那些截然相反的行动。"首先,我们需要理解拉兹对于"独立于内容"要素的理解。根据拉兹的观点,独立于内容的理由是指与相应行动的具体内容之间没有直接必要关联的理由。换句话说,这些理由并不依赖于行动的性质、目的或结果,而是在外在的事实和权威人物的陈述之下产生的。这种理由可以在特定情境下成为相当多行动的理由,甚至包括截然相反的行动。其次,拉兹的观点强调了权威的地位和作用。根据他的理论,权威的陈述能够成为行动的理由,而且这些理由具备独立于行动内容的特点。他认为权威人物的陈述能够对人们的行动产生影响,并且在特定范围内成为相当多行动的理由。这种观点反映了权威对道德行动和社会规范的塑造力量。因此,权威的存在和权威陈述的说服力在道德决策和行为选择中具有重要的作用。

拉兹关于"独立于内容"的观点对于理解权威的概念和作用具有重要意义。通过理解权威的陈述对于行动的影响,并且理解这种影响是独立于行动内容的,我们可以更深入地分析权威概念在法律和道德领域中的适用性。不过,需要注意的是,拉兹并未详细讨论"独立于内容"的概念如何与其他行动理由进行区分,以及它对道德决策的具体影响。因此,可以进一步研究和讨论来探索这些问题,以及独立于内容的理由与其他道德理论的关联。[1] 在这一阐释中,"无直接关联"成为独立于内容阐释中的要点和争论点。有的学者认为,拉兹的这种阐释是不充分的。他应当解释清楚"无直接关联"的含义,否则将不能区分权威提供的独立于内容的理由与行动主体的普通理由("依赖于内容的理由")。一方面"关联"可以有多种解释,它究竟指何种"关联"? 另一方面"无直接关联"暗含着理由与行动之间可以存在间接关联,那么,这种间接关联又是指什么?

---

[1] Joseph Raz, *The Morality of Freedom*, Oxford: Oxford University Press, 1986, p.35.

拉兹通过现象学论证和目的论论证来捍卫其观点。从现象上看,普通理由与权威性理由的区别在于,我们无须探究权威性指令所要求行动的好处(优点或价值)。行动主体按照权威性理由行动将有助于他按照正确的理由行动(目的论论证)。如果权威性要求的鉴别完全诉诸其所要求行动的好处,那么,它将无法实现对行动主体的正确指引。拉兹并没有完全抛弃对权威性理由的评价。毕竟规范性最终以评价性要素和行动价值为基础。拉兹反对的是对行动理由的道德优点的评价,而不反对它的事实评价因素(如法律的功能是向行动主体提供正确的行为指引)。尽管目的论论证也是某种评价性判断,但它不是对权威性理由的道德优点的判断。它指出了法律权威的功能是指引人们正确地行动,这一功能是"被我们社会共同感知到的",而无须诉诸道德论证。在此,我们可以这样确定拉兹对独立于内容的界定:权威性理由的有效性不取决于其行动的道德优点,而是基于一个事实,即它是由权威发布的。

然而仅凭独立于内容的特性,还无法阐明理论权威与实践权威之间的差别。理论权威同样具有独立于内容的特性,因为其作为相信理由的地位不依赖于表述内容的含义,只要它处于权威者研究的专长领域即可。[①] 尽管在这一点上理论权威与实践权威具有相似性,但是理论权威不能施加义务,这是它与实践权威的重要区分点。要想说明这种差异,需要引入另一个要素,即"排他性"要素。

2."排他性"要素之澄清

在拉兹的保护性理由概念中,两个要素之间紧密相连。拉兹通过阐释排他性要素,进一步论证了独立于内容要素的合理性。在这一过程中,他试图将权威性理由转化为"义务"。在拉兹那里,排他性理由是指不按照某些与命令所要求的行动相冲突的有效理由行动的理由。其特点是:排他性理由在实践的过程之中是依据自身所属的类型,而不是依据理由自身的重要程度实现对冲突理由的排除。权威自身发布的命令不一定比他人所发布的命令更具有效力,但两者的差异并不体现在重要性上,而在于其运作的形式。权威的命令尽管在各类权衡之中不具备优势,但其也能够要求接

[①] 参见[英]哈特:《命令与权威性法律理论》,晨航译,载郑永流:《法哲学与法社会学论丛》2007年第2期,北京大学出版社2008年版,第38页。

受者使该命令成为行动的理由,命令为消除命令接受者进行权衡的权利,但是接受者在进行权衡的过程之中必须先排除其他的理由。若他人的命令在权衡的过程之中具备优势,则该命令是一个行动理由,但其不具备权威应具备的特性。① 权威性指令的本质是承认该个体权威的行动理由。若个体承认某个权威合法,则应当服从这一权威。个体具有自身的价值,若个体服从权威,则权威的价值观即为个体的价值观。

例如,孩子指出自身的外套丑,不想穿。这一理由同其母亲要求穿外套的指示冲突,但因为父亲否定了母亲的指令,进而使孩子的理由得到了强化。拉兹指出,"在相似的情景之中,某个否定个体做事的理由的理由,同个体不做某事的理由存在差异"②。孩子自身的理由同母亲的指令可以视为一阶理由,而父亲自身的反对理由则可以被视为二阶理由,基于此,二阶理由不来源于一阶理由,也不同二阶理由并列,仅仅是针对一阶理由的一个理由。

在《实践理性与规范》中,拉兹指出一阶理由具有"分量性"向度,又被称为"依赖于内容的理由"。在两个一阶理由出现冲突时,若一个理由因自身所占据的优势推翻另一个理由。③ 简单地说,一阶理由之间的冲突是通过分量的对比来解决的。在两个二阶理由出现冲突的情形下,情况亦然。也就是说,一个二阶理由被一个更强的二阶理由推翻。若二阶理由同一阶理由发生冲突时,情况却并非如此。此时不是依靠分量的对比,而是依靠一项实践推理的原则,即排他性理由始终占上风。排他性理由并非要推翻一阶理由,而是要排除一阶理由。当然,并不是全部的二阶理由都同一阶理由存在冲突。在实践之前二阶理由是否能够将一阶理由排除,判断的关键在于一阶理由是否处于二阶理由的范畴之内。④ 也就是说,无论一阶理

---

① 参见[英]约瑟夫·拉兹:《法律的权威:关于法律与道德论文集》(第2版),朱峰译,法律出版社2021年版,第25~29页。

② [英]约瑟夫·拉兹:《法律的权威:关于法律与道德论文集》(第2版),朱峰译,法律出版社2021年版,第20页。

③ See Joseph Raz, *Practical Reason and Norms*, Oxford: Oxford University Press, 1999, pp.25-28.

④ See Joseph Raz, *Practical Reason and Norms*, Oxford: Oxford University Press, 1999, pp.46-47.

由多么强烈,只要它属于排他性理由的适用范围,并与排他性理由相冲突,那就有必要被排除。通过不同类型理由冲突的解决方案,我们可以看出作为二阶理由的权威,它仅排除非法律因素(一阶理由),而不排除同等级的其他法律规则(二阶理由)。① 通过"排除"这种方式,排他性理由实现了对权威所提供的独立于内容的行动理由的"保护"。

拉兹权威概念中的排他性要素比独立于内容要素更容易引发争议。如果排他性要素出了问题,则意味着拉兹的权威概念不能成立。关于排他性,有两个问题常常令人产生疑问:一是排他性因素的重要性问题,二是排他性因素如何指引行动。

哈特和拉兹在相关的研究之中均指出,在一个具有法律体系的社会之中,该社会能够在特定时期内向社会之中提供特定的排他性理由和阻断性理由。哈特依据"命令"这一概念构建了"阻断性理由"这一概念,并认为这一理由是法律向个体提供各类理由的必要组成部分,且此类理由具有独立于内容的特点。② 但正如本书第一章所述,哈特自身创造的阻断性理由同拉兹提出的排他性理由存在差别。哈特所提出的概念强调接受命令者能够依据命令行动,并以命令取代自身的思考判断。③ 排他性理由则未禁止命令的接受者进行自身的判断,仅要求命令接受者不依据被排除的命令行动。个体遵照排他性理由进行行动的过程之中依然可以保留自身的思考。概言之,阻断性理由是"取代考量的理由",排他性理由是"排除行动的理由"。由此看来,阻断性理由同独立于内容的特性更加匹配。此外,在哈特看来,法律并未向任何个体提供一个阻断性的行动理由,仅仅是对特定的人员进行了限制。④ 拉兹则认为尽管法律自身是一个强制性的规则体系,但是法律自身的性质决定了其能够向个体提供排他性的理由。

---

① See Joseph Raz, *The Problem of Authority: Revisiting the Service Conception*, Minnesota Law Review, Vol.34, 2006, pp.1023-1024.
② 参见[英]哈特:《命令与权威性法律理论》,晨航译,载郑永流:《法哲学与法社会学论丛》2007年第2期,北京大学出版社2008年版,第26页。
③ 参见[英]哈特:《命令与权威性法律理论》,晨航译,载郑永流:《法哲学与法社会学论丛》2007年第2期,北京大学出版社2008年版,第33~34页。
④ 参见[英]哈特:《命令与权威性法律理论》,晨航译,载郑永流:《法哲学与法社会学论丛》2007年第2期,北京大学出版社2008年版,第36页。

经由以上分析,理由的概念架构可以总结如图 3-1:

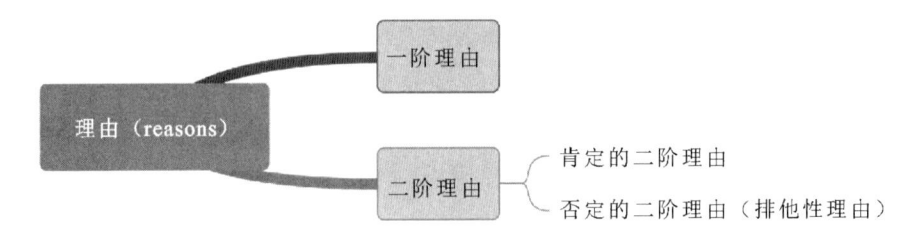

图 3-1 拉兹对理由的概念架构

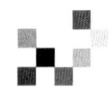

三、排他性理由的排除范围

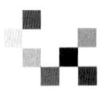

在上文的分析之中已经说明,拉兹对规则进行研究的过程之中采用了行动的理由,存在一类规则被称为强制规范。拉兹在研究的过程之中指出,强制规范存在以下的陈述形式:"X 在情形 C 之中做 A",采用语言进行描述,即"X"代表了规范的主体,"A"代表了规范的行动,"C"代表了能够被适用的条件。在做某件事情的过程之中,应该以某一个理由去做某件事情。在实践的过程之中存在多样化的规则和理由,且相关的理由之间可能还存在一定的冲突。个体在行动的过程之中应选择适用于自身的理由。若个体在实践的过程之中分析自身应依据情形"C"施行"A"行动,则行动者必须对支持做"A"的理由和不支持做"A"的理由进行分析。[①] 对于上述理论,拉兹在研究的过程之中给出了一个细致的推导过程,需要说明的一点是,拉兹在进行推导的过程之中,仅仅是对实体的概念进行了推导和分析,未对自身的认识进行推导和分析。

在实践的过程之中,若个体之间的行动理由是互相冲突的,则会出现一个需要判断的问题,即对相互之间冲突的理由的重要性和强度进行分

---

① See Joseph Raz, *Reason for Action, Decisions and Norms*, MInd, New Series, Vol.84, 1975, p.482.

析,这个过程涉及了对理由的权衡。若在权衡的过程之中存在一个胜出的理由,则行动者将依据这一胜出的理由行动。拉兹在相关论述之中指出:"若 P 是行动 A 的理由,且 q 不是行动 A 唯一的理由,则若存在 p 比 q 强,则 p 也是更为重要的理由,即 p 能够将 q 否决,基于此可知,在理由的权衡之中 p 胜出,且参与到行为之中的个体依据理由去做 A。"① 依据相关逻辑的推理可知,"若存在一个假设,在 p 是 X 这一特定的情形下做 A,且 q 是 X 在 C 的情形下不做 A 的一个理由,则 p 与 q 是同 X 相关的冲突的理由。若 p&q 是 X 在情形 C 下做 A 的一个特殊的理由,p&q 是 X 在 C 情形下不做 A 的一个理由,不是一个事实,则 X、A、C 三者之间存在以下关系,p 否决了 q"②。基于上述逻辑的论述,若 p 否决了 q,则 X 就是做 A 的一个决定性的理由。理由之间的冲突是借助对于理由之间强度的权衡来实现的。在此可以先假定:若各种类型的冲突均为一阶理由的冲突,则能够得到一个直觉的模式:

P1:从整体上进行考虑,若个人在做的过程之中对应当做的事情进行权衡,则该事件为一个事实。③ 但是该模式在实践的过程之中并不成立,其本质上未涵盖全部的冲突模式。尽管也可能存在一个将理由否决的理由,如个体 X 在经过权衡之后选择下午打乒乓球,但 X 的母亲要求其在下午学习,此时 X 母亲的命令可以被视为一个二阶的理由。

拉兹在相关研究之中指出"若在 C 情形下 p 是 X 做 A 的一个具体理由,且 q 并不是按照 p 的要求实践的一个排他性的理由,则 p 同 q 本质上即为冲突的理由"。q 在情形 C 之下是做 A 的理由。他本质上即为在情形 C 下依据 p 理由不执行 A 行动的理由。④ 这即为一阶和二阶理由之间存在的冲突,且这一冲突无法依据冲突的强度进行解决,应遵循实践推理的

---

① Joseph Raz, *Reason for Action , Decisions and Norms*, MInd, New Series, Vol.84, 1975, p.482.

② Joseph Raz, *Reason for Action , Decisions and Norms*, MInd, New Series, Vol.84, 1975, pp.483-484.

③ See Joseph Raz, *Reason for Action , Decisions and Norms*, MInd, New Series, Vol.84, 1975, p.484.

④ See Joseph Raz, *Reason for Action , Decisions and Norms*, MInd, New Series, Vol.84, 1975, p.487.

一般性原则进行解决。在实践的过程之中排他性理由具有一定的优势。但是需要说明的一点是,排他性理由在实践的过程之中存在范围的限制,部分情况下可以将实践的理由完全排除。在部分情况下则只能将部分理由排出。在实践之中能够成功将其他的理由全部排除的理由,拉兹将其称之为全胜性的排他性理由。基于此,拉兹在研究的过程之中指出,若排他性理由存在有效性,则下列的理由也存在有效性:

P2:若存在一个全胜排他性理由将发挥决定作用的理由排出,则个体将不能基于理由对自身的行动进行权衡,则 P1 和 P2 之间存在一定的矛盾,若 P2 有效则应对 P1 进行修改,即 P1 应该被 P3 所取代。

P3:从事物的整体层面进行分析,个体在实践的过程之中应依据一个全胜理由行动。上文之中的 P1 作为一个假设模型不能成立,其同一阶理由的冲突普遍存在,基于此可知,将排他性理由引入将致使两种理由被击败,其在实践的过程之中将能够被否决的理由或排他性的理由否决。[①]

在拉兹的理由范式中,由于一阶理由承载着价值,社会主体的行动就是试图实现理由背后的价值。因此在一阶理由冲突的场合,行动主体不得不权衡所有理由的价值分量,推断并施行最近理由,最终推动个体善和社会共同善的提升。二阶理由则并不是直接的行动理由,而是针对一阶理由的理由。在否定性或排他性二阶理由存在的场合,其功能在行动中排除或取消某些一阶理由选项,缓解行动主体在面对一阶理由冲突之时的困惑。这也表明了二阶理由不可能单独存在,必须要结合某项或某些一阶理由才能指引人们的行动。合法性权威则有资格提供保护性理由,这些理由类型是一阶理由和排他性理由的混合体,既能够直接指引人们的行动,又因排他性能够排除相冲突的理由。二阶理由引入了复杂性,因此可能建立起一种制度性的权威,而法律权威就是现代社会中最为显著的制度性权威形态。拉兹的理由范式比起其他实践哲学家,最为突出的贡献就是将合法性权威纳入了考虑范围之列,权威的介入能够影响规范性理由的运作方式,因而人们经常会处于法律权威所给定的某种行动的规范性义务之下。作

[①] See Joseph Raz, *Reason for Action, Decisions and Norms*, MInd, New Series, Vol.84,1975,p.488.

为二阶理由和排他性理由属性的权威自然不同于纯粹强力的行使,因为权威之下的行为人因此将具有作为和不作为的义务或者具有做某事的权利,而单纯运用强力,当然不会产生义务与权利的问题。故而,合法性权威必然包括两个部分,其所要求之行为内容的正当化与对于这一要求的服从义务。即使权威需要依赖某种强力手段而得以实践,但是只有上述两部分的正当化任务得以完成,我们才能说,此时权威所支持的理由成为我们行动的排他性理由。或者,我们有义务遵照这种二阶理由而作为或者不作为。

在之前的讨论中,我们已经发现,"独立于内容"的理由具有不可或缺的作用,能够帮助我们分析权威概念的有效性和适用范围。进一步地,我们认识到排他性理由在其中的核心作用,既排除了行动者的其他理由权衡,又能够对其提供受保护的理由,从而使其遵循本应遵循的一阶理由。不过,这种理论构想所面临的一个关键问题是排除范围问题,即权威指令排除了哪些理由,也即在这个理论中涵盖哪些内容或范围。针对这一问题,我们需要深入探讨,并从不同的层面考察其含义和适用性。一方面,我们可以从法律实践的角度出发,考虑权威指令在实践中对不同行为方式的规范和指引。在这种情况下,排除范围的具体内容和适用范围将会受到法律规定、司法裁判、行政指令等多种因素的影响。例如,某一法律条文可以规定某些行为违反法律,从而排除了这些行为的理由;或者,司法判例可以确认某一行为具有违法性或者道德不当性,从而排除了相应的理由。在这种情况下,排除范围的内容和适用范围将会随着法律规定和司法判例的变化而发生变化。另一方面,我们也可以从道德伦理学的角度出发,更加系统地探讨排除范围的含义和适用性。在这种情况下,我们可以对排除范围进行分类,并考察不同分类中的含义和适用范围。例如,我们可以将排除范围分为基本伦理原则、道德准则、社会规范等不同类型,并对每一类型进行进一步的分析和讨论。在此基础上,我们可以更加深入地理解权威指令的排除范围问题,并通过对好恶和道德准则的辨析,开展更加准确和全面的道德分析和决策。

总之,在探究权威指令中的排除范围问题时,我们需要从不同层面、不同角度出发,对其进行理性分析和评估。在考察法律实践和道德伦理学的基础上理解排除范围,能够帮助我们更好地理解权威指令的作用和位置,并发现其中存在的问题及其解决办法。在今后的深入研究中,我们还需要进一步探讨权威指令的理论依据、实践适用和道德标准,并为理解和维护权威的合理性和合法性提供理论支持和实践路径。

(一)权限与范围的区分

首要的工作是要澄清排除范围所讲的"范围"之内涵。容易与范围概念相混淆的是权威的权限。权威指令的范围与权威的权限通常都被认为是对权威边界的限定,权威的"权限"指的是权威有权管辖或调整的事项、行为类型。能够得到合法化的权威一般都是部分权限的权威,而不是无限权限的权威,无限权威一般只存在于宗教中的神或绝对领导者,如基督教中全知全能全善的上帝。而此处讲的"范围"指的是在权威有权管辖范围内,在权威有权调整的事项上,权威指令能够排除哪些背景性理由,什么样的理由是能够优先于行动者之判断的。进一步而言,排他性理由的排除范围指的就是它能够排除的相关理由的种类。任何理由都存在自身内在的强弱或分量,排他性理由的强弱与分量就体现在其排除范围之上。理由的范围通常受制于一些相关因素。例如,我国目前的交通法规定高速公路一般限速在每小时120公里以内,它能够排除某些超速的理由,包括寻求刺激、节省路途时间、炫耀车技等;但它无法排除同等位阶的排他性理由,如另一条法律规定限速在每小时110公里以内,这时候就需要寻求其他的解决方案。它们之间可能重回权衡模式,但也可能再进入另一个排除模式,如我们已发展出了解决法律规则之间冲突的一些规则,包括上位法优于下位法、新法优于旧法、特别法优于一般法等。这些规则本身属于二阶规则,发挥效力的方式也是排除模式。

(二)排除范围的三种理解

回到排除范围问题。对于排他性理由排除范围的理解,逻辑上可以划分出三种情形:(1)全部排除:权威指令不仅要排除与权威指令相悖的一阶理由,同时也要排除与权威指令相一致的一阶理由,行动者剩余的唯一理由就是权威指令。(2)部分排除Ⅰ:权威指令只排除与权威指令相一致的一阶理由,保留与权威指令相悖的一阶理由,行动者剩余的理由就是与权威指令相悖的一阶理由和权威指令。(3)部分排除Ⅱ：权威指令只排除与权威指令相悖的一阶理由，保留与权威指令相一致的一阶理由，行动者剩余的理由就是与权威指令相一致的一阶理由与权威指令。情形(2)明显不太符合我们对权威指令的认识。如果权威指令将与其一致的一阶理由排除，转而剩余与其相悖的一阶理由，其造成的结果就是重新进入权衡模式，比较权威指令和与其相悖的一阶理由之分量后作出行动决定。这相当于抛弃了权威指令，"杀死权威"。随之也将导致行动者失去权威的指引，难以实现对理由的遵从。服从权威指令如果是一项道德义务，而我们对于义务的服从仅仅是因为这是一项义务，而不能再基于其他理由，否则就是违背道德义务，违背理性。权威指令要排除所有一阶理由，特别是非理性的服从倾向，因为基于在结果上与权威指令相一致的一阶理由以及基于倾向的服从都会使得行动者在动机层面并非出于对权威指令的敬重而服从权威，这会违背理性发布的命令——如果权威指令代表着理性命令。

(三)排除理由与排除慎思

但疑问随之而来，这样的理解还能否支持排他性理由的排除模式？根据拉兹的观点，权威指令仍然保留了与权威指令相一致的理由；且根据前述对于服从权威指令的解释，它只是要求不要基于与权威指令相悖的一阶理由行动，并未要求行动者不能考虑这些理由；因此，这里仍旧保留了行动者主观慎思的空间。而我们一直在讲排除理由，在讲权威指令的规范性影响，那么行动者的主观慎思是否也要排除？对排他性理由的重要质疑就是怀疑它能否真的区别于权衡模式，它是否真的就排除了行动者的主观权衡或慎思？如果它完全排除了行动者的主观慎思，自然就可以区别于权衡模式；如果它不排除行动者的主观慎思，它又如何解释自身的排除模式？无法独立于权衡模式就会导致法律等实践权威被还原为理论权威，因为理论权威只提供信念理由，可以让某些理由的分量变得更重，进而试图影响行动者的慎思过程，让行动者展开新的权衡。此处我们可以从强到弱分别提炼出三种慎思观点。第一种观点是禁止慎思模式，当行动者接受权威指令指引时，完全不能考虑相关的一阶行动理由，而近乎以本能的方式服从权威指令。第二种观点是理论慎思模式，权威指令只是反对行动者基于与权威指令相悖的一阶理由行动，不反对行动者在理论层面思考行动方案，行动者也可以对权威指令本身展开思考，只是不能根据自身慎思结果行动，而是服从权威指令。第三种观点是实践慎思模式，即行动者可以在理论慎思的基础之上，根据自身的慎思结果行动；当慎思结果与权威指令相悖时，可以违背权威指令，遵从自己的判断。比较之下，第一种观点最为激进，它对行动者慎思的排除最强，它完全禁止了行动者的思考；第二种观点较弱；第三种观点则对慎思完全开放。

首先要放弃的就是第一种观点。哈特对权威指令的经典表述就容易让人产生这种理解。哈特认为，权威指令提供的理由是一种独立于内容与阻断性的理由；所谓独立于内容，是指法律意图作为行动者的理由，与其内容无关，独立于行为的性质与特征；所谓阻断性，指的是"切断（行动者的）考量、讨论与论证"。其中，独立于内容和阻断性都很有争议，"阻断性"就会使人将权威指令理解为一种禁止慎思模式，权威发出指令意味着禁止思考任何指令所涉行动的一阶理由。这可能促使拉兹放弃哈特的"阻断性"术语，转而采用"优先性"一词。但根据第一部分的现象学论证和目的性论证，禁止慎思模式无必要，实践慎思模式不可取，理论慎思模式应当是最契合排除内涵的解释。当我们接收到权威指令时，一般来说是会情不自禁地去思考支持或反对权威指令所要求行动的相关一阶理由，这种思考可能是一闪而过，也可能是持续地考虑，这都是权威指令所允许的。重要的是不要进入实践慎思层面，也即再次展开对一阶理由的权衡与计算，并根据权衡计算的结果采取行动，将自己的判断凌驾于权威指令之上。如果行动者计算结果与权威指令相一致，则是浪费个人时间精力；如果行动者计算结果与权威指令相悖，则容易出错。目的性论证的要求就在于避免这种困境，让权威指令直接优先于行动者自身的判断，以获得相关的好处，这样更能实现遵从理由的结果。如果我们对哈特的"阻断性"一词采取较为同情的理解，也将是如此，也即不要悬置权威指令重新开启行动的全部慎思，要停止这种全盘的论证程序。

综上，权威指令作为排他性理由，它排除的是与权威指令相悖的一阶理由，保留了与权威指令相一致的一阶理由；它并不排除行动者在理论层面展开慎思，展开对相关理由（包括与权威指令相悖的一阶理由、与权威指令相一致的一阶理由以及权威指令本身)的理论思考,只是排除了行动者的实践慎思,也即根据自己的思考和权衡结果而行动。权威指令之所以保留了行动者理论慎思的空间,不仅是因为这样对遵从理由而言是不矛盾的,而且因为权威指令的性质。权威指令只能排除理由,而不能取消理由,即使与其相悖的一阶理由也仍旧是理由,仍旧具备影响行动者慎思行动的资格,只是它们的作用被权威指令所限制,限制它们成为激发行动者行动的理由。在这个意义上,权威指令与行动者之间虽不是必然的动机激发关系,却是必然的动机抑制关系,权威指令抑制了行动者基于与权威指令相悖的一阶理由而行动。如此,有论者认为这不太可能,权威指令此时拥有了一种心理上的因果作用力。然而从我们的信念到行动之间的因果链条是不受意志控制的,我们无法选择行动理由。回应这个质疑,需要区分实践理性与理论理性,信念属于理论理性,它受到的是理智的控制;而行动属于实践理性,受到的是意志的控制。当我们事实上被某种理由所激发,自发感受到某种理由的力量时,就会产生一种因果作用力,它会形成某种信念或欲望,这的确是不受意志控制;但服从权威是行动选择,属于实践理性领域,人的实践理性能力使得我们可以控制我们是否根据某些理由而行动,进而可以选择性地遵从理由。因此,权威指令的动机抑制能力不是单纯的心理因果作用力,而是实践理性的控制力。

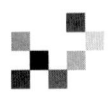

四、理由冲突的解决

拉兹不仅从逻辑结构层面出发对行动的理由进行了系统的分析,还从实践的角度出发,对理由发生冲突的情形下,个体选择行动理由的过程进行了一个说明。基于此,可以认为拉兹的相关理论是实践性的。拉兹在研究的过程之中重点关注了理由在逻辑上存在的强弱,在对理由进行分析的过程之中,所呈现出的现象性的强弱存在差异。在逻辑层面对理由的强弱进行分析之后,拉兹对强弱的特征进行了总结:其一,若存在两个冲突的理由,胜过一个理由的理由即为更强的理由;其二,若存在一个理由强于一个理由所强于的所有的理由,则该理由即为更强的一个理由。① 基于此可知,拉兹在相关的研究之中引入了决定性理由、表面理由、绝对理由三个概念,基于上述三个概念可知,对于强弱理由的划分本质上是一种"赋值",进而实现对具体行动理由的表达。在发生理由冲突的情形下,拉兹在相关的研究之中引入了新的表述方式"应当",即在这一理由的冲突之下进行理由选择的本质是"实践推论"。拉兹对于上述事务具有一个清晰的观点:"若个体认为 X 应做 Z,这一陈述同逻辑上所说的对于 X 来讲,存在理由做 Z 的陈述一致。"②拉兹在后文的论述之中,对这一观点又进行了严格的推理和限制。基于此,拉兹明确地表述了自身的目的,即借助行动的理由在实践领域之中应用道德理由,证明一种能够为个体行动提供理由的道德理由存在。③

在拉兹的理论中,"理由""应当"等均属于规范性的术语,通过这些术语,拉兹将理由与规范领域联系起来,并通过对理由的不同类型进行划分,试图将个体的实践与道德联系为一个完整的整体。基于拉兹的理论观点,理由在法律和道德中起到了至关重要的作用。在这个意义上,理由可以看作是规范的理性基础,即行动的动机和依据。在法律和道德的实践中,人们为什么应该这样做,为什么应该遵从某些规范,都可以通过理由来说明。理由给人们提供了关于正确行动方式的思考和选择,指示人们在有限的选择条件下如何最大化地实现生命价值和幸福感。在拉兹的道德理论中,他将理由分为辅助性理由和操作性理由两种类型。辅助性理由的作用在于阐述人们如何向目标前进,也就是在实践的过程中,理由所实现的路径和方法。而操作性理由则是为了实现目标的陈述,表示人们必须遵从某种规范或法律规定,从而达到某种目标。不过,需要注意的是,在实践的过程中,每一个实践性的理由均包含了陈述的目的和实现路径,而辅助性的理由则是为了更好地明确这种实现路径。在每一个完整性的理由中,均包含

---

① 参见[英]约瑟夫·拉兹:《实践理性与规范》,朱学平译,中国法制出版社 2011 年版,第 28 页。
② [英]约瑟夫·拉兹:《实践理性与规范》,朱学平译,中国法制出版社 2011 年版,第 30 页。
③ 参见[日]森际康友:《权威、法律与拉兹式的理由》,陈锐编译,清华大学出版社 2011 年版,第 56 页。

了一个辅助性的理由,这种划分的目的在于将个体的实践推理能力与客观的道德联系为一个完整的整体。大多数情况下,辅助性理由和操作性理由会同时出现在一个理由中,以便为人们提供更加明确和全面的理由依据。例如,一条法律规定人们不得为某种特定产品进行广告宣传,这是一种操作性理由;而且,在道德层面上,我们也有职责不该为令人不满的产品进行宣传,这是一种辅助性理由。在这个例子中,辅助性理由提示了我们对某种产品的道德评价,而操作性理由则规范了我们的行为方式。

总之,拉兹的理论观点深刻地揭示了理由在道德和法律规范中的本质和作用,通过对理由进行划分和分类,拉兹试图将个体实践推理能力同客观道德联系为一个完整的整体。在今后的学术研究中,我们可以进一步探讨拉兹理论中关于理由的意义、性质、分类以及其在道德和法律规范中的具体应用,并为维护人类社会的和谐、稳定和发展作出更大的贡献。[①]

(一)一阶理由冲突的解决

在行动理由的分类上,拉兹将其分为一阶理由和二阶理由两种类型。一阶理由是指初始状态下的行动理由,即关于行动或者不行动的理由。而在实际行动的过程中,由于存在多个不同的行动理由,这些理由之间会产生冲突。为了在不同的理由之间作出权衡,拉兹提出了相关建议和原则,即从不同的行动理由中选择强的作为自己的行动依据,并使用这些理由构成自己的一阶理由。在拉兹的理论中,一阶理由在人类行为的规范化中起着重要作用。它可以理解为任何一个人在某一时刻临时决定行为的原因。这些理由往往被认为是赋予行动以合理性的依据。一阶理由实现了关于行动或者不行动的权衡,让个体能够根据自身的情境和需要作出比较合理的选择。一阶理由通常在人类行为的规范化中有着非常重要的作用,它们促进了个体根据自己的利益和目标进行行为决策,也能够有效地规范和约束人类行为。同时,拉兹的理论中也强调了行动理由之间的冲突和权衡的问题。在实际行动的过程中,由于存在多个不同的行动理由,这些理由之

[①] 参见[日]森际康友:《权威、法律与拉兹式的理由》,陈锐编译,清华大学出版社2011年版,第58页。

间会产生冲突。为了在不同的理由之间作出权衡,拉兹提出了相关建议和原则。其中,他认为在不同的行动理由之间进行权衡选择时,最终应该选择强的作为自己的一阶理由。这种原则也为实践提供了重要的参考,使得个体在不同情境下具有行动目标方向的选择和行为决策的能力。

总之,拉兹的行动理由分类理论为人类行为的规范化和采取行动约束力提供了理论基础。他通过将行动理由分为一阶理由和二阶理由来说明在人类行为的规范化中,以及在个体作出行为选择时这些理由的作用和机制。同时,他提出了在不同的一阶理由之间作出权衡选择的原则,为实践提供了指引和规范。在今后的学术研究中,我们可以进一步探讨这种理论如何应用于不同的场景和环境中,并为促进人类社会的和谐、稳定和发展作出更加有益的贡献。在拉兹的行动理由分类理论中,一阶理由和二阶理由的区分对于理解人类行为的规范化和行动选择的过程非常重要。一阶理由可以理解为最初的行动动机或原因,它们直接涉及个体在某一时间点作出特定行动的理由。举个例子来说,若外面下雨,我们可以有两个一阶理由来决定是否带伞出门:一方面,带伞可以保护我们不被雨水淋湿,这是一个带伞的理由;另一方面,不出门可以避免被雨淋湿,这是一个不出门的理由。这些不同的一阶理由根据个体的情境和目标而产生。然而,实际决策和行动过程中,可能存在多个不同的一阶理由,并且它们之间常常会产生冲突。例如,一个理由可能鼓励我们选择某种行为,而另一个理由则相反。此时,拉兹提出了权衡的概念,即根据理由的相对强度来决定最终的行动选择。他认为如果一个理由比其他理由更加强大,那么这个理由将成为具体行动的决定性理由,其他相对弱的理由将被排除。基于这种权衡的原则,个体将根据理由的重要性和意义作出自己应该做的事情。在一般情况下,这种一阶理由的权衡原则具有有效性,它考虑了不同理由之间的相对重要性,以及每个理由对于行动选择的价值。通过这种权衡,个体能够在行动决策中更加合理地选择并依循一阶理由的指引。这种理论观点为个体在制定行动目标和决策过程中提供了理论和实践的指导,也为道德和法律规范提供了理论基础。[①]

[①] [英]约瑟夫·拉兹:《实践理性与规范》,朱学平译,中国法制出版社2011年版,第37页。

(二)二阶理由冲突的解决

拉兹的行动理由分类理论主要包括一阶理由和二阶理由两个方面。其中,一阶理由被认为是最初的行动动机或原因,而二阶理由则是依据某个理由而行动或不行动的所有理由。在一般情况下,一阶理由的权衡原则具有一定的实践价值。然而,这种权衡原则在复杂的应用场景下,往往存在很大的局限性。为了弥补这个缺陷,拉兹提出了二阶理由的概念,并探讨了其在人类行为的规范化和决策过程中的作用。在复杂的应用场景中,一阶理由之间的关系不仅非常复杂,而且往往存在许多相互竞争的一阶理由。因此,单纯地使用一阶理由的权衡原则往往难以为实践提供实质性的指导。为了解决这个问题,拉兹提出了二阶理由的概念,认为它是指依据某个理由来行动或不行动的所有理由。换句话说,二阶理由是基于一阶理由构建出来的一种高阶理由,它是个体在决策和行动过程中,对与特定行动相关的多个一阶理由进行评估和权衡的结果。通过使用二阶理由,个体能够更好地理解和权衡不同一阶理由之间的关系。二阶理由充分考虑了人类行为的复杂性和多样性,使得个体在实践中能够更加有效地权衡和选择不同的行动方案。例如,在一个情境下,个体可能有多个一阶理由要求选择不同的行动方案。针对这种情况,个体可以用二阶理由对不同的一阶理由进行综合考虑,以此作出更加合理的行动决策。①

拉兹在行动理由分类理论中,不仅明确了一阶理由和二阶理由的概念,而且进一步将二阶理由划分为两种类型,即行动的理由和不行动的理由。前者指的是依据某个理由而进行的行动,后者指的是依据某个理由而不进行行动的所有理由。在具体实践中,这些理由之间可能存在冲突,针对这种情况,拉兹提出了不同的实践原则,以指导个体在行动决策中选择最合适的方案。按照拉兹的理论,不行动的理由实质上等同于排斥性理由,是一种特殊的二阶理由,其具有排斥其他一阶理由的作用。例如,个体在考虑某种行为时,尽管存在其他的一阶理由支持行动,但一种排斥性理

---

① [英]约瑟夫·拉兹:《实践理性与规范》,朱学平译,中国法制出版社2011年版,第40页。

由可能会让个体决定不去执行该行为。反之,当个体考虑某个行动时,若存在强有力的行动理由,个体就会忽略那些相对较弱或相对排斥行动的一阶理由。根据拉兹的分类理论,一阶理由同二阶理由不存在冲突。二阶理由即为依据某个一阶理由而行动或不行动的理由,它只是对一阶理由的进一步评估和权衡。而行动的理由则是一种强化一阶理由的方式,在涉及多个一阶理由的情况下,个体可以通过使用行动的理由来强化特定的一阶理由,以此作出更加明智的行动决策。然而,当一阶理由和排斥性理由发生冲突时,个体需要根据拉兹的第二个实践原则进行决策。该原则强调,如果排斥行动的理由排除突破平衡的理由,即使这些突破平衡的理由相对更为重要,个体也不应该以这些理由为基础进行行动决策。因为在特定情况下,排斥行动的理由可能会对行动决策造成严重的影响。[①]

拉兹提出的行动理由分类理论中,除了一阶理由和二阶理由的概念,还引申出了原则三,即在无法依据原则一进行权衡的情况下,个体应该基于不败的理由进行行动。原则三的主要应用场景是一阶理由与排斥性理由冲突的情况。然而,拉兹在相关研究中虽谈及了这种冲突的情景,但并未对其进行系统的阐述,只是指出了类型冲突和一阶理由冲突的相似性。拉兹引入二阶理由的目的是说明排斥性理由的存在,并非解决理由之间的冲突。而拉兹引入排斥性理由的目的,则是为其法律权威理论提供有效的铺垫。原则三的提出是为了解决在特定情境下,一阶理由与排斥性理由之间产生冲突时的行动选择问题。在这样的情景中,个体无法通过原则一的权衡来决定行动该依据哪个理由。因此,原则三指出,在对各种事物进行充分的权衡考虑后,个体应该基于那些不会被击败的理由来作出行动的决策。这意味着,个体在面临冲突的一阶理由和排斥性理由时,应该优先考虑排斥性理由,因为它具有一种强大的约束力,能够有效地规范个体的行为。

然而,在拉兹的相关研究中,他主要关注的是一阶理由与排斥性理由之间的冲突情况,并未对这一情景进行系统的解释。他仅强调了类型冲突和一阶理由冲突的相似性,而没有进一步深入阐述这种情况下的具体冲突

---

① [英]约瑟夫·拉兹:《实践理性与规范》,朱学平译,中国法制出版社2011年版,第41页。

特点和对行动选择的影响。在这一点上，拉兹的论述显得不够明确和详尽。同时，拉兹引入二阶理由的目的并非是为了解决理由之间的冲突问题，而是为了说明排斥性理由的存在。二阶理由是基于某个一阶理由而进行行动或不行动的所有理由的综合评估，它并未直接解决一阶理由与排斥性理由之间的冲突。因此，拉兹的论述在这方面存在一定的欠缺。而拉兹引入排斥性理由的目的，则是为其法律权威理论提供有效的铺垫。拉兹的法律权威理论认为，法律权威具有一种独特的约束力，可以通过排斥性理由来规范个体的行为。通过引入排斥性理由的概念，拉兹试图解释法律权威的性质和作用，并将其纳入他的行动理由分类理论中。从这个角度来看，拉兹针对排斥性理由的引入，并非为了解决理由之间的冲突问题，而是为了深化对法律权威性质的理论思考。总之，拉兹的行动理由分类理论中的原则三提供了一种应对一阶理由与排斥性理由冲突情景的行动选择原则。然而，在相关研究中，拉兹对于一阶理由与排斥性理由冲突情景的系统诠释尚未提供，仅仅指出了这种冲突情况与其他类型冲突及一阶理由冲突存在相似性。他关注的焦点主要在于引入二阶理由的目的，即说明排斥性理由的存在，并为法律权威理论提供理论基础。但在解决理由冲突的问题上，拉兹的论述相对欠缺。

第四章

理由范式在法律权威理论中的运用

拉兹在权威理论中指出,权威的本质在于其具备一种能力,能够转变特定行动的理由。然而,我们面临的重要问题是权威与权力、强力等实际力量之间存在哪些区别。这个问题实际上是另一个重要问题的变种,即权威是否能够合法化。如果我们将权威视为一种实际的力量进行行使,那么它就不具备正当化的可能性与必要性,因为在这种情况下,权威无法与个体的自治融合。为了更好地理解这一观点,让我们回顾一下哈特提出的抢匪情境。在哈特的抢匪情境中,抢匪可以通过使用强制手段迫使银行工作人员提供现金。然而,无论如何,他并没有获得相对于银行职员的权威地位。因此,在迫使他人按照权威者的意图行事时,纯粹使用强力与仅仅宣布自己的权利存在之间存在着明显的区别。只有后者才能作为有效或实际上存在的权威而被合法化。由此可见,权威者需要除强力之外的其他要素来确保权威的合法性。强力只能在一定程度上实施威胁和压迫,但无法创造正当性和合法性的基础。权威的合法性来自它与个体的自治、价值观、伦理规范等之间的关联。权威者必须根据某种正当的基础来行使权威,并将其与个体的自由和尊严保持和谐。在法律领域中,权威的合法性来自对法律的接受和尊重。法律作为社会规范和约束力量,具备了合法化权威的可能性和必要性。合法权威的建立依赖于法律法规的制定和实施过程,使其在社会中得到广泛认可和接受。通过法治原则和法律体系的规范,权威者能够行使权力,并让个体在此框架下享有权利与义务。此外,权威的合法性还与其所代表的价值和道德观念的一致性有关。权威者应当根据公正、道义和社会利益的原则来行使权威,并遵循一定的程序和程序公正性原则。通过这种方式,权威者能够得到社会的认同和支持。

第四章 理由范式在法律权威理论中的运用

拉兹在权威理论中强调权威是一个实践性概念。这意味着某个人相对于他人的权威是一种实践问题,而不是纯粹的理论概念。换句话说,权威的存在或不存在取决于实际社会生活中的行为和实践,而不是简单的命题或观念。从这个角度来看,权威是一种社会关系或实践模式,涉及行为者相互之间的互动和反应。在具体实践中,权威主要表现为某些行为者或机构在特定情境中拥有决策权和指导权。从某种意义上说,权威者可以说是一种领导者或指导者,可以影响和指导其他人的行为和决策。权力和权威的区别在于,权力是指控制或支配他人的能力,而权威则是指实现公正、合法和合理的能力。权威者的行为和决策通常受到伦理和道德原则的规范,通常也在一定程度上受到法律和制度的约束。在哈特的理解中,权威表明个体放弃自身的判断和独立思考,而选择相信并依从权威者所持有的观点和决策。权威者所期待的是听从者不仅仅是执行相应命令,更应该在思考和推理过程中充分理解命令或规则的内涵和意义。这意味着权威者对听从者具有一定的信任和期待。个体需要在自主性和权威性之间进行权衡,依照自己的价值观和利益选择合适的收益方案。

在实践中出现的权威关系存在多种情况,如职权、专业技能、经验、传统文化等维度上的权威。职权的来源是特定机构和部门所具有的职权和权限,如政府机构、公司机构、法院机构等。专业技能的来源是在某个特定领域内所具备的知识、技能和经验,如医生、律师、教师等。而在传统文化中,权威则源于宗教、习俗、传统文化等背景和历史文化。虽然这些不同类型的权威表现形式不同,但它们都存在对社会生活的指导和约束作用。因此可以看到,权威是一种实践性概念,其存在与否不仅取决于人们的理论意识和看法,而且必须通过实际社会互动来体现。权威是一种社会实践模式,它涉及行为者之间相互影响和反应的关系。权威的存在和发挥必须建立在社会公正、合理和合法的基础之上,通过法律和制度的规范来实现。个体需要认真考虑和权衡自主性和权威性之间的关系,并依据自己的价值观和利益选择合适的收益方案。[①] 拉兹并不赞同哈特的理解,他认为权威者更加注重服从者自身的行为,而不是思想,即在对权威的研究中,权威实

---

① H. L. A. Hart, *Essays on Bentham: Studies in Jurisprudence and Political Theory*, Oxford: Oxford University Press, 1982, p.253.

践理性的性质是意志还是行动。① Richard Friedman 对于"个体放弃自身的判断"进行了如下解释,命令的接受者不以自身的主观认识作为自身服从命令的条件。② Friedman 的解释实现了由意志到行动的转变。在实践推理之中,意志的服从者并不以自身对于命令的意志为条件,仅仅是服从权威的指示,即权威为行动创造了一个理由,并对行动者自身所拥有的理由造成了一个差异。③ 法律是权威的规范,因此上文关于权威的讨论也都适用于法律。

当代英美法哲学在经历了语言哲学转向之后,正处于实践哲学转向的阶段。实践哲学研究的核心概念是"理由"。"理由"这一概念包含了行动哲学层面的有效规范以及价值层面的含义。首先,从行动哲学的角度来看,"理由"是对行动的有效规范。在这一理解下,"理由"可以被定义为一种推动个体采取特定行动或持有特定信念的因素或基础。在决策过程中,个体会对不同的理由进行权衡和评估,从而选择最佳的行动方案或信念。"理由"在行动的规范中起着引导和约束的作用。例如,一个人决定不偷窃是因为他认为"诚实"是一种道德价值,而这个价值是他行动的理由。"理由"为个体行动提供了一种正当化的基础,帮助人们在不同的情境中作出符合道德和伦理规范的决策。其次,"理由"也包含了价值层面的含义。在这个理解下,"理由"不仅仅是行动的规范,也是行动所追求的目标和价值。"理由"可以被视为个体对某种价值观念的认同和追求,这种价值观念将指导个体的行动和决策。例如,一个人之所以行使自己的权力是因为他相信自由和平等是社会的核心价值,而这些价值观念成为他行动的理由。在这种情况下,"理由"不仅是一种行动规范,同时也代表着个体对于某种价值观念的认同和追求。"理由"的双重含义说明了实践哲学对于行动和价值的综合研究。它强调了人的行动和决策在理性和价值之间的相互关系,并认为人的行动应该基于合理的理由和价值观念。然而,"理由"的理论框架

---

① See Joseph Raz, *The Morality of Freedom*, Oxford: Oxford University Press, 1986, p.39.

② Quoted from Joseph Raz, *The Morality of Freedom*, Oxford: Oxford University Press, 1986, p.39.

③ See Andrei Marmor, *The Dilemma of Authority*, Jurisprudence, 2(1), 2011, pp.122-124.

也存在着一些问题和争议。其中之一是关于"理由"的客观性和主观性的问题。一些学者认为,"理由"是客观存在的,它在行动或决策之前已经存在并独立于个体的主观意识。而另一些学者则认为"理由"是主观的,它依赖于个体的信念和价值观念。另外一个问题涉及"理由"的权重和优先级的确定。在实际的决策过程中,个体会面对不同的理由,而这些理由往往具有不同的权重和优先级。因此,如何确定和衡量不同理由的重要性成为一个关键问题。总之,当前的英美法哲学正处于实践哲学转向的阶段。实践哲学中核心的概念是"理由",这一概念既包含了对行动的有效规范,也涵盖了价值的层面。"理由"引导和约束个体的行动,同时也指导着个体对于某种价值观念的认同和追求。然而,"理由"的客观性和主观性以及不同理由的权重和优先级等问题仍然存在争议和挑战。未来,我们需要进一步探索这些问题,以得出更为准确和具有实践意义的结论①

拉兹认为法哲学的本质是一种适用于社会制度的实践哲学。② 其理由范式和权威论将实践理性与法哲学进行了对接,③试图通过价值,特别是道德价值,来说明法律的权威是法哲学领域的重要研究方向之一。他阐述了一种理由导向的法律权威理论,试图从理由到规范,从普遍的理由到特定的规范,构建一个系统性的法律权威理论模型。在理论探讨方面,拉兹首先提出了一种评价性分析的方法,并结合概念分析,试图从理性的角度去理解和阐述法律权威这一现象。他认为法律权威的存在是因为法律责任的存在,人们必须承担法律责任,才会倾向于服从法律这一权威性规范。这种责任的存在,依赖于法律规范的特定内容,而这些内容必须满足特定的理由条件,即需要通过理由的有效性和适用性,来促成人们对这些规范的认同和依从。在解释和构建法律规范的时候,拉兹提出了二阶理由的概念,即法律规范本身就具有评价性这一事实,因此可以被理解为关注特定行动和结果的评价性规范。而这些评价性规范,又可以被进一步理解

---

① 参见朱振:《认真对待理由——关于新兴权利之分类、证成与功能的分析》,载《求是学刊》2020年第2期。

② 参见[英]约瑟夫·拉兹:《实践理性与规范》,朱学平译,中国法制出版社2011年版,第168页。

③ 需要说明的是,其他法律实证主义者也可能并不完全排斥理由论和权威论,特别是夏皮罗和马默,他们都基本同意法律主张权威和法律提供行动理由。

为二阶理由的构建，即一个规范的合理性，依赖于相关理由的合理性和有效性。这种理由范式的构建，使得法律规范的具体内容和形成过程，可以被归结为一种有关合理性的评价性问题，而这种评价性问题必须满足特定的理由条件，才能成为有效的法律权威。

从这些理论框架出发，拉兹试图将法律权威理论进一步细分为两种类型，即排他性理由和非排他性理由。排他性理由是指，法律规范本身并不依赖于其他任何理由，即可以独立地被视为有效的法律规范。而非排他性理由，则需要依赖于其他领域的理由进行支撑，才能被视为有效的法律规范。通过这种细分方式，拉兹试图解释和理解法律规范之间的逻辑关系和权威性问题，从而构建了一种以排他性理由为核心的法律权威理论。在构建这种理论框架的过程中，拉兹通过理由范式的构建，强调了对于法律规范的理解和分析必须注重其从理由中产生的合理性和合法性。他认为，法律权威的存在是基于尊重和满足人们的理由需求，只有这样才能真正在实践中产生效果。拉兹强调了法律规范的服务性质，即法律规范的存在和权威，目的在于服务社会和个人的自由、权利和幸福等具体内容，而不是仅仅给出空洞的机械要求。

在服务性权威观的基础上，拉兹构建了从宏观到微观、从整体到部分再到基本单位的法律权威理论模型。这一模型以理由为中心，强调了法律权威的系统性和结构性特征。从宏观层面来看，法律权威涵盖了整个法律体系，包括法律制定机构、法律规范和法律机构等。从微观层面来看，法律权威亦存在于具体的法律规范和法律实施中。从整体到部分再到基本单位的层次结构使得法律权威更具体、更有针对性，同时也注重了法律权威在各个层次上的协调和统一。拉兹的法律权威理论强调了法律的理由性质。他认为，理由是构建法律权威的核心要素，因为理由是人们行动的动力和指引。法律权威的合理性和效力依赖于对理由的认同和接受。在这一意义上，法律权威的建立和有效实施需要合理的理由基础。

基于理由的观点，拉兹将法律权威理论与实践理性结合起来。实践理性强调了基于理由的行动和决策。拉兹认为，法律权威的建立和实施应该是理性的过程，需要通过合理的理由进行推导和评估。只有这样，法律权威才能在人们之间产生共识和接受。在法律权威理论中，拉兹特别关注了法律的权力性质。他认为法律权威的存在和效力依赖于相关权力的合法性和合理性。法律权力需要通过合乎理由的程序和规则来实施,同时也需要具备一定的合理性和公正性。只有在这种条件下,法律权威才能在社会中被广泛接受和尊重。拉兹的法律权威理论提供了一种理论框架和方法,来理解和解释法律的权威性。他通过理由导向的方式,将法律权威与实践理性紧密联系在一起,强调了理由在法律建构和实施过程中的重要作用。此外,他还关注了法律权威的合理性和权力性质,从而进一步完善了法律权威理论的结构和内涵。

一、理由范式下权威与法律的内在关系

(一)作为排他性理由的实践权威

法律制度是一种权威制度,是一种面向行动的实践权威,而非理论权威。理论权威的主要功能是充当某一领域的专家,能够向一般民众提供可信的知识和意见。相比之下,实践权威并非(主要)提供某一领域的知识和意见,而是要求一般民众采取相应的行动,作出特定的行为。法律在我们所熟悉的印象中就是如此,我们常用术语如"权利""义务""责任"来描述法律制度,这些术语至少要求我们应当作出与之相符的行动。法律并不要求我们对这些行动具有准确的信念和认识,并且在许多情况下,法律容许我们持有不同的关于权利和义务的信念和认识。作为一种权威,法律制度以一种特殊的方式约束或指导一般民众的行动。法律提供的并非建议、请求或单纯的强制。建议和请求允许民众自行思考和权衡,而法律往往要求的是一种义务,即一种必需的、必然的行动。强制似乎也是如此,它通过威胁或直接的暴力迫使民众采取特定行动。然而,法律与强制的一个独特之处在于它主张合法性的权威。法律主张民众有道德上的理由服从法律,强制对法律而言最多是一种辅助工具,是防止法律指导失效的一种保护装置。要理解法律权威的实践性质,我们需要深入探讨其背后的理论基础。法律

权威基于公正和道义的原则,以法律至上的理念向社会传达一种道德观念和价值观。公正是法律权威的一个核心原则,指的是法律制度应当对所有人都平等和公平地适用,并且不应受到特殊利益集团的影响。法律权威还涉及了道义的因素,即法律的主张和要求应当符合道德伦理的基本原则,以维护社会的秩序、公平和正义。

在法律制度中,权利和义务是法律权威的主要表现形式。权利是指个体根据法律规定所享有的合法权益,而义务则是个体根据法律规定所承担的责任和义务。权利与义务是相互关联的,在法律制度中它们是相互依存、相互制约的。法律赋予人们一定的权利,同时对行使这些权利设定了一系列的义务和限制。个体在法律制度下的行动受到这些权利和义务的制约和指引,为社会建立起一种秩序和规范,以实现公共利益和社会稳定。此外,法律权威的有效实施也需要合法性和正当性的支持。合法性是法律权威的基础,它涉及法律的产生和制定过程是否合法、公正和合理。正当性则是指法律在实施过程中是否符合公共利益、社会正义和道德伦理等基本原则。这两个原则保证了法律权威的有效性和正当性,是法律权威得以维持的基础。在法律权威的实践中,公正和正当性也需要在实践中得到深入的体现和实现。具体来说,法律权威的效力依赖于法律制度的良性实施。法律机构和执法机构在实施法律时需要遵循一定的规则和程序,确保公正、合理和合法的实践。当法律制度失灵时,法律权威就会受到损害,民众对法律制度的认同和信任也会因此下降。除了公正和正当性,法律权威理论还注重权力和权利的平衡问题。法律权力需要通过合法、公正的程序和机构来实施,同时也需要具备一定的合理性和公正性。只有在这种条件下,法律权威才能得到广泛的认同和尊重。权力和权利的平衡是法律权威确立的重要前提条件,这种平衡体现在个体权利的保障和公共利益的实现上。

当然,法律主张合法性权威不等于它事实上就是合法性权威,成为合法性权威还需要满足一些额外的要求,特别是一些道德要求。随之而来的问题是:假设法律满足了合法性权威之要求的话,它所提供的指引方式又该如何解释?法律主张民众有道德理由服从又是什么意思?换言之,法律权威是如何给予理由的?对这一问题的回答,贡献最卓著者当数约瑟夫·拉兹。拉兹不仅明确提出和论证了"法律必然主张权威"这一重要命题,更具有独创性贡献的是他的方法论革命。拉兹曾指出,大多数对权威的古典分析都没有注意区分以下三个问题:(1)成为一个权威意味着什么?(2)权威如何得以合法化?(3)一个人如何获得权威?对权威的讨论集中于问题(2)和问题(3)上,并且常常错误地认为这也是对问题(1)的回答。但实际上,问题(2)属于权威的规范性证成问题,意在辩护权威的道德正当性;问题(3)是对权威的一种社会学—说明性分析,典型的就是马克斯·韦伯所做的工作;而问题(1)则属于一种概念分析,要在哲学层面回答权威的概念,特别是要阐明权威对我们的实践推理所产生的规范性影响。拉兹放弃了既往用"权利"、"义务"和"应当"等概念阐释权威的做法,转而采用实践理由等一系列术语分析权威之概念,进而提出了"服务性权威观"。在这种理论言说中,一个极具创造性的概念就是排他性理由,其意义非凡。

就一般性实践哲学或实践理性领域而言,受哈特的"初级规则"与"次级规则"之启发,拉兹提出了"一阶理由"与"二阶理由"(排他性理由为否定的二阶理由)的区分,揭示了实践推理的复杂结构;就法哲学领域而言,拉兹借用法律的合法性权威宣称与排他性理由之概念支持了来源命题,为法律实证主义提供了有力的辩护;此外,排他性理由概念不仅适用于对义务、法律、权威等规范性概念的分析,也被扩展到了对承诺、决定、宣誓等以言行事的概念分析之上,有助于我们澄清道德实践中的一系列困惑。就本书关心的问题而言,阐明和澄清排他性理由的内涵是重中之重。拉兹主张法律权威给予的是一种兼具一阶理由和排他性理由的理由,它既是我们采取相关行动的一阶理由,又是排除我们不要基于特定一阶理由而行动的排他性理由,让法律规则最终取代和优先于我们自己的行动判断,因此又可以称之为优先性理由。比如,刑法规定禁止杀人,这既给了公民一个不得杀人的理由,也排除了公民意图杀人的其他理由(仇恨、嫉妒、愤怒、敛财等)。当公民接受法律指引而抑制自身杀人意图时,他/她就是将刑法规定置于了自己是否杀人这一行动判断之上,用刑法规定取代了自己的慎思决定。排他性理由的提出有力促进了我们对于权威规范性力量的理解,也获得了相当多学者的认可和接受,影响力不容小觑。但围绕着排他性理由的争议始终存在,学界也相继提出了诸多的质疑和批评。激进者认为排他性理由这一概念根本就无法理解,也不存在所谓的排他性理由;温和者则认为即使存在排他性理由,它与拉兹的服务性权威观之间也无法兼容,其理论内部存在着不可调和的张力和矛盾。甚至包括拉兹自己对排他性理由的阐释也是前后龃龉与摇摆不定,如他在生前重思排他性理由这一概念时作了明确的坦承。

对于权威的证明,拉兹需要处理人、行动理由和权威这三者之间的关系。权威在此指示其服从者遵循其他权威的指令,但这个指令的权威并不是来自第一个权威本身。举个例子,父亲告诉儿子要听从母亲的话,这就属于这种情况。这与父亲告诉儿子要听从保姆的话不同,因为保姆的权威来自父母。我们可以假设,"听从保姆的指示"是保姆权威的唯一来源。母亲的指示无论在何种情况下都具有权威。它们是儿子行为的理由。同样的,父亲的指示也是如此。父亲的指示(听从母亲)是行动理由的理由。它是儿子遵循母亲的指示而行动的理由,而母亲的指示本身就是行动理由。拉兹将根据其他理由而行动的理由称为"肯定的二阶理由"。在此情况下,母亲的指示就是肯定的二阶理由。同时,也存在"否定的二阶理由",即否定相关行动的理由。这种理由也被称之为"排他性理由"。若我们想得到排他性理由的案例,只需反转一下父亲的指示,也就是父亲命令儿子不服从母亲的命令行动。这样,儿子就有了不按照某种理由行动的理由。

拉兹通过这种逐步推理和对权威的分析,试图证明合法实践权威的存在与合法性。他强调了权威的传递和衍生性质,其中一个权威基于另一个权威的指示。这种权威的建立并不依赖于其自身的权威,而是依赖于其他权威的背书和再传递。而对权威的服从者来说,行动理由不仅仅可以来自一阶理由的权威,也可以来自二阶理由的权威,以及其他可能的理由。拉兹的理论进一步强调了行动理由和权威之间的关系。他认为权威指示的行动理由作为一种推导关系,可以通过多个层次的理由推演来解释。而这种关系可以是肯定的,即相互补充和支持;也可以是否定的,即相互排斥和抵触。通过拉兹的讨论,我们可以看到权威的合法性是在实践层面上得到证明的。权威的合法性并非仅仅依赖于其自身的权威性,而是依赖于其他权威的指示、人的行动理由以及可能的排他性理由。拉兹的理论为我们理解合法实践权威提供了一个深入的视角,强调了权威的衍生性和复杂性。拉兹对合法实践权威的界定是在考虑权威之间的关系和人的行动理由。他指出,权威的存在是建立在其他权威的指示和背书之上的。举个例子,当父亲告诉儿子要听从母亲的话时,母亲的指示成为儿子行动的理由。在这个情境下，母亲的权威源于她的指示，而父亲的权威则通过告诉儿子要听从母亲的指示来转化为行动理由。拉兹进一步明确了权威与行动理由之间的关系。他将根据其他理由而行动的理由称为"肯定的二阶理由"。这意味着除了一阶理由的权威指示之外，还可以有其他的理由来支撑行动。例如，在父亲告诉儿子要听从母亲的指示的情况下，母亲的指示是一阶理由，而父亲的指示则是二阶理由。这种推理过程中，行动理由的来源不仅仅局限于一阶理由的权威，还可以涉及其他的顺位。与"肯定的二阶理由"相反，还存在着"否定的二阶理由"，即拒绝或否定相关行动的理由，被称为"排他性理由"。举个例子，假设父亲命令儿子不得听从母亲的指示，这样儿子就有了根据某种理由而不行动的理由。拉兹的理论强调了行动理由和权威之间的交互关系以及权威的传递性。他认为，权威的合法性不仅仅建立在其自身的权威性基础上，还依赖于其他权威的指示和人的行动理由。权威和人的行动理由通过一系列推理步骤相互关联，形成了权威的合法性。

通过拉兹对合法实践权威的界定和对行动理由与权威关系的探讨，我们可以更深入地理解权威的合法性。拉兹的研究揭示了权威与行动理由之间的互动，权威并非仅仅建立在其自身的权威性上，而是依赖于其他因素的支持。这种学理性的分析有助于我们深入理解法律制度中权威的运作机制，同时也为我们在法律实践中理解和评估权威的合法性提供了重要的参考。进一步研究和讨论拉兹的观点将有助于我们在法学领域中探索权威的本质以及权威与行动理由之间的相互依存关系。拉兹对合法实践权威的界定和证明深入剖析了权威的形成和合法性的基础。他认为权威的合法性是由多个层次的权威关系和行动理由所支持和衍生出来的。通过权威的传递和背书，一个权威可以依赖于其他权威的指示来建立自己的合法性。在权威的合法性证明中，拉兹给出了一个明确的例子来说明不同的权威关系。当父亲告诉儿子要听从母亲的话时，母亲的指示作为一阶理由的权威，成为儿子行动的理由。然而，父亲的权威并非来源于自己，而是通过告诉儿子要听从母亲的指示来转化为行动理由。这里的关键是权威指示的传递和再传递，一种权威建立在另一种权威之上。拉兹进一步解释了行动理由与权威之间的复杂关系。除了一阶理由的权威指示之外，还存在其他行动理由的可能性。他将根据其他理由而行动的理由称为"肯定的二阶理由"。这意味着权威的合法性可以通过多个层次的理由推导来解释。在之前的例子中,父亲的指示(听从母亲)可以被视为二阶理由。这样,权威的合法性不仅依赖于一阶理由的权威指示,还可能涉及其他的理由。此外,拉兹也指出了"否定的二阶理由",即排除某种行动的理由。例如,如果父亲命令儿子不服从母亲的指示,那么儿子就有了拒绝服从的理由,这构成了一种排他性理由。拉兹通过探讨这些理由的存在,进一步展示了权威与行动理由之间的复杂关联和相互制约。拉兹的理论为我们提供了一种深入探讨权威合法性的学理性观点。通过对权威传递性和行动理由的考察,我们可以更好地理解权威的形成和权威命令的合法性来源。权威不仅仅是通过自身的权威性建立起来的,它还依赖于其他权威的指示和背书,以及个体的行动理由。因此,对于权威的合法性的评估和理解需要考虑这些复杂的关系和推导过程。

在讨论拉兹关于权威的理论观点时,我们必须牢记其中的一个重要论点,即二阶理由是行为的理由,这些行为可以是根据某种理由而作为或不作为。换句话说,如果 P 是做 Φ 的理由,那么根据理由 P 而作为就是根据理由 P 做 Φ;根据理由 P 而不作为就是根据理由 P 不做 Φ。这与根据某种其他理由而做 Φ 和不做 Φ 并不矛盾。拉兹的目的并不是假定当一个人没有根据某种理由行事时,他就是故意这样做的。事实上,某人之所以没有根据某种理由行动,可能是因为他并不知道这一理由的存在。这点阐释使得以下事实变得明显:在前述例子中,拉兹假设父亲告诉儿子听从母亲的话,这不仅仅是告诉儿子应该按照母亲的指示行动,而且是基于母亲告诉儿子这样做的理由。同样地,拉兹也假设当父亲告诉儿子不要听从母亲的话时,父亲不仅仅是告诉儿子不要依从母亲的指示,而且是告诉儿子不要将母亲的指示作为行为的理由。以上解释可以帮助我们更好地理解拉兹关于二阶理由的观点。二阶理由指的是在权威指示之外,可能存在其他行为理由的情况。这些理由不具备一阶理由的权威性,但仍然对个体的行为产生影响。根据拉兹的观点,二阶理由是个体行动的理由,并且可以与权威指示的理由并存,而不会产生矛盾。在权威建立过程中,二阶理由的存在具有重要意义。个体可能根据多个理由来决定是否遵守权威指示。举例来说,当一个人接到权威指示时,他可能会考虑其他个人、社会或道德的理由来决定是否执行该指示。二阶理由提供了不同的思考角度,进一步丰富了个体对权威合法性的评估和判断的依据。

拉兹的权威理论从不同角度深入探讨了权威的本质和建立机制。在实践过程中，我们可能会面临这样的情况：某人同时拥有实施某一行为的理由，同时又基于其他反对这一行为的理由而拥有不实施此种行为的理由。这时，就需要权衡不同的理由，并根据具体情况对行为作出决策。例如，儿子可能认为自己的外套太丑了，不想穿着，这与母亲的命令产生了冲突。当父亲否定母亲的命令后，这一冲突被加强。在这种情况下，一个事实可能同时是行动理由和排他性理由。拉兹将这种理由命名为"保护性理由"。保护性理由是指那些在特定背景下，由于个体所处的条件或情况产生的一些权利或利益上的需求，这些需求，必须通过某种方式得到实现，从而产生排他性的约束作用，可能与权威指示产生冲突。根据拉兹的观点，在实践权威建立过程中，个体可能需要同时考虑多个保护性理由的影响，以便更好地权衡不同的行动理由。在理论权威和实践权威之间，承认一个言论是权威的本质是将这一言论作为行动的理由。这意味着，在实践过程中，服从某种权威并不需要额外的理由，因为服从的理由和行动的理由是一致的。但是，这种观点并不意味着合法性权威的言论能够代替个体权衡不同理由的权利。当这些言论与权威无关的理由分离开来时，它们只是提供了一些关于理由平衡的信息，并不对最终的决策产生决定性影响。拉兹的权威理论为我们理解权威建立和权威指示的本质提供了深刻的洞见。它指出了权威指示作为行动命令的特殊性质，并特别强调了第二顺位理由的作用。对权威指示进行理性的权衡和评估，需要同时考虑多个因素，包括权威合法性、实践权威的影响和保护性理由的存在。同时，我们也需要深刻认识到，权威指示并不是无条件的，它的合法性需要在不同的背景条件下进行评估和判断。①

Hurd 对传统法律权威理论进行了进一步的思考，旨在消除权威存在的悖论。她首先总结了传统的权威理由，并将其归纳为三种模式。在本研究中，我们将借鉴这三种结构模式，对拉兹的相关理论进行深入分析。传统法律权威理论通常包含以下三种模式：指令模式、要求模式和建议模式。

---

① 参见[英]约瑟夫·拉兹：《自由的道德》，孙晓春等译，吉林人民出版社 2006 年版，第 29 页。

指令模式将权威视为一个给予具体指令的实体，因此遵从权威的理由是因为我们被命令执行某项行为。要求模式则认为权威的命令是一个道德要求，遵从权威的理由是因为我们有责任遵循这个要求。建议模式则将权威的命令视为一个合理的建议，遵从权威的理由是因为我们相信权威有更好的理由来支持这个建议。借鉴了这三种模式来分析拉兹的权威理论。拉兹关于权威的理论强调了它作为行动理由的特殊性质。她认为，权威的命令不仅仅是一种指示，而且作为理由来支持个体的行动。拉兹的理论也涉及权威命令的合法性和权威建立的概念。Hurd 在研究中指出，国家法的命令具有传统法律的权威性。这种权威性的核心在于命令与要求和建议之间的差异，以及命令自身的性质。国家法的命令不仅仅是一种要求或建议，而是通过权威的方式直接约束个体的行为。它具有强制性和排他性的特征，因此个体的行动理由往往与这种命令紧密相关。在分析拉兹的权威理论时，我们可以发现与 Hurd 的观点相契合之处。拉兹的权威理论也认识到权威命令的特殊性质，它将权威命令作为行动的理由，并强调了权威指示的合法性和权威建立的过程。然而，拉兹的理论更加注重权威指示与个体行动理由的关系，以及其他二阶理由的存在。通过借鉴 Hurd 的三种权威模式和拉兹的理论观点，我们可以深入理解权威建立和权威指示的本质。国家法作为一种法律权威，其命令的权威性基于其强制性和排他性的特征。拉兹的权威理论进一步强调了权威指示的特殊性质，即作为行动的理由，并将之与其他第二顺位理由相结合考虑。[1] 基于此，她归纳了建议、要求、命令对应的权威模式：理论权威、影响性权威（influential authority）和实践权威。

理论权威在建议和行动理由之间存在一定的联系。当个体能够提出良好的建议时，他将掌握理论权威，并且通过理论权威获得对某一信念形成的理由。理论权威在这里的作用在于启示和引导，帮助个体发现已经存在于其内心的行动理由。然而，值得注意的是，Hurd 指出理论权威并非直接成为行动的理由，而是对个体信念产生影响的因素。这意味着，理论权威的作用更多地表现在认知层面，而非直接促使行动的动机。在理论权威

---

[1] See Heidi M. Hurd, *Challenging Authority*, The Yale Law Journal, Vol.100, 1999, p.1614.

提出的好的建议中,并不能在个体实践行动的理由中增加新的理由。相反,理论权威的价值在于使得个体更加信任自身行动理由的各项前提都是正确的。理论权威强调的是个体对已有理由的信任程度,而不是通过新的理由增加行动的决定性因素。这意味着个体更加依赖于已有的理由,并在这些理由的基础上进行决策和行动。总结而言,理论权威与建议和行动理由之间确实存在联系。当个体能够提出好的建议时,他将掌握理论权威,并通过理论权威获得信念形成的理由。尽管理论权威在个体的行动中没有直接的决定作用,但它在认知层面上具有启示和引导的价值。相比之下,理论权威的价值在于加强个体对已有理由的信任程度,使其更加自信地依据这些理由进行决策和行动。① 基于理论权威与行动理由之间的关系,我们可以进一步探讨实践推理中理由的作用和价值。实践推理是指个体在实际行动中根据已有的理由进行决策和行动的过程。在这一过程中,个体往往需要对已有的理由进行评估,以确定哪一条理由对其行动的决策具有更大的影响力。需要注意的是,实践推理中真正发挥作用的是先前存在的理由,理论权威的作用在于强化对这些理由的信任。个体在评估行动理由的同时,需要进行考量和判断,以确定哪些理由对其行动更为重要和合理。这一过程需要个体自身的判断能力和经验,而理论权威的作用主要在于为个体提供一个外在的认知支持,以强化个体对先前存在的理由的信任程度。

  Hurd 通过一个权威模式的表达式来说明这种关系,即"X 是 Y 作 Z 陈述的一个结果,Y 存在一个理由相信 Y 是进行 Z 陈述的理由,那么 X 对 Y 具有权威"。这一表达式表明,权威的形成需要满足两个重要条件,一是 Y 存在一个理由相信 Y 是进行 Z 陈述的理由,二是 X 可以作为 Y 作出这一陈述的结果。这也意味着,权威的形成需要建立在已有的理由之上,同时需要将权威与实践行动联系起来,以实现对行动的影响和推动。在实践推理中,我们经常需要对已有的行动理由进行评估和筛选。理论权威的价值在于强化个体对于已有理由的认知和信任。但是,需要注意的是,理论权威的作用仅仅是对已有理由的印证和加强,它并不能直接为个体提供新

---

① See Heidi M. Hurd, *Challenging Authority*, The Yale Law Journal, Vol.100, 1999, p.1616.

的行动理由。因此,在实践推理中,个体需要借助已有的理由,进行判断和选择,以制定和实施出最合理和有效的行动方案。总之,在理论权威与实践推理之间的关系中,行动理由的作用和价值是至关重要的。个体需要基于已有的理由,进行推理和决策,同时理论权威提供了一个外在的认知支持,以强化个体对于已有理由的信任程度。这种关系对于我们理解权威的概念和在法律实践中的应用具有重要意义。

在探讨影响性权威与行动理由之间的关系时,我们需要注意要求和建议在本质上的差异。要求与建议的区别在于要求为个体创造了一个新的行动理由,该新理由源于要求这一事实,具有独立性;而建议所提供的内容则缺乏这种独立性。

Hurd 指出,发布要求的人应该具备"影响性权威"。这意味着要求的发布者具有一种影响个体行动的能力和地位。通过发布要求,他们创造了一个新的行动理由,使个体在权衡行动选择时需要考虑这一新的理由。这种新理由具有独立性,不同于个体原先已有的行动理由,因而对个体的行动产生了影响。要求和建议都不具备排他性,即在权衡的过程中,它们无法依据自身的性质否决同自身相反的理由。个体在权衡不同的理由时,需要综合考虑所有相关的因素,并根据自身的判断和经验作出决策。在这个过程中,新理由的存在并不排除其他理由的存在,个体仍需进行权衡和取舍。基于以上论述,Hurd 构建了一种影响性权威的模型,即"若 X 使 Y 作出 Z 的结果,Y 存在新理由去做 Z,则 X 对 Y 具有影响性权威"。这一模型强调了要求对个体行动的影响,并将影响性权威定义为发布要求的人对他人行动产生的影响力。该模型也强调了新理由的存在,并将新理由作为影响性权威的一个重要因素。

实践权威与命令的关系紧密相连,命令为行动增加了一个理由,并且这个理由具有排他性。实践权威发出命令的事实本身就是一个充分的行动理由,而且使与该理由冲突的理由无效。因此,命令的发布者实际上成为实践权威。在拉兹的观点中,实践权威发出的行动理由被称为"保护性理由",这些理由具有独立性和排他性的特征。Hurd 在其研究中认为,依据命令行事被视为一个命令的结果,新的命令成为行动的新理由,并排斥之前可能存在的相反理由。因此,命令作为一种实践权威,提供了一种单一且内容独立的行动理由。为了总结这种权威模式,Hurd 将其概括为以下形式：若 X 是让 Y 做 Z 陈述的一个结果，Y 存在一个新的理由去做 Z，则 X 对 Y 具有实践权威。实践权威与命令之间的联系是基于命令的特殊性质而形成的。命令作为一种强制性的指示，具有直接地指引个体行动的能力。命令不仅为个体提供了一个行动的理由，而且由于其强制性的特点，使与该命令冲突的理由变得无效。因此，命令具有排他性，使个体在权衡行动选择时需要优先考虑命令所带来的理由。拉兹的"保护性理由"概念进一步说明了实践权威的独立性和排他性。保护性理由指的是命令所携带的理由，这些理由与个体原本已有的行动理由并不依赖或相互冲突。命令作为一种单独的行动理由，具有独立性和独特性，其存在使个体需要重新考量并调整自身的行动决策。

综上所述，在实践权威与命令之间的关系中，命令作为一种特殊形式的实践权威，为个体的行动增加了一个独立而排他的理由。命令的发布者因此具有实践权威的地位。Hurd 的研究将这种权威模式概括为一种形式化的逻辑表达，说明了命令对个体行动的影响和权威性。这一模式对于我们理解实践权威的概念和在法学领域中的应用具有一定的指导作用。[①] 在 Hurd 的相关研究中，命令、建议和要求被归纳总结如下：建议的提出者仅能起到理论权威的作用，为赞同或反对某一行为的理由增加信任的理由。要求特定对象施行特定行为的个体具有影响性权威。个体提出要求的事实将给予另一个个体行动的理由，但该理由仅被增加到之前已经存在的诸多理论之中，且成为实践考量的因素之一。如果命令是支持特定行动的理由，并且也排除了反对相关行动的理由，则该命令的发布者具有实践权威。他能够提供独立的内容，又能依据独立的内容提供排他性的意见。建议是对某个行为提出的一种意见或建议，提出者本身并没有强制执行或强制排斥该行为。相比之下，要求特定对象采取某个行为时，赋予了要求个体影响性权威，要求具有一定的说服力。但是，在实践中，要求所具有的行动理由只是已经存在的众多理由之一，其对个体的影响是有限的。命令与建议和要求在性质上有很大区别。命令的发布者可以对目标对象发出具有强制性的指示，命令本身就是一项行动指令，将提供一个独立的理由

[①] See Heidi M. Hurd, *Challenging Authority*, The Yale Law Journal, Vol.100, 1999, p.1618.

去支持特定的行动,而且排除了反对该行动的理由。这是命令具有实践权威的主要原因。发布命令的人能够提供独立的内容,以及依据该内容提供排他性的意见。如果个体忽略该命令,则会抵触命令背后具有的实践权威。在上述三种权威形式中,命令具有最高的实践权威,因为命令本身就是指示行动的具体措施。建议则处于中间的地位,因为它仅提供一种行动的建议,并且没有强制性的要求。要求则处于实践影响的底端,因为要求只是给予个体施行某一行动的理由,而且这个理由只是众多理由之一。简言之,Hurd 对命令、建议和要求的不同权威形式进行了深入的研究,将它们的性质和影响力进行了概括和总结。这些权威形式对于影响和指引个体行动具有重要的作用,并且为理解和应用实践权威提供了重要的理论基础。理解这些权威形式之间的差异,对于在实践中作出准确的行动选择至关重要。[1]

一个人之所以拥有权威,是因为他的权威言论本身成其为行动的理由,但这并不足以判别权威言论,因为许多具有权威性的言论也符合这一条件。[2] "内容独立的理由"这一概念的首创者是哈特,并被拉兹精确界定。哈特在对有效命令发出时的特征进行论述时,创造了"内容独立的阻断性理由"这一命题,其本质上包含了这样一个事实:命令者向不同个体发布了不同命令,尽管命令的表达不存在相同的地方,但命令者希望命令成为行动的理由。理由独立于被实施的行动的性质与特征。上述命令与行动不是指标准的情形,因为在标准的情形之中理由同行动存在内容层面的关联,即理由是一个欲求的结果,而行动则是实现这一结果的具体方法。在另一种情形下,理由也可能是特定的结果,基于这一结果,行动发挥了手段的作用。

拉兹对哈特提出的"内容独立的阻断性理由"这一命题进行了系统的界定,根据他的观点,如果一个理由与其为根据的行动之间不存在直接联系,那么就认为这个理由是内容独立的。这一界定表明,一个理由的来源

---

[1] See Heidi M. Hurd, *Challenging Authority*, The Yale Law Journal, Vol.100, 1999, p.1619.

[2] See H. L. A. Hart, *Essays on Bentham: Studies in Jurisprudence and Political Theory*, Oxford: Oxford University Press, 1982, pp.254-255.

是基于特定的事实，而不是基于内容。同时，这个理由的效力独立于内容，来源于某个权威的发言，即权威的发言成为行动的理由。在拉兹的观点中，权威命令可以成为一个行动的理由。举例而言，如果一个权威命令个体离开或留在房间内，这个命令就成为该个体行动的理由。这展示了权威性理由具有内容独立的基本特点。哈特在对命令性理由的特征进行研究时，总结了内容独立的特征。拉兹将这一方法进行了扩大，并对威胁、请求等以同样的方式展开了研究。拉兹的观点进一步说明了实践权威的本质和实践决策的基础。哈特认为，内容独立的性质是决定命令性理由有效性的关键。如果命令本身不依赖于特定的事实或情境，那么该命令将具有更广泛的适用性和有效性。哈特也指出，一个命令的有效性取决于实践者对该命令的接受程度。拉兹在哈特的基础上，对实践权威的本质作出了更加深入的研究。实践权威来源于某个权威的发言，成为一个行动的理由；同时，这个理由的效力不取决于其内容，而取决于权威本身。这种理由具有独立性和排他性，相比其他的行动理由，它们更加具有说服力，并且能够影响个体的实践决策。通过拉兹对实践权威的进一步研究，人们可以更好地理解实践权威的本质和影响，探究权威指导个体行为的原因。这些研究对于指导实践决策和解决法律争议具有重要的意义。同时，拉兹的扩展性研究将哈特的内容独立性特征应用到了更多种类的行动理由上，进一步丰富了权威性理由的概念，并为进一步探究实践权威提供了一种新的途径。拉兹的研究为法律界提供了一个更为深入和详细的理解实践权威的框架，从而使法律实践更加科学化和规范化。部分内容独立的理由同上文所述的内容存在一定的差异，在对权威言论进行全面界定时，应对不同情形进行区分。要求本质上也是内容独立的理由之一。要求的本质特点在于，其本质是行动，即告诉命令接受者命令者的意图。命令者的意图不在于使接受者遵照要求行动，而是为此类行动补充理由。命令者意识到存在特定理由反对接受者执行要求，且命令者也不希望接受者在那一情形下执行要求。在这一情形之中命令者将判断权交给了接受者。命令者仅希望借助自身的要求对接受者产生影响。基于此，要求的本质是一个交流行为，而不是内容。

指示和命令是实践权威的典型形式，它们作为行动的理由，本质上是内容独立的。要求和命令都以使接收者将其视为行动的理由为目的，但命令具有更强的排他性。只有那些声称拥有权威的人才能发布命令。在要求和命令中,发话人的意图都是让接收者将其言论作为行动的理由。然而,命令与要求的不同之处在于,有效的命令(由权威人物发布的命令)是具有强制性的理由。我们通过有效的命令或其他有效的权威性要求来规定义务。指示和命令作为实践权威的一种表现,具有重要的实践导向性。它们可以对个体的行为产生直接的影响,并在实践中起到一定的规范作用。这种影响力和规范性源于命令和要求的内容独立性,即这些行动的理由不仅依赖于特定的事实或情境,且是来自权威人物的发言。通过接收者将权威人物的发言视为行动的理由,实践权威能够对个体的行为产生指导作用。然而,命令与要求之间存在一定的区别。命令具有更高的实践权威性,这是因为只有被认定为拥有权威的人才能发布命令。命令作为一种具有强制性的理由,可以迫使个体采取特定的行动,排除了其他可能的选择。命令的发布者行使其权威时,能够通过命令来塑造行动的范围和方向,对于实践决策具有至关重要的影响。相比之下,要求作为一种相对较弱的实践权威形式,虽然也能够将其作为行动的理由,但其效力相对较低。要求的发言者并没有排他性的权威,不能迫使个体采取特定的行动,而是通过理性和说服力来影响接收者的行为选择。要求更多地依赖于个体对提出要求的人或事情的自愿接受,而不是强制执行。[①]

　　在上文中,我们认识到发布命令的人具有权威,从而使命令成为有效的排他性理由,接受者应将命令视为保护性理由。在实践中,排他性理由面临一个排除范围的问题,即可能排除所有理由或部分理由。在实践中,命令这一排他性理由可能面对自身无法排除的某些冲突的理由,这时候接受者只能依据未排除的一阶理由行动。基于此可知,排他性理由在排除相冲突理由的范围内是一阶理由,而排他性理由与未被排除的理由之间则存在较为复杂的关系。在这里,我们需要理解排他性理由与未排除的理由之间差异的本质。拉兹给出了两种解释:一种是排他性理由实现排除的依据是类别而不是重要性。这种解释认为排他性理由之所以具有排他性质,是因为其来自某种权威,而不是因为其重要性。排他性理由之所以能够排除

---

① 参见[英]约瑟夫·拉兹:《自由的道德》,孙晓春等译,吉林人民出版社2006年版,第37页。

其他理由,是因为其来源于完全不同的领域。由于类别之间的独立性,排他性理由可以据此排除其他所有与之冲突的理由。另一种解释是,排他性理由和重要性理由在应该做什么方面存在巨大冲击,在全面考虑的过程之中,我们对待二者的方式存在差异。这种解释认为,排他性理由和重要性理由之间的冲突是由于它们彼此对应的决定行动的方式存在本质上的差异。比如,排他性理由会强制执行特定的行动,而重要性理由则会在许多不同的行动中起到决策的作用。事实上,部分事实能够否决相冲突的理由,部分事实则无法同相冲突的理由进行比较。因此,事实的价值不在于权衡理由,而在于排除理由权衡的行动。以上两种解释展示了排他性理由和未排除的理由之间的复杂关系。排他性理由在一定范围内能够排除其他理由,但其本身并不是唯一的或最重要的理由。在实践中,接受者需要综合考虑不同类型的理由,以制订最佳的行动计划。虽然排他性理由具有重要性,但在实践中几乎不会出现完全排除所有理由的情况。因此,接受者需要在权衡各种理由的基础上,制定最优策略来实现最终的目标。总之,拉兹的研究为我们深化了对实践权威和排他性理由的理解。排他性理由对于个体的实践行为具有重要的影响,但其也存在着与其他理由之间的冲突与权衡问题。在法律领域,排他性理由的特性和作用也具有重要的意义,在实践中需要综合考虑各种理由和决策的后果,以制定最优的法律规则和决策。[1]

拉兹在他的研究中指出,要求和命令的差异可以通过功能的差异来有效解释。这种功能差异意味着两者在发挥作用的模式上存在差异,而不在于它们的重要性。如果我们从重要性的角度出发,命令和要求之间并没有显著的差异。然而,实际上,命令和要求之间存在着一些不同之处,这可以通过以下总结来说明:当一个要求提出具有决定性作用的意图时,它可以作为行动理由被接受;而当一个命令提出时,即使它并不具备决定性的作用,它仍然应被视为排除反对理由的理由。如果命令和要求的本质差异在于实践价值,那么这种差异可以通过以下事实来解释:命令而不是要求是保护性理由。通过对拉兹观点的进一步探讨,我们可以更深入地理解命令

---

[1] See Joseph Raz, *The Authority of Law, Essays on Law and Morality*, Oxford: Oxford University Press, 1979, pp.22-23.

和要求之间的区别。首先,我们需要注意到命令和要求的关键差异在于它们在实践中的作用模式。当一个要求被提出,且它具有决定性作用时,这意味着它对于行动的决策起到了至关重要的作用。此时,该要求可以被视为行动理由的同意。换句话说,要求的决定性作用使得它能够成为行动的合理依据。与之相反,当一个命令被提出时,它可能并没有直接的决定性作用,即它并不能直接决定接受者的行动。然而,拉兹认为,即使命令没有这种决定性作用,它仍然应被视为排除反对理由的理由。这是因为命令源于某种权威,并且带有一种"无视命令将带来不良后果"的保护性质。因此,即使命令本身并不能直接决定行动,但它仍然有权力排除与之冲突的反对理由。这种排除反对理由的特性使得命令具有一定的实践价值。作为一个保护性理由,命令可以促使接受者考虑遵从其背后的权威,并在行动中将其纳入考虑。而要求则不具备这种保护性理由的特性。因此,从实践角度出发,命令在保护性方面具有独特的作用,而要求则不具备这种特殊的保护性理由。①

只有在人们认为一条如何行动的建议或者意见表达是一种即使无法评价其合理性亦应遵从的看法时,这一建议或意见表达才被认为是权威。当建议基于建议者不能或者不想与我们共享的信息或者经验时,情况就是如此。这时我们就无法确定,基于理由的权衡,这种建议是否正确。在这种情况下,我们要么对该建议置之不理,要么遵从之,而不检验其正确与否。我们没有任意行动,并有理由认为他是权威。而我们所具有的这种理由是把他的建议作为排他性理由的理由。

基于上文的论述可知,拉兹对上述问题作如下总结:命令者发布命令后,接受者将试图在权衡之中增加一个理由,但命令的发布者不仅期望为潜在的行动增加理由而改变权衡,而且在试图创造这样一个事实,接受者基于理由的权衡必将导致错误,命令者尝试用要求取代接受者的判断权。② 基于上面的论述可知,实践权威命令的本质是排他性理由。

---

① See Joseph Raz, *The Authority of Law, Essays on Law and Morality*, Oxford: Oxford University Press, 1979, p.23.

② See Joseph Raz, *The Authority of Law, Essays on Law and Morality*, Oxford: Oxford University Press, 1979, p.24.

(二)作为实践权威的法律

拉兹借助权威命题的路径对规则的规范性来源进行探究。拉兹权威命题的基础是承认规则和惯习命题。若法律不是一个规范的体系,其将不具备实践权威。法律体系之中仅在法律命令存在权威性约束时,其才存在权威性。[①] 拉兹反对无差异命题,强调命题之间存在的差异性,且认为权威能够改变个体行动的理由。若在实践中,X 说让 Y 做 Z 是 Y 做 Z 的理由,则 X 对 Y 具有绝对的权威。[②] Y 有做 Φ 的理由,也即是 Y 应当做 Φ,由此可见,权威具备规范性,其能够借助命令将应当转变为义务。[③] 权威命令的强制力来源是其权威性的地位,而不是道德地位。即权威性命令指定的行动可能是错误的行为,但是其仍然具有强制力,不考虑道德层面的因素。实践权威的强制力来源于权威地位,而不是道德价值。权威的本质使其不考虑其他层面的合法性。

为有效论证权威的合法性,拉兹提出了以下命题:依赖命题、常规证明命题和优先命题。这三个命题都是规范命题,它们告诉人们如何依照具有拘束力的命令去实施行为,以及在何时去承认这些命令的拘束力。[④]

1.依赖命题

依赖命题是法律权威性命令的基础,它揭示了权威性命令依据理由而作出的特征和原理。依赖命题的核心观点是,权威性命令不仅仅是一种单纯的意志表达,而是基于理由进行的。这些理由既涉及指令所面向的具体服从者,又紧密关联命令所适用的环境。首先,依赖命令强调命令发布者在制定命令时所依赖的理由。当命令发布者发布的一系列指令都依赖于

---

① [英]约瑟夫·拉兹:《权威、法律与道德》,载[英]约瑟夫·拉兹:《公共领域中的伦理学》,葛四友译,江苏人民出版社 2013 年版,第 253 页。

② See Joseph Raz, *The Authority of Law, Essays on Law and Morality*, Oxford: Oxford University Press, 1979, p.12.

③ See Joseph Raz, *The Morality of Freedom*, Oxford: Oxford University Press, 1986, p.60.

④ See Joseph Raz, *The Morality of Freedom*, Oxford: Oxford University Press, 1986, p.63.

同一个理由时，这个理由就成为被依赖的理由，即依赖性理由。依赖命题因此着眼于权威性命令背后的理由和根据，它揭示了命令制定过程中的思考和权衡。其次，依赖命题对论证权威合法性具有重要意义。权威性命令作为法律体系中的核心要素，需要在合法性和合理性上得到论证。依赖命题提供了一种有效的方法来证明权威的合法性和合理性。通过揭示命令发布者制定命令时所依赖的理由，我们可以评估这些理由是否合理、正确，并进一步推导出权威命令的合法性根据。在实践中，权威在发布命令时必须综合考虑各种因素。这些因素可以包括社会、经济、文化、政治等方面的因素，命令制定过程需要考虑到社会环境的具体情况和特殊需求。依赖命令认识到了命令与环境之间的密切关系，它要求权威在制定命令时要充分考虑这些因素，确保命令的适应性和可行性。依赖命题还涉及合法性权威的根据。合法性权威是指根据合理和正确的理由作出决策和行为的权威。依赖命题强调合法性权威的决策和行为需要根据理由进行，这些理由应该满足合理和正确的要求。换句话说，合法性权威制定的命令必须能够以合理、正确的理由为基础，充分考虑各种因素，以确保权威性命令的合法性和合理性。

总体而言，依赖命题的提出极大地丰富和深化了我们对权威性命令的理解和论证。它揭示了权威性命令背后所依赖的理由，强调了命令制定过程中的权衡和思考，为评估权威的合法性和合理性提供了一个有力的论证工具。此外，依赖命题还凸显了权威命令与环境之间的密切关系，强调了权威在制定命令时需考虑各种因素，确保命令的适应性和可行性。合法性权威的根据也成为依赖命题的重要内容，它要求合法性权威的决策和行为必须以合理、正确的理由为基础，充分考虑各种因素，以确保权威性命令的合法性和合理性。在依赖命题的框架下，我们可以进一步理解权威性命令的构建和论证过程。首先，权威命令的制定需要依赖一系列具体理由。这些理由可能来自法律、道德、政策、实用性等方面的考虑，它们作为依据指导着权威在制定命令时的思维和决策。依赖命令具有基于理由的特点，它使得权威性命令更具有理性、逻辑和合理性。其次，依赖命题是论证权威合法性的基础。权威命令的合法性是指其依据的理由是否符合合理和正确的要求。依赖命题的出现使得我们能够对权威的合法性进行更深入的评估和推导。通过分析依赖命令所依赖的理由，我们可以判断这些理由是否符合社会共识、伦理原则、法律规定等标准。如果这些理由具备合理性和正确性,那么权威性命令的合法性就得到了论证。同时,依赖命题也与其他两个命题存在紧密的联系。常规证明命题和优先命题与依赖命题共同构成了权威命令的合理性基础。常规证明命题说明了权威在确定权威命令时的常规作用,它们反映了个体对权威的认可和接受方式。优先命题则告诉我们何时应该承认权威命令的拘束力,它反映了权威命令的优先级和权重。这些命题都是规范命题,它们指导个体在实践中如何按照具有拘束力的命令去行动,以及何时认可这些命令的拘束力。

综上所述,依赖命令作为法律权威性命令的基础,揭示了权威命令制定中的理由依据和思考过程。它强调了权威命令背后的理性、合理性和逻辑性,为我们理解和评估权威的合法性和合理性提供了有力的工具。依赖命题与常规证明命题和优先命题相互关联,共同构成了权威命令的合理性基础。通过深入研究依赖命题及其与其他命题的关系,我们能够更加全面地理解和解读法律权威性命令的意义和作用。

2.常规证明命题

常规证明命题探讨了个体对权威确定的方式,即通过接受权威的命令并将其视为约束力,并尽可能遵守,而不是仅仅遵守直接适用于自身的理由。实践中,服从者往往倾向于服从适应自身情况的理由。常规证明命题的核心观点在于,服从权威性命令有助于服从者更好地遵循适用于自身的理由。直接服从权威性命令使得服从者能够更好地遵守适用于自身的理由。拉兹认为,权威性命令只有在其具有约束力时,才能具备权威性。这揭示了权威性命令的本质所在,即命令来自权威自身。常规证明命题是一种具有工具性质的理论,其意义在于展示服从者遵循合法权威的命令对于维护权威本身的权威性是至关重要的。通过服从权威的命令,服从者表现出对权威的尊重,并从中受益。服从者遵循权威的命令有助于更好地使权威的命令与自身适用的指令相契合,因为只有当权威命令得到执行时,其正确性才能得到体现。在日常生活中,个体接受权威性命令并遵守其约束力是一种常规行为。这是因为服从权威的命令有助于调整个体的行为,使其更好地符合其适应自身情况的理由。个体通过服从权威性命令展示了对权威的认可和尊重,这种服从也可以促进个体与权威之间的合作和协调,从而使整个社会秩序更加稳定和有序。此外,常规证明命题还涉及权威性命令与合法性权威之间的关系。合法性权威是指依据合理和正确的理由作出决策和行动的权威。常规证明命题强调,个体通过服从权威性命令来展示对合法权威的认可,并从中获得利益。服从权威的命令有助于权威自身更好地制定符合合理和正确理由的指令。只有当权威的命令得到执行时,权威的正确性才能够得到体现。

综上所述,常规证明命题揭示了个体对权威确定的方式,即通过接受权威的命令并将其视为约束力,并尽可能遵守,以更好地符合适用于自身的理由。同时,常规证明命题也强调了权威性命令对维护权威自身的重要性,服从者通过服从权威的命令体现出对权威的尊重,并从中受益。这种服从对于使权威的命令与自身适用的理由更契合至关重要。此外,常规证明命题还凸显了权威性命令与合法性权威的紧密关系,合法性权威的决策和行动必须基于合理和正确的理由。个体通过服从权威性命令来展示对合法权威的认可,并从中获得利益,同时也有助于权威更好地依据合理和正确的理由来制定指令。

3.优先命题

优先命题的含义为:"权威者自身要求某一行为实施是该行为实施的理由,在个体判断自身行为时,将采用权威者的命令取代其他的理由。"[1] 在权威者发布指令后,该指令成为服从者的排他性理由,服从者基于这一理由来行动。这表明权威性命令与服从者的行动之间存在着密切的联系。优先命题实质上源于依赖命题,即服从者将依赖权威者发布的命令作为直接的理由来行动。权威者发布命令后,这个命令成为服从者行动的理由,且这个理由是一个直接的理由。服从者的服从行为体现了权威者的权威。换言之,通过服从权威者的命令,服从者承认并确认了权威者的权威性。优先命题虽然从形式上具有专断的特征,但体现了权威的本质。权威的本质在于被服从。如果不被服从,则不能称之为权威。权威的专断建立在理由的基础之上,具备合法性。权威者可以通过合法性来获取他们在机构、社会或其他领域的权威地位。然而,对于拉兹提出的优先命题,一些学者产生了错误的理解,认为这个命题存在自相矛盾。然而,本书认为拉兹自身对权威的观点并不是绝对的,而是相对的。他承认仲裁者的命令并非在

---

[1] Joseph Raz, *Ethics in the Public Domain*, Oxford: Clarendon Press, 1994, p.214.

所有情况下都应该被服从。在某些情况下,仲裁者的命令可能存在合法性不足的问题。例如,在案件仲裁过程中出现了新的重大证据,当事人双方可能会认为先前的仲裁结果无效。这表明,对于优先命题的理解应该放在特定的背景和条件下进行。权威并非一成不变的,它是存在条件和限制的。权威者的权威性需要依靠适当的理由和合法性来支持和维持。在特定情况下,可能会出现权威的权威性被质疑或削弱的情况,如权威者的决策出现重大错误或实施不公等。① 部分学者错误地认为拉兹的权威观是独断的,实际上,拉兹指出合法性权威是相对权威,在特殊情形下,权威的合法性丧失时,人们可以拒绝权威的命令。拉兹指出服从者执行权威的命令时,应具有自身的判断,并将权威的指令视为具有排他性的理由。

权威要求被服从的特点使其似乎同服从者的理性对立。② 在相关研究中,服从者自身对于理由的衡量未得到重视,权威实际上未禁止服从者进行衡量与判断,其仅仅强调了自身的优先权。在实践之中权威给予了服从者行动的理由,服从者自身的考量则被忽视,进而使权威体现了自身的专断性与优先性。例如,孩子和父亲在游戏的过程之中要求孩子将地上的玩具拿起来,由于父亲对孩子存在绝对权威,尽管孩子不愿意,且认为父亲的这一要求不合理,但父亲的要求仍为孩子的行为提供了一个理由。若孩子不服从父亲的命令,其将遭受惩罚。孩子在拿玩具的过程之中必将进行自己的判断,但是这一结果无法影响父亲的权威。自治原则允许个体依据自身的判断行动,但实践权威具备否定道德自治的效力,进而导致了不遵守道德标准的实践权威的出现。③ 拉兹指出他人具有权威,即是拥有规范性权力。④ 在本书的论述中,权力被定义为影响个体行为和命运的能力。如果个体具备这种能力,他们就被认为具有权威。权威本质上是一个实践

---

① See Joseph Raz, *The Morality of Freedom*, Oxford: Oxford University Press, 1986, p.42.

② See Joseph Raz, *The Authority of Law, Essays on Law and Morality*, Oxford: Oxford University Press, 1979, pp.3-4.

③ See Joseph Raz, *The Authority of Law, Essays on Law and Morality*, Oxford: Oxford University Press, 1979, pp.3-4.

④ See Joseph Raz, *The Authority of Law, Essays on Law and Morality*, Oxford: Oxford University Press, 1979, p.7.

性质的概念,因此权威的归属是一个实际问题。这个问题明确了他人的具体行为,因此在实践中被作为前提来应用。在解释权威的过程中,必须明确权威对实践的价值和影响,并对权威在实践过程中的运作进行有效的推理。

权力作为一个关键概念,在法学和哲学领域引发了广泛的讨论和研究。权力被视为一种影响个体行为的能力,它可以通过各种手段来实施,如强制、影响、说服等。如果一个个体拥有这种能力,他就被视为具有权威。然而,权威并不是一个孤立存在的概念,而是与实践和行为密切相关的。权威只有在实践过程中才能得到具体体现和实施。在这个实践性的框架下,权威的归属问题变得非常重要。归属问题涉及权威的来源和基础,以及权威的合法性和合理性。只有明确权威的归属,才能确定权威的有效性和可信度。权威对实践的价值和影响不可忽视。它可以引导个体行为和决策的方向,塑造社会秩序和规范。权威的存在和行使影响着个体的行为选择和社会的运行方式。因此,在解释权威的概念和作用时,必须明确权威对实践的重要性,并深入探讨权威在个体和社会行为中发挥的作用。对权威在实践过程中的运行进行有效的推理是十分重要的。这需要对权威的产生和演变机制进行深入研究和分析。权威的产生可能涉及多种因素,如历史、文化、制度和认同等。同时,权威的运行也需要考虑到社会和个体的动态变化,以及权威与其他价值观和原则的关系。在理论上,对权威进行解释和理解需要建立在严密的推理和逻辑基础上。这包括对权威概念的深入分析和界定,对权力与实践关系的理论框架探讨,以及对权威在不同背景和条件下的实践运作模式的研究。[1]

4.服务性概念

依据拉兹的相关研究成果,他指出法律的基本特征是借助自身的权威实现对个体行为的调整。权威本质上是一个服务性的概念,政治权威的合法性来源于对公民的服务。[2] 权威的本质是服务于公民,拉兹认为政治权

---

[1] See Joseph Raz, *The Authority of Law, Essays on Law and Morality*, Oxford: Oxford University Press, 1979, p.9.

[2] See Joseph Raz, *The Morality of Freedom*, Oxford: Oxford University Press, 1986, p.56.

威的特殊性在于公民同他们的理由两者之间进行中介,即权威的目的是基于公民的理由发出合理的指令,进而使公民遵守相关的理由考虑的结果。在公民需要权威的中介服务时,权威才具备合法性。权威性的指令应独立于适用所有公民的命令。① 权威的合法性来源于公民能够遵照权威的指令行动,且能够同权威的考量保持一致,②基于法律而非个体的行为理性,能够使主体依据权威所设想的去行动。

拉兹在相关研究中明确指出了权威作为一个服务性概念,其在扩张地获取政治合法性的五个方面。③ 在现代社会中,权威的存在对于个体和社会的行为和秩序具有重要影响。在权威的运行过程中,有几个方面需要考虑和分析。首先,权威者通过专家的建议获得相关的资质,从而增强了其在特定领域的权威性。这种专家建议所提供的指导和支持,可以使社会公众在遵守相关法律规定时获得更安全和可信赖的服务,如药品管理。其次,权威的存在可以弥补个体理性的不足,降低整体成本。在面对复杂的问题和局面时,权威者可以基于其地位和专业知识,给出合理的解决方案。这种解决方案往往能够减少不确定性和矛盾,提高决策效率。最后,权威的存在有助于解决囚徒困境的问题,强调个体之间的合作。通过权威者的规范和监督,个体更有动力遵循共同的规则和行为准则,从而促进社会的协调和稳定。

税务法案的通过是一个典型例子,明确了个体在实践中所遵守的纳税义务。其一,针对权威的第一个方面,即由于专家的建议而使权威者掌握了相关的资质,我们可以深入探讨专家建议在权威性形成过程中的重要作用。专家建议的提供源于专业知识和经验的积累,在特定领域具有高度的可信度和可靠性。这使得权威者能够基于专家的建议来作出决策和行动,进而获得社会公众的认可和遵从。以药品管理为例,药品的研发和销售需要经过专家严格的审查和监测,这样社会公众才能购买到安全和有效的药

---

① See Joseph Raz, *The Morality of Freedom*, Oxford: Oxford University Press, 1986, pp.42-53.

② See Joseph Raz, *The Morality of Freedom*, Oxford: Oxford University Press, 1986, p.53.

③ See Joseph Raz, *The Morality of Freedom*, Oxford: Oxford University Press, 1986, p.75.

品。专家建议的参与不仅提高了权威者的决策质量,也增强了公众对权威的信任和依赖。其二,权威的存在可以有效弥补公众理性的不足,降低整体成本。个体在决策和行动时,往往受到信息有限、认知偏差和个人利益等因素的影响。在这种情况下,权威者的存在可以提供准确和可靠的信息,引导个体作出理性的选择。权威者基于其地位和专业知识,能够对信息进行筛选和整合,消除决策中的不确定性和误导。同时,由于权威者的指导和监督,个体能够更好地协调行动,减少冲突和资源浪费。例如,在城市规划中,权威者的指导和决策可以使城市布局更加合理和高效,降低建设成本。其三,权威的存在能够有效解决囚徒困境的问题,强调个体之间的合作。囚徒困境是博弈论中的一个经典问题,指的是在缺乏沟通和合作机制的情况下,个体往往会选择自私和非合作的策略,导致整体利益受损。而权威的存在可以在一定程度上改变这种情形。权威者通过制定规则和提供激励机制,引导和促进个体之间的合作行为。例如,税务法案的通过明确了个体在实践过程中所遵守的纳税义务,从而强调了纳税人之间互相合作的重要性。通过权威者的监管和惩罚,个体更有动力遵守共同的规则,从而达到整体利益的最大化。

总的来说,权威的存在在个体和社会行为中发挥着重要的作用。通过专家的建议和具备相关资质,权威者能够提供公众所需的信息和服务,确保公众的安全和福祉。此外,权威的存在也通过补充个体理性的不足、降低整体成本、促进协调和合作等方式,为个体和社会带来实际利益。然而,权威的运行也需要谨慎对待,确保其公正、透明和合理,以避免权威滥用和社会的不公平。进一步的研究和探讨有助于深入理解权威的本质和作用,并为权威的实践提供指导和改进的方向。

在拉兹的权威性理论中,他认为权威性指令在行动理由的层面上应被赋予优先地位。换言之,在一个权威性命令被要求执行时,个体不仅仅要将其列为待考量的理由之一,而且需要排除其他的理由。拉兹将这一理论称为"优先性理论"。

优先性理论的根源可以追溯到权威作为一种服务性概念。在拉兹的观点中,权威性指令是建立在依赖性理由之上的,即权威性命令体现了依赖性理由,并且在适用的过程中对这种依赖性理由进行回溯。适用过程是指权威命令的功能,它要求个体只有在服从权威性指令时才能够遵从其中包含的依赖性理由的考量。换句话说,拉兹认为个体在面对权威性命令时,应当将其看作是一种更为重要和紧急的理由,相对于其他可能存在的理由而言。权威性指令具有一种独特的强制性和约束力,个体需要将其作为优先考量的因素,以保持社会和法律秩序的稳定和运行。通过强调权威性指令的优先性,拉兹试图解释为何个体对权威者的命令具有遵从的倾向。他认为这种遵从不仅仅是出于权威的地位或者命令的合理性,而且基于个体对权威者的依赖以及对社会秩序和公共利益的认同。当个体接受和执行权威性命令时,他们实际上是在承认权威者所代表的普遍利益,并积极地为其服务。然而,优先性理论也引发了一些批评和争议。有些人认为,在决策和行动的过程中,个体应该对权威性命令进行仔细的思考和评估,以确保其合理性和道德性。他们主张个体不应盲目地服从权威,而应考虑不同的价值观和道德原则,以便形成自主的决策。此外,优先性理论也需要在实践中进行具体的界定和应用。因为不同的权威存在着差异,权威性指令的合法性和正当性也需要依据特定的法律和伦理框架进行判断。换句话说,优先性理论并不意味着个体对任何权威性指令都无条件遵从,而是需要在合法和正当的范围内进行。

拉兹的权威性理论提出了权威性指令在行动理由中的优先性,然而,其中存在一个需要进一步探讨的问题,即权威性指令的优先性发生条件是什么。如果这个问题不明确,就无法解释司法实践中法官偏离已确定规则的权力。在普通法系中,法官在司法实践中可能会出现不遵从先例的情况。这种现象可能是因为相关的规则已经过时或者无法体现公正性。如果法官将规则确定为优先考虑的理由,那么这个理由将取代当下的理由,从而使法官不能偏离已确定的规则。这也就意味着法官无法对普通法系所具备的可修正性进行解释。普通法系的特点之一是法律的发展和演变是通过案例法和先例来实现的。法官在作出决策时会参考先前的判例,以确定当前案件的法律适用。然而,正因为普通法的灵活性和可变性,法官在某些情况下可能会认为先例不适用于当前的案件,或者认为先例本身带有一定的不公平性。在这种情况下,法官可能会偏离先例并作出与之不一致的判决。

然而,在拉兹的优先性理论中,权威性指令被赋予了绝对的优先地位,即作为行动理由的最高优先考虑因素。这意味着法官在面对已确定的规则时,将无法根据个人观点或者对公正的判断来偏离这些规则。法官在决策时必须将权威性指令作为绝对的优先考虑因素,并必须根据权威性指令来解释和适用法律,而不能根据可修正性对规则进行解释。这种理论观点本质上对普通法系的自我修正和发展构成了一定的限制。普通法系之所以能够适应社会变革和变化的需求,依赖于法官在特定情况下有可能偏离先例,并根据新的社会、道德和公共利益考虑来作出合理判断的能力。然而,拉兹的理论将法官的决策权力置于权威性指令的优先性之下,削弱了法官对先例的解释和可修正性的运用。因此,针对拉兹理论的一项重要问题是,权威性指令的优先性发生条件是什么?在法律领域中,权威性通常来自法律体系和法律规则的确立和认可。因此,法律中的权威性指令通常是来自明确的法律规定和规则,以及被认可的法律机构和权威机构的决定。当法官面对这些具有明确法律授权和法律效力的权威性指令时,他们应该将其视为优先的行动理由。

服务性是权威自身工具理性的体现。在部分情况下,主体无法对权威性指令依赖的理由进行考察。在实践中部分主体具备对权威指令进行思考的能力。在意识到权威指令不利于自身之后,其可能不执行命令,并采用最激烈的手段表达自身的认知,因此权威者发布的命令满足正确的标准才能保证人们遵守。但对于法律权威的基本尊重并不作这一要求。就如同个体对他人的尊重,包含了对他人错误的接受。[①] 社会中执行的民主程序并不完全符合正确的标准,同拉兹服务性权威概念相比较,哈特的将初级规则与次级规则结合的理念,更有利于对法律权威进行解读,因为这一概念包含了法律权威的目的性。在哈特的法理论之中,次级规则对初级规则实现了有效的规范,在缺乏次级规则的环境之中,权威的概念将消失,公民将不能探讨法律文本的权威性,对于权威的认定、判决等也将无法有效讨论。在实践之中,对于法律权威的实践价值、形成的条件,仍需要作进一步的研究。

---

① See Scott J.Shapiro, *Authority from Jurinsprudence and Philosophy of Law*, Edited by Jules Coleman and Scott Shapir, Oxford: Oxford University Press, 2002, p.399.

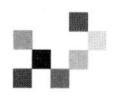

二、基于理由分析法律与权威的必然关联

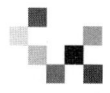

法律权威是法律体系中不可或缺的组成部分。拉兹的法律权威理论强调了法律规则与权威的必然关联。在拉兹看来，法律的排他性并非来自法律规则本身，而是来源于规范被权威发布所赋予的排他性，从而使得法律规则具有强制执行的能力和效力。因此，法律的权威地位对法律的本质和意义具有重要的影响。首先，法律中的理由范式和权威理论在拉兹的法律权威理论中被紧密联系在一起。拉兹认为，法律规则本身可以视为一个行动的理由，即要求行动者根据法律规则行事，而这种约束不是来源于法律相关规则及其力量，而是来源于法律权威本身。这表明，法律权威自身具有独立性，不仅在概念上独立于具体法律规则，也在实践中具有独立的约束力。其次，法律的排他性来源于权威。正如 Cristina Redondo 所指出的，拉兹认为法律规则的排他性不是由规范构成，而是来源于规范被权威发布。这意味着法律权威是法律规则有效性的源头和保证，法律规则的执行和约束力也是基于权威的支持和认可而得以实现。从而，在法律体系中，权威不仅是法律规则有效性和效力的前提，还是法律权威自身的基本来源，其赋予了法律自身的排他性和强制力。再次，权威与法律之间存在着密切的关联。作为概念性的关联，权威对法律规则的效力和约束起着至关重要的作用。法律中的权威不仅保障了法律的稳定性和一致性，同时也影响了法律的解释和适用，进而反过来又引发对权威本身的不断理解和探索。因此，权威和法律之间的关系是一个相互依存、相互作用的动态过程。拉兹在法律权威理论中采用了两种不同的模式来论证权威同法律之间的关联。一是确定性论证，即通过权威对法律规则给出确定性解释，使得法律规则具有约束力和有效性。二是能力论证，即通过权威对社会的影响和自身的适应能力，为法律规则的实施和发展赋予了更广阔的空间和可能

性。这两种模式结合起来,构成了拉兹法律权威理论的一个完整循环。①

(一)理由在确定性论证中的地位

在对法律同权威之间的关系进行论证的过程之中,拉兹提出了以下问题:一是对于权威的抽象是否能够在法律中应用?二是权威的概念在我们的法律中是否发挥了重要作用。② 回答上述两个问题的关键在于恰当地构建权威概念同法律概念之间存在的联系。拉兹论证的要点在于证明法律是排他性理由,基于此法律必须主张权威,进而借助否定特定情景的方式凸显自身的主张。

基于上文论述可知,事实权威无法独立存在,其通常被视为合法性权威,或自身主张合法性权威。基于此,法律具备事实权威,不一定拥有合法性权威的观点是一种错误的观点,法律必然能够主张合法性权威。法律权威并非来源于立法者,而是来源于自身,其原因在于部分法律并非立法者制定,如习惯法。在论证这一观点时,拉兹认为可以直接谈论法律自身权威。个体的权威将被参照的理论解释,若其言论本质为保护行动的理由,即其言论推动了行动,且忽视了冲突性的因素,那个体将获得权威。若存在的法律是某一行动的保护性理由,该法律将具备权威;也就是说,一个法律具备排他性且是行动的理由,其将具有权威。③ 基于此可知,拉兹在研究的过程之中,对人的权威和法律的权威进行了比较,明确指出法律权威存在且符合一定道理。法律权威的分析主要指有效的事实权威和合法性权威两个概念。基于此,拉兹认为权威概念同法律权威存在密切的联系,法律自身坚持合法性权威是其本质的特征。④

---

① See Cristima Redondo, *Reason for Action and the Law*, Kluwer Academic Publishers, 1999, p.5.

② See Joseph Raz, *The Authority of Law, Essays on Law and Morality*, Oxford: Oxford University Press, 1979, p.28.

③ See Joseph Raz, *The Authority of Law, Essays on Law and Morality*, Oxford: Oxford University Press, 1979, p.29.

④ See Joseph Raz, *The Authority of Law, Essays on Law and Morality*, Oxford: Oxford University Press, 1979, p.30.

第四章　理由范式在法律权威理论中的运用

拉兹的法律权威理论通过采用否定论证的方式对法律与权威之间的实质性判断进行了分析。拉兹运用了一个否定的情形来研究法律权威问题,以此来强调法律规则本身作为行动的理由,并将其与其他观念区分开来。他认为,法律规则本身是个体行动的基本理由,要求行动者必须服从这个理由。法律的约束力并非来自法律之外的力量,而是来源于法律规则本身的有效性。这种理念也体现了法律规则对于其具体内容的独立性。对特定行动来说,除了存在法律层面的理由外,还存在道德层面的理由。如果法官或法律主体认为某项行为的理由不充分,那么这个行为是否违反了法律呢?拉兹指出,如果缺乏法律要求的事实性行动违反了法律规则,这并不能说明法律要求违反了理由,只能说明法律的相关规则能够为其所要求的行动提供一个充分的理由。因此,对这些事实进行解释的关键在于充分认识到法律规则本身作为一种理由的特性。

为了更好地理解拉兹的法律权威理论,我们可以从以下几个方面展开思考。首先,拉兹强调了法律规则作为一阶理由的独立性。他认为,法律规则本身具有约束力和约束性,这并非来自外部的强制力量,而是法律规则本身作为一种理由的特性。因此,个体在行动时需要将法律规则作为主要指导,并将其他考虑排除在法律规则之外。法律规则的独立性保证了法律体系的稳定性和一致性。其次,拉兹强调了法律规则与道德规范的区分。虽然特定行动可能存在法律层面和道德层面的理由,但拉兹认为法律规则与道德规范是两个独立的领域。它们可能存在交集,但彼此之间也有着不同的要求和考虑。个体在实践中应当区分这两种理由,并根据具体情况进行权衡和判断。再次,拉兹对于法律规则对行动的要求作出了进一步的解释。他指出,如果某个行动违反了缺乏法律要求的事实性行动,这并不能说明法律规定对这个行动本身有违反理由的要求。相反,这只能说明法律的相关规则能够为其所要求的行动提供一个充分的理由。这一观点揭示了法律规则本身作为理由的特性,强调了法律规则对行动的具体要求。[1]

根据拉兹的观点,法律本身具有一阶理由的特性,这意味着法律规则

---

[1] See Joseph Raz, *The Authority of Law*, *Essays on Law and Morality*, Oxford: Oxford University Press, 1979, p.30.

作为一个独立的理由,要求行动者按照其规范行事。同时,法律规则也是具有排他性的理由,即排除个体采取与法律规则不一致的行为。个体的行为必须符合法律的要求,不得偏离法律的约束,并且个体在非法律层面的考虑不能作为偏离法律要求的理由。这种排他性要求保证了法律体系的稳定性和一致性,并确保了法律的权威地位。在拉兹的法律权威理论中,可以将他对法律主张权威的合法性进行论证视为一种基于确定性的论证。这种论证主要是通过权威对法律规则的确立和给出确定性解释,使得法律规则具有约束力和效力。

首先,根据拉兹的观点,法律自身是一种独立的理由,要求个体按照其规范行事。这表明无论法律规则的具体内容是什么,个体都应该根据它们的指导来进行行动。法律规则本身作为一阶理由的存在,具有固有的约束力和约束性。因此,无论个体是否同意或赞同法律规则的内容,他们都必须遵守并按照其规范进行行为。其次,法律的排他性要求进一步加强了法律作为一阶理由的地位。法律要求个体不得偏离法律规则,即个体的非法律层面的考虑不能作为偏离法律要求的理由。这意味着个体在实践中必须将法律规则作为行动的主要指导,并将其他考虑排除在法律规则之外。法律规则的排他性要求保证了法律体系的稳定性和一致性,防止了个体任意偏离法律规则和主张个体意见对法律具有决定性意义的情况。

综上所述,拉兹的法律权威理论可以被视为一种以确定性为基础的论证。法律规则作为行动的一阶理由,要求个体按照其规范进行行为,并具有排他性要求,不允许个体偏离法律规则。这种确定性的要求使法律具有约束力和效力,确保了法律体系的稳定性和一致性。通过权威对法律规则的确立和解释,以及法律规则自身的排他性要求,拉兹对于法律主张权威的合法性进行了论证。

在此,对拉兹的论证模式进行分析。第一,他否定法律的权威来源于立法者,但理据又是不充分的。"拉兹在论证的过程之中采用举反例的方式得出来结论,在现代国家之中习惯是否能够成为法律存在不确定性,此外,不引入第二个来源,能否坚持法律自身就具有权威这一观点。"[①]第二,

---

[①] 朱振:《法律的权威性:基于实践哲学的研究》,上海三联书店 2016 年版,第 193 页。

仅采用类比论证、否定论证的方式无法充分地证明法律的权威，其原因在于，上述两种证明方式均未就法律主张权威提供明确直接的基础。第三，相关论证之中具有价值的观点是："法律具备排他性的基础是法律需要具备确定性。"拉兹认为法律不可能认可其适用的案件的全部因素，也不能说明诸多理由的重要性，进而导致法律成为一个道德缺陷。对部分案件而言，不适用于法律存在一定的合法性。拉兹指出采用法律的形式解决部分问题将使问题向更坏的方向发展，因为不确定性可能对预期和未来的计划造成严重的负面影响，并鼓励了法律滥用的行为。[1]

拉兹的论证可以总结为以下内容："法律规则未排除所有的理由，仅排除了自身无法被法律认可的理由。不能将法律视为独立的规范，不同的规范具有不同的功能价值，应将其视为完整的理由，其决定了法律的要求。若相关分析是正确的，将主张法律的权威，进而使其成为一个标准的权威范本，并使所有人均认可这一范本。"首先，拉兹指出，法律规则未排除所有的理由，只是排除了那些无法被法律认可的理由。这意味着法律并不否定可能存在的其他理由，而是对这些理由进行筛选和审查。法律规则所依据的理由应能够被法律认可并符合其内在的规范性要求。这一观点强调了法律规则在构建合理性和理由性上的重要性，同时也认可了法律规则与其他可能存在的理由相互关联的可能性。其次，拉兹认为，不能将法律视为独立的规范，因为不同的规范具有不同的功能和价值。法律规则应被视为完整的理由，其决定了法律所要求的行为。这一观点强调了法律规则的理由性与自身要求的联结，并将其作为一个底线标准，规范人们的行动和决策。法律的权威性在于其能够提供具有充分理由的规范，被广泛认可并接受。最后，拉兹认为，如果相关分析是正确的，那么法律的权威将被主张，并使之成为一个通用的权威范本，受到所有人的认可。在这种情况下，法律规则不仅具有自我认可的特性，也成为一种标准或范本，被广泛接受和奉行。这意味着法律权威的产生和维持不仅在于法律规则本身，还在于其

---

[1] See Joseph Raz, *The Authority of Law*, *Essays on Law and Morality*, Oxford: Oxford University Press, 1979, p.31.

被广泛认可和接受的社会度量。① 笔者在对相关文献进行梳理后发现,确定性论证在实证的过程之中存在部分问题,其仅仅提供了一个理由。其原因在于确定性仅体现了法治的部分价值,未体现法治的终极价值,且法律所体现的不同价值之间也存在一定的冲突。在对部分个案进行处理中出于对综合价值的考量,确定性价值也可能被舍弃,进而导致法律同排他性理由之间不存在概念上的关联,仅仅是偶然的关联。

(二)理由在能力论证中的地位

在拉兹的法哲学理论中,他指出法律体系本质上宣称自身具有合法性和权威性,这是法律的一个重要属性。然而,拉兹同时也认识到,在实践中主张权威并不意味着拥有权威。法律体系可能由于某种原因而丧失权威性。然而,法律体系必须具备权威的特征,否则就无法真正体现它所宣称的权威性。因此,在论证法律主张权威的问题上,我们需要从法律的必要特征和权威的特征入手。首先,要论证法律主张权威,我们需要理解法律体系的必要特征。法律体系包含了一系列规范,这些规范作为社会的共同规则对行为进行规范,确保社会秩序的正常运行。在这个意义上,法律是一种社会规范的体现,而社会规范的存在有助于说明法律的合理性和必要性。另外,拉兹在他的法律权威理论中强调了法律规则的理由性,即法律规则本身作为行动的基本理由。因此,法律的必要特征之一是能够提供充分的理由,使人们相信法律规则的合法性和正确性。其次,我们需要考察权威的特征。权威可以理解为一种被普遍接受和认可的规范范本,它能够为行为提供强制性的指导并获得普遍的尊重和遵从。法律作为一种规范性体系,要主张权威,就必须具备权威的特征。这包括:(1)法律的规范性语言和内容应当能够准确地体现法律的权威主张,使其在社会中具有普遍性;(2)法律的制度和机构应当具备一定的权威性,能够实施和维护法律的有效性;(3)法律体系必须能够获得人们的普遍认可和遵从,即法律的要求

---

① Joseph Raz, *Authority, Law and Morality*, in Joseph Raz, *Ethics in the Public Domain: Essays in the Morality of Law and Politics*, Oxford: Oxford University Press, 1994, p.218.

应当被广泛接受,并且人们有理由去遵守法律。基于以上分析,可以得出结论:要论证法律主张权威,我们必须从法律的必要特征和权威的特征入手。其一,法律体系必须具备一定的必要特征,如合理性、必要性和规范性,以确保其能够正常运行。其二,法律体系在主张权威时,需要具备权威的特征。这包括法律规范的语言和内容能够准确体现权威主张,法律的制度和机构具备权威性,法律体系能够获得人们的普遍认可和遵从。只有当法律具备这些特征时,才能真正主张权威,并被视为一种全面的规范范本。

法律在实践中可能权威不足。拉兹表示,法律无法拥有权威时,为有效地主张权威,必须具备权威的某些特征。其中,最为核心的特征是规范性条件和非规范性条件,基于此可以将法律不具备权威的原因划分为两种类型:一是个体的命令不具备成为权威命令所需的道德和规范条件;二是个体缺乏关于权威层面的非道德、规范条件。[①] 非道德、非规范条件是拥有权威的首要条件,在满足这一条件后,才能够对权威的主张进行论证。拉兹针对非道德层面展开了大量的研究,但是他的研究并不是以"法律拥有权威的非道德、非规范属性"这一结论展开。拉兹在研究的过程之中重视两个特征,且上述两个特征必须被具备成为约束力的事物所拥有,进而实现对命题的支撑。特征一是命令仅当是个体关于命令接受者行动的看法时才具备权威约束力;特征二是命令采用断言的形式发布,且命令自身不依赖作出裁决的理由与因素,且该点必须能够实现。[②] 上文之中的第一个特征体现了权威具备的协调作用,第二个特征证明了权威自身是内容独立的理由。

基于权威具备的协调作用,个体应遵守权威命令,同按照那些理由执行相比较,应更加遵守相关的理由。权威有效地在行动者和理由之间发挥了协调作用。行动者应依据命令行动,权威的命令必须准确表达其对行动的观点。拉兹认为,权威性的指示可能存在错误,但该指示必须包含其对

[①] See Joseph Raz, *Authority, Law and Morality*, in Joseph Raz, *Ethics in the Public Domain:Essays in the Morality of Law and Politics*, Oxford:Oxford University Press,1994,p.218.

[②] See Joseph Raz, *Authority, Law and Morality*, in Joseph Raz, *Ethics in the Public Domain:Essays in the Morality of Law and Politics*, Oxford:Oxford University Press,1994,p.218.

于服从者理由的判断,或其必须呈现为权威的判断。若不满足上述条件,该指令将无法被称之为权威性指示。若无法成为权威性指示,这并不是说这是一个坏指示,而是说其不是正确类型的指示。[①] 命令或规则具备权威需满足以下基本特征:命令或规则的发布者清楚发布了命令服从者的观点与看法,若能落实这一点,其将可能成为权威。

权威的第二个特征表明了自身是内容独立的,同时也说明了其能够发挥协调作用。若命令的内容是行为人行动的判断,则该命令必须同其作决定的理由相独立,否则将不能称其为权威。若在每一个场合之中均对权威作决定时依赖的理由同因素进行考察,其本质是在解决权威在作决定的过程之中遭遇的问题。上述现象将导致权威的指引和协同功能丧失。基于此可知,权威性命令具备内容独立和排他性的特点。依据权威的命令进行行动时,行动者必将出现一个差异,其本质为权威的命令改变了行动者行动的理由。这一差异具体是指行动者自身的判断同权威命令的差异。拉兹在相关研究之中指出,支撑一个命令被发布的各种理由存在,但相关的命令尚未被发出,就无法改变面向服从者的理由。基于此可知,确保一个命令被发布之后成为正确命令的理由存在,也无法保证该命令发布之后具有约束力。对拉兹的这一观点也可作以下解释,命令的发布无法完全依赖命令发布时的理由。命令的发布与存在依赖于特定存在的条件,该条件同被发布的命令的理由独立。[②] 综上所述,命令或规则成为权威的基础是内容的独立,且其存在本身即为一个行动理由,该命令在实践之中不依赖作出决定时的理由与因素。若依赖,其不能被视为权威,仅能视为一般的行动理由。

法律成为权威的过程需要满足两个前置性条件:首先,法律必须成为或展示为行为人如何行动的看法。这意味着法律不仅仅是一种规范性规则,而是一种通过行为人的认可和遵循,实现对行为的指导和约束的看法。

---

① See Joseph Raz, *Authority, Law and Morality*, in Joseph Raz, *Ethics in the Public Domain: Essays in the Morality of Law and Politics*, Oxford: Oxford University Press, 1994, p.219.

② See Joseph Raz, *Authority, Law and Morality*, in Joseph Raz, *Ethics in the Public Domain: Essays in the Morality of Law and Politics*, Oxford: Oxford University Press, 1994, p.220.

其次，法律必须与自身的内容相独立，并且独立于权威作出决定时相关联的因素。这意味着法律在具体情境中的适用不应依赖于其他因素，而是有自己的标准和准则，能够在无须借助其他因素的情况下对法律进行判断和鉴别。在拉兹的法律权威理论中，他指出只有法律来源能够有效地满足上述两个条件。来源主张认为法律的权威性取决于其来源，即法律规则的合法性和有效性来自特定的法律制定程序和机构。通过法律的来源，法律规则得到了一种充分的合理性和自圆其说的解释。拉兹通过来源主张的论证，达成了两个目的。其一，他证明了法律来源能够满足成为或展示为行为人如何行动的看法，并实现法律和权威的有效联结。法律的权威性得以在行为人的认可和遵循中体现，并通过法律的来源得以充分合理化和证实。其二，他证明了仅有法律来源能够有效地满足上述两个条件。其他因素无法取代法律的来源，成为法律规则的依据和准则。只有通过法律的制定程序和机构，法律规则才能具备足够的合法性和权威性。因此，根据拉兹的观点，法律在实践中所主张的权威即法律的性质，能够有效地满足上述条件。来源命题成为拉兹论证的核心，因为它是唯一合理的命题，能够完成对权威命题的论证。通过法律的来源，法律规则能够获得充分的合理性和自圆其说，使其成为行为人行动的看法，并实现对行为的指导和约束。通过来源命题的论证，拉兹成功地解释了法律的权威性是如何被实现和维持的。

在拉兹的观点之中，法律的三个来源分别是立法、司法判决、习惯，上述三者可能成为权威的来源，进而满足服务所要求的非道德的条件。拉兹在研究的过程之中对立法、司法判决及习惯分别进行了考察，指出三者满足成为权威的条件。针对第一个条件，立法可能不满足依赖性理由，但其具有专断性，能够有效地表达立法者对于服从者作出的判断，立法本质上即为这一判断的产物。司法判断表达了案件之中当事人行为的判断，又能够体现相同情形之中其他人的判断。尽管习惯不是立法所产生的，但是其体现了绝大部分个体在特定情境之中的选择和判断。基于此可知，法律的来源能够有效地满足法律主张权威的第一条件。法律来源事实上也满足其第二条件。法律在实践之中能够依据他所依赖的因素进行识别，其具备实现这一点的能力。例如，个人所得税法，需要充分地考虑税率的设置，进而确定法律的具体内容。个体对于该法律的认知体现在知道法律的存在，了解相关的法律内容。法律具体内容的确立依据作出决定时参考的种种因素,法律的来源具有明确性,在具体落实的过程之中无须进行道德的论证。①

(三)"必然性"分析中的理由

本书将讨论拉兹对于法律性质的论述,以及其中所包含的必然性的含义。确定性论证和能力论证都与拉兹对法律性质的研究有关,我们需要对法律必然性的含义进行分析,从而更好地理解拉兹的理论和观点。Brian Bix在研究拉兹的理论中指出,拉兹的法律性质研究主要包含了法律必然性的研究,法律的本质以及基于法律自身基本性质的论断。首先,我们需要理解拉兹对于法律必然性的概念。法律必然性指的是法律规则在某种程度上具有不可逾越的权威性和必然性,它是一种能够在一定条件下指导和约束行为的具体判定或决策规则。在拉兹的理论中,法律规则的必然性源于它所具备的内在合理性和行为指导性。由于法律规则经过合法的制定程序,并以此作为规范行为的准则,具有普遍性和约束力,因此被视为一种具有必然性的准则。其次,拉兹的法哲学观点强调法律的本质是一种规范性体系。法律的本质可以被理解为它作为一种规范性系统所具备的特定属性。这些属性包括法律的普遍性、持久性、具体性、强制性等。这些属性表明了法律的本质属性来源于它所体现的规范性质。最后,拉兹的理论指出,基于法律自身基本性质的论断,在法律理论的构建和运用中具有重要的地位。基于法律自身基本性质的论断是建立在对法律性质的深入研究和理解基础之上的论断,它是一种深入剖析法律性质的方法和理论。基于这种方法,诸如人权、公正和合理等社会价值可以被转化成法律规范,并以此作为法律实践的依据和指导。由此可见,拉兹对于法律性质的研究主要包括了对法律必然性、法律的本质以及基于法律自身基本性质的论断等方面的研究。在确定性论证和能力论证中,都涉及了这些方面的研究。确

---

① See Joseph Raz, *Authority, Law and Morality*, in Joseph Raz, *Ethics in the Public Domain:Essays in the Morality of Law and Politics*, Oxford:Oxford University Press,1994,p.221.

定性论证指的是在法律实践中，法律规则的适用是否可以被看作是一种确定性的判断。例如，在司法实践中，法官的判决是否可以被认为是一种确定性的判断，这与拉兹提出的法律必然性相对应。能力论证则涉及了法律规则的实际适用效果，即法律规则是否能够有效指导和约束行为。这与拉兹对于法律必然性的重视，以及对于法律作为一种规范性体系的论述密切相关。[1] 拉兹等诸多学者均指出，在进行概念分析时，necessary 同 essential 两者的含义能够进行对换，Brian Bix 在研究中也认为两者的含义相同。

在拉兹的理论中，法律的基本特征是主张合法性权威，而且他明确指出任何有效的法律体系均必须主张自身的合法性权威。这是拉兹法哲学理论的核心概念之一，也是他对法律与权威关系的主要贡献之一：首先，我们需要明确拉兹对于权威的概念。拉兹将权威定义为"在没有有效备选之下，指令的有力性"。在拉兹的视角下，权威是规范行为的一种方式，它使得人们在没有其他较好的替代方案的情况下能够确定性地行动。因此，权威对于规范和约束行为具有重要的意义。此外，拉兹认为法律的基本特征是其主张合法性权威。法律作为一种规范性体系，需要在行为人中具有约束力和指导力。这种约束力和指导力是通过法律规则所体现的权威性所实现的。法律规则的权威性源于它的普遍性、强制性以及约束力等属性。法律规则必须能够适用于所有行为人，并且被认可为是约束和规范行为的准则，才能够拥有合法性权威。其次，拉兹认为任何有效的法律体系均必须主张自身的合法性权威。这意味着法律体系是一种权力统治的方式，它要求人们接受和遵守法律规则，否则必须承担相应的后果。在任何有效的法律体系中，权威性是不可或缺的要素，法律规则必须要被认为是一种约束行为的合理准则。最后，对于权威的主张是法律组成部分之一，这是拉兹对于法律与权威关系所作出的又一判断。这意味着法律规则不仅具有自身独立的权威性，也反映了制定和实施法律规则的机构或组织的权威

---

[1] See Brian Bix, *Raz on Necessity*, Law and Philosophy, Vol.22, 2003, p.537.

性。这种权威性与法律规则的合法性权威是相互关联和相互支持的。[1] 基于上述可知,拉兹在研究的过程之中,采用了必然的、本质的词汇表达法律性质的主张。说明了社会规范成为法律的基本要素,若缺少相关的要素将使其丧失法律的价值。在拉兹的理论中,这一关键性因素即为对于合法性权威的主张,基于此,拉兹对法律性质进行判断,说明了权威命题的来源。本书研究的重点不是论据,而在于 necessity 这一词汇的含义,以及该词汇表达的内涵。

Brian Bix 在相关研究之中指出,此处的必然性同形而上学的术语、逻辑学之中的必然性均存在一定的差异,其本质上指概念分析之中的必然性。概念分析同社会学角度的经验研究也存在一定的差异,概念分析相对于经验研究是一个先验的概念。在对法律进行研究的过程之中,只有确定了法律适用的范围,才能够对法律的具体实践开展研究。在实际分析的过程之中,也不能使概念分析从法律实践中脱离,否则将使得概念分析失去应有的价值。拉兹认为法律是个体实现自我理解的基础,与此相对应的是,个体的自我理解推动了社会制度的实际运行。[2] 对于概念和个体生活实践之间存在的关系,拉兹指出,法律是一个伴随时间变化的历史产物,当前人们所遵循的概念更接近历史上习惯性选择的制度。法律概念并不是法律理论的具体产物,其代表了法律实践和与其相关的各类文化,并在这一过程之中所演进出的一个概念。[3]

法律的概念被 Brian Bix 进行了进一步的剖析。Bix 将拉兹的法律概念分为三个方面:我们对于法律拥有一个概念,这个概念是公民对于法律的解读,而且随着制度、社会实践和哲学的变化,法律的概念也在不断演进。第一,我们都对法律有一个概念,这意味着法律的概念是社会共享的观念。法律不仅是一种外在的制度和规则,而且是人们内心中的一种认知

---

[1] See Joseph Raz, *The Authority of Law*, *Essays on Law and Morality*, Oxford: Oxford University Press, 1979, p.30. Joseph Raz, *Authority, Law and Morality*, in *Joseph Raz, Ethics in the Public Domain: Essays in the Morality of Law and Politics*, Oxford: Oxford University Press, 1994, p.215.

[2] See Brian Bix, *Raz on Necessity*, Law and Philosophy, Vol.22, 2003, pp.538-544.

[3] See Joseph Raz, *Two Views of the Nature of the Theory of Law: A Partial Comparison*, Legal Theory, Vol.4, 1998, pp.280-281.

和理解。每个人对于法律都可能有自己的看法和解读,但是这些看法和解读必须在社会和法律框架内得到认可和接受才能构成共享的法律概念。第二,法律的概念是公民自身对于法律的解读。这意味着法律的概念是建立在公民对于法律的理解和认同之上的。法律的含义和范围是由公民主观地理解和解释的,这种解读与法律的实际内容和目的密切相关,它们相互作用并共同塑造了法律的概念。第三,随着制度、社会实践和哲学的变化,法律的概念也在不断演变。制度的变化包括了法律体系的演进和发展,社会实践的变化体现了法律实施和应用的不同方式和需求,而哲学的变化则反映了对于法律的理论和思想认识的改变。这些变化都会对法律的概念产生影响,法律的概念会随着时代的发展和转变而不断更新和演进。在总结拉兹的相关研究时,Brian Bix 指出了拉兹理论中的必然性与其他领域的必然性概念存在重大差异。拉兹的必然性更接近于黑格尔式的概念,它代表了时代或生活发展的趋势和规律。与哲学发现中的必然性、逻辑中的必然性以及柏拉图语境中的必然性相比,拉兹的必然性概念更注重具体时代背景下的法律发展和演变。这种必然性概念不同于一般的逻辑必然性,它更多地强调了历史和社会因素对于法律的塑造和变迁的影响。[①]

(四)"主张"分析中的理由

在深入理解权威同法律之间存在的关系时,还需要对"主张"这一概念的具体内涵进行深入把握。基于上文之中对于拉兹相关论述的引用可知,其在构建权威同法律之间关系的过程之中采用了"主张"一词,这体现出法律仅仅是主张拥有合法性权威,但是实际上并不一定拥有。借助对"主张"这一名词的引入,可以考察概念分析同规范论证之间存在的依赖性和差异性,此外还能够发现政治哲学同法律哲学之间存在的差异。政治哲学中权威的研究重点之一是论证合法性权威,法律哲学则偏重于主张合法性权威的概念描述,两者本质上均是对权威概念的系统描述,其拓展了权威的概念。拉兹认为,主张指导个体如何产生具有约束力的命令,并指导个体在

---

① See Brian Bix, *Raz on Necessity*, Law and Philosophy, Vol.22, 2003, pp.555-556.

适宜的时刻承认权威的约束力。权威的合法性来源和条件是自身的服务意识,且这一理论本质上是一个规范性的学说。由此使读者质疑概念分析同规范的论证是否出现了混合的现象,实际上两者存在相互依赖的关系。[①] 这一事实证明对于权威概念的分析和对于权威规范的证明是两个问题,尽管这两个问题存在依赖关系。

概念分析同个体生活的联系证明了,概念同时代的政治、哲学存在密切的关系。法律是以人类制度文明的形式存在,其与特定时代的信念存在紧密的联系。基于此,对于相关概念的分析,不能局限于词汇表面,这体现了以哈特为代表的新分析法学的概念分析特点。针对权威和法律的关系,通常在概念层面具备权威的个体或组织,其能够有效地主张合法性,但是在大部分的法律体系之中,法律并不拥有实际的权威,即实际权威不是法律的必然组成部分。基于上面的分析和讨论可对其进行以下区分:一是权威的概念分析和规范论证是分离的;二是法律主张自身的合法性同其自身实际拥有权威相分离。基于上述两个分离区可知,对于法律的性质进行判断是一个非道德的命题,权威所包含的道德条件不属于法律概念分析的固定部分,即道德条件不是法律一直拥有的。

在拉兹对权威和法律进行概念分析的过程中,他区分了这两个概念的性质,并构建了它们之间的联系。拉兹认为,法律自身主张合法性权威,这表明法律不是通过性质上的要求而成为合法权威的实践。如果是这样,法律和道德之间就必然存在连接。然而,这种联系与法律实证主义相矛盾,因为法律实证主义认为法律的身份可以明确而无须进行道德检测,这与拉兹的论述矛盾。因此,法律体系本身不包含道德义务,这也是拉兹一直以来的主张,他坚持认为个体不存在服从法律的义务。首先,拉兹区分了法律和权威的性质。他指出,法律主张合法性权威,即法律规则要求人们遵守并接受其权威性。这种权威性是法律规则本身所具有的,而不是在性质上通过其他方式得到的。因此,法律的权威性不同于一般意义上的权威,它是建立在法律体系内部的一种特殊性质。此外,拉兹认为,如果法律在性质上具有道德要求或建立了与道德的紧密联系,那么法律和道德就无法

---

① See Joseph Raz, *The Morality of Freedom*, Oxford: Oxford University Press, 1986, p.63.

彻底区分开来。然而,法律实证主义主张法律可以被明确而无须进行道德检测,这与拉兹的观点相矛盾。拉兹强调,法律的权威性是建立在法律规则本身的内部逻辑和结构上的,法律的合法性并不依赖于道德的认可或道德价值的判断。因此,拉兹坚持认为法律体系本身并不包含道德义务。他主张个体不存在服从法律的义务,因为个体对于法律的服从不是出于对道德的要求,而是基于法律规则的合法性和权威性。个体服从法律是出于避免法律制裁带来的不良后果或他们个人对法律规则的尊重,而不是出于道德义务的约束。拉兹认为,道德和法律是两个独立而又不可混淆的领域,他们有着不同的性质和应用范围。

三、法律权威提供一种保护性理由吗?

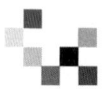

对于权威进行解释的基础是强制、同意等相关的概念,基于这一含义,相关概念实际上是对权威的简化。相关学者尝试将权威简化为规范性来源,或者将其总结归纳为不存在争议的原则。学者的这一解释能够有效地对人们的行为进行解释,但是却消解了权威自身的含义。在这一情况下,法律权威的简化存在诸多的困难。相关的简化存在说服力不足,消解权威本身等诸多的问题。基于此,深入分析困难出现的根本原因具有实际的研究价值。在解决相关困难之前,首先需要对法律权威需要论证的语境进行分析。拉兹在其编辑的论文集之中收录了相关的所有研究成果。拉兹在对相关文献资料进行总结之后指出,该论文集有效地回应了哲学无政府主义的挑战。[1]

拉兹指出,大部分人的困扰在于一部分人具有统治另一部分人的权力,这一困扰产生的根本原因是一个挑战。沃尔夫对这一挑战进行了深入的研究,其核心观念是个体对自身负责,其是道德的基本假设。采用康德

---

[1] See Joseph Raz (ed.), *Authority*, New York: New York University Press, 1990, p.1.

的语言来描述，即道德的价值和尊严建立在自律的基础上。自律则意味着自我立法，即个体需要为自身规定法律，并坚决地执行自身所制定的法律，基于自律存在的视角，个体未屈服他人的意志。尽管个体会做他人命令的事情，但是其做的原因不是自身被命令。国家、政府的法律对个体而言是他律，其借助外力使个体服从相关的指令，基于个体自律的视角，个体尚未完全地认同。在大部分的情形下，个体应给予法律足够的尊重，但事实上"任意权威均是不合法的存在"。①

法律的本质是他律，道德和义务的本质则是自律，由此导致的结果是不管义务以何种方式产生，法律自身不能授予义务，因此法律自身无法真正地拥有权威。尽管这一论断存在一定的挑衅性，但是其揭示了政治哲学的根本，对于法律权威的研究都围绕这一论断展开。拉兹本人对相关论文集的归纳和收集可以视为是对"哲学无政府主义"这一思想的回击。拉兹等学者对法律权威的研究，本质上是在解释个体服从权威的理由。② 拉兹将实践理性引入法哲学领域，将法律规范视为一种保护性理由的做法引起了学界的充分重视。更进一步来看，拉兹的理由范式与权威论不可区分，并且只有法律权威才能提供保护性理由。或者更准确地说，若要求行动的法律存在实施行动的保护性理由，则该法律拥有权威，即若法律是排除实施行动相左理由的理由，则法律具有权威。③ 从另一个角度看，法律权威也只有通过具备规范性的保护性理由来彰显其权威的合法性。这其中的理由含义为被证成或有效的理由，其将被界定为合法性权威。④ 拉兹表明，通过理由可以分析法律权威，但是在早期他并没有因此转向对法律权威的进一步思考。综上所述，拉兹提出法律权威的概念是可行的，且这一概念包含了事实权威和合法性权威。他将具有合法性的法律权威作为一

---

① 参见[美]罗伯特·沃尔夫：《为无政府主义申辩》，毛兴贵译，江苏人民出版社2006年版，第12、17页。

② 参见何永红：《现代法理学中"法律权威"问题的困境——以哈特对奥斯丁的批判为线索》，载《政法学刊》2010年第1期。

③ See Joseph Raz, *The Authority of Law*, *Essays on Law and Morality*, Oxford: Oxford University Press, 1979, p.29.

④ See Joseph Raz, *The Authority of Law*, *Essays on Law and Morality*, Oxford: Oxford University Press, 1979, p.29.

种理论预设,分析在拥有合法性权威的情形下,权威提出的排他性或保护性理由与普通一阶理由在运作方式上的差别。

拉兹指出,不能简单地将权威概念和法律概念直接联系为一个整体,因为法律具有特定的特征,其中一个基本特征就是主张合法性权威。法律规则的存在本身就成为个体行动的理由,个体在行动中被要求遵守法律的这一理由。法律的约束力来自法律本身,这体现了法律权威作为内容独立的理由。对于法律权威的理论构建,拉兹提出了理由范式和权威论,将其整合成为法律权威理论的一个整体。理由范式强调了法律规则作为理由的存在,即法律规则本身作为个体行动的合理性依据。个体在行动时遵循法律规则是因为这些规则本身具有合法性,并且个体受到法律规则的约束力。而权威论则指出,法律权威通过发布排他性理由来实现其优先功能,这些排他性理由的证成可以转化为对法律权威的证成。在法律权威理论中,拉兹强调了法律权威的内容独立性。法律权威并不依赖于道德、政治或其他外部因素的认可或支持。相反,法律权威是法律规则本身的产物,其约束力是内在于法律规则的。这意味着个体在遵守法律规则时并不是出于对外部权威的服从或道德义务的约束,而是基于对法律规则内在合理性的认同。拉兹的法律权威理论对于我们理解法律的本质和意义具有重要的学理性和理论性价值。通过理由范式和权威论的整合,拉兹指出了法律权威的独特性和内在约束力。这一理论不仅强调了法律规则作为个体行动的理由,而且突出了法律权威的内在性质和功能。法律作为一种社会规范和制度,通过其合法性和权威性对个体行为产生影响和约束。

拉兹的理由范式引起了学界的充分关注,他将政治哲学中的实践理性分析带入了法哲学领域,认为法哲学不过是实践哲学的一个特殊"制度领域"而已。[①] 与此同时,他又根据法律的运作方式,提出了全新的二阶理由模式,丰富了政治哲学中关于理由的分析。不过,和任何新兴的理论一样,拥护者有之,反对者亦有之。学界对其最重要的反对意见可以分为两类,一是二阶理由不能算一种理由,其表现形态和运作模式都与理由有所不同;二是通过二阶理由无法洞察法律的运作模式,只是对其片面或错误的

[①] 参见[英]约瑟夫·拉兹:《法律体系的概念》,吴玉章译,中国法制出版社2003年版,第251页。

一种描述。[①] 在拉兹看来,"由于法律的功能是引导人们单向度,这种引导有两种具体形式:通过规定避免如此行为的某种标准理由,影响人们某种行为过程的后果;通过规定追求某种行为或避免某种行为的理由(至于究竟如何则视立法者的选择),影响人们的某种行为过程的后果"[②]。这种引导功能则通过法律提供的保护性来实现,排除主体依照自己的慎思结果而行动,这就能很好地解释法律判决书中引用的理由部分都是已经被保护的法律理由,而不是制定该条法律规范的背景性理由。不过,许多法哲学家认为这是一个过强的要求,法律提供的根本不是一种保护性的理由,其指引功能的实现也不要求排他性理由的存在。

拉里·亚历山大(Larry Alexander)就认为法律提供的不是一种保护性理由,因而不但不具备排他性,甚至也没有必要和价值相关联,不过法律规范仍然通过另外一种方式影响行动主体的慎思过程。[③] 比如,在特定的情形中,我们有 X、Y、Z 三种一阶理由支持实施 A 计划,但同时又有 X_1、Y_1、Z_1 三种一阶理由反对实施该行动,按照拉兹的理由范式,我们应深入分析不同理论在这一情形之中的价值,若 $X+Y+Z$ 的分量大于 $X_1+Y_1+Z_1$ 的分量,行动主体就应该实施行动,反之则不实施。进一步假设在该情形中慎思的结果是应当实施 A 行动,但若我们此时引入了一个正当的法律规范变量 L,法律的"实践差异命题"就指向了反对实施 A 行动。因为行动主体本来慎思的结果是支持行动,这时 L 是通过排除或取消这种结果和行动的关联,但亚历山大认为这不符合我们日常生活中对待法律的态度。他认为,法律规范提供的不是一种保护性理由,而是将三个不同的事实因素引入行动主体的实践慎思。一是协作事实——群体内的其他人可能遵守法律规范 L 的事实,这一事实反对行动主体打破协作状态,因而为反对 A 行动增添了(一阶)协作理由。二是不服从事实——行动主体不服从协作的行动可能会鼓励其他人的不服从,这也就是我们通常所说的社会

[①] See John Broome, *Normative Requirements*, Ratio, Vol.12, 1999, pp.398-405.

[②] [英]约瑟夫·拉兹:《法律体系的概念》,吴玉章译,中国法制出版社 2003 年版,第 201~202 页。

[③] See Larry Alexander, *Law and Exclusionary Reason*, Philosophical Topics, Vol.18, 1993, p.19.

影响。三是审慎事实——法律规范附带了制裁，对违背者实施惩罚，因而带来了恐惧制裁的心理和审慎理由。除此之外，法律权威的道德性和知识能力也能影响行动主体的实践慎思。亚历山大据此得出结论，法律规范提供的不是保护性理由，它不具备排他性的功用，只不过是提出了影响分量权衡的因素和认识性的因素。这似乎表明，亚历山大认为如果我们从外部观点看，法律提供了一种保护性理由，但当我们深入主体实践慎思过程时，就会发现排他性本身仍然是依赖于影响分量权衡和主体认知的方式获得的。

　　本书认为，尽管亚历山大的批判非常精致，但似乎并未构成对拉兹理由范式的真正破坏，对此至少有两个方面的反驳。其一，亚历山大似乎混淆了内在理由与外在理由。拉兹的理由范式是一种客观的理由范式。这不但预设了保护性理由的客观性，并且预设了客观地看待理由在实践慎思中的作用。法律提供的保护性理由不要求我们深入探究行动主体实践慎思的过程，而是要求无论主体如何慎思，都排除或取消相冲突的慎思结果与行动之间的关联。即使行动主体的慎思过程真的符合亚历山大的理论重构，这也不代表保护性理由失去了排他性的一面，因为它是针对行动而非慎思的排他。其二，这种批判也混淆了理由与动机、信念与实践，不符合通常学界对理由概念的使用。在亚历山大的重构中，分别提出了协作理由、不服从理由和审慎理由，并隐含了认知理由和合法性权威的道德理由的概念，然而只有协作理由和道德理由是客观的实践理由。认知理由是一种信念理由，不直接影响人们的行动，而不服从理由和审慎理由针对的是动机，也不是规范性理由。法律意图通过建立排他性理由指引行动，而附着于保护性理由之上的制裁措施则意图影响人们的动机，因而制裁虽然不是排他性理由，同时也不是规范性理由，与哈特分析的抢匪模式一样，制裁无法产生服从的义务。①

　　自然法学家迈克尔·摩尔（Michael S.Moore）则认为拉兹在分析排他

---

① See Joseph Raz, *Hart on Moral Rights and Legal Duties*, Oxford Journal of Legal Studies, Vol.4, 1984, pp.123-131.

性理由之时,有着"不被注意到的双重模糊性"①——有时是证成性主张,有时是动机性主张,有时是决策性主张。这就使排他性理由与不做某事的一阶理由难以区分,或者说排他性理由不过是一个分量非常大的一阶理由而已,并不拥有排除或取消与之冲突理由的独断能力。与之相类似,斯蒂芬·佩里(Stephen Perry)则认为需要区分主观的理由权衡和客观的理由权衡,在客观性无法获得的情况下,特别是面临实践不确定的时候(如明天是否下雨是个概率问题,这就使是否带伞的考量面临不确定性),法律权威并不能肯定地获知客观理由权衡的状态,因而提供的理由也不能获得排他性的绝对地位,也只是一个分量较大的主观理由而已。② 不过,拉兹自己却认为这种含糊性并不存在,即使我们能够进行一些技术性的区分,但对理解实践推理和法律权威来说,排除或取消与之相冲突的行动理由这个定义已经足够。③ 摩尔的问题在于混淆了分量较重的一阶理由和排他性理由的区分,排他性理由在运作方式上完全不同于一阶理由的权衡模式;而佩里则过于看重所谓的主客观权衡的区分,这种区分在实践中是不可能完全割裂的。

在笔者看来,比起这些概念上的反对意见,更为严峻的质疑还是来自实践。即使拉兹对不同理由的分类和描述是正确的,但它若不能与法律在现实社会中的运作模式相吻合,那么这种理由范式也只有哲学上的意义,并不能运用到法律领域之内。个体的行为均存在某种正当化的理由或条件。例如,在外面正在下雨的情况下,"我"既可以将其作为不出门的理由,又可以视为打伞出门的理由。如果某人请"我"去他家做客,"我"可以依据上述两个理由中的任何一个,既可以不去,也可以打伞去他家。然而,如果某一个相对于"我"的权威者(如"我"的导师)要求"我"到某个地方去一下,那么他的要求将会排除"我"依据第一个理由所作的不出门的选择,同时将会强调第二个行动理由。因此,权威不是来源于上述两个来源之中的一

---

① See Michael S. Moore, *Authority, Law, and Razian reason*, Southern California Law Review, Vol.62, 1989, p.854.

② See Stephen Perry, *Second-Order reason, Uncertainty and Legal Theory*, Southern California Law Review, Vol.62, 1989, pp.920-927.

③ See Joseph Raz, *Facing Up*, Southern California Law Review, Vol. 62, 1989, pp.1156-1164.

个,也可能来自与之并存的第三个理由,即针对行动理由的一个理由。这种理由就被称为"二阶理由"。相应的,原先具有的理由就是"一阶理由"。同时,还存在消极的二阶理由,即将作为或不作为的一阶理由排除,将发挥排除作用的这一理论称之为排他性理由。在排他性理由同一阶理由发生冲突时,将优先适用前者。斯蒂芬·佩里进一步发展了这种分析,秉持着他对法律权威无法获得客观理由的权衡,他认为拉兹的保护性理由不适用于英美普通法领域。实证主义将法律看作社会来源或社会事实,因此成文法和判例法都能被认为提供了同等的保护性理由。不过事实上,对判例法来说,法官从来没有将其视为一种排他性的存在,而是不断地在分量权衡中通过遵循先例和推翻先例的方式得到不断地发展。因为如果仅仅通过个案审理的方式,先例本身无法实现对一阶理由的直接排除或取消。但在新的证据对先例的冲击超过了内心合理怀疑的情况下,法官就有义务推翻先例。斯蒂芬·佩里设想了独任法官面对先例的情形,如果她之前审判了相似的案件,那这次她有一定的理由遵从先例,但是"法官应当通过对待它们为再权衡的理由、认知绑定的理由,或是两类理由的方式,遵从先前的实践判断"。[①] 也就是说,先例虽然提供了一种二阶理由,但不必然是排他性理由。

拉兹对此的回应非常简洁,认为自己的理由范式与斯蒂芬·佩里提出的理由观点并没有实质上的差别。他指出在普通法系统中最高法院仅仅是在非常弱的意义上受到排他性理由的约束,"如果法律决定立法,则初审法院只享有有限的权力改变法律,也就是它们被要求将其视之为有效的保护性理由……同样的场景无须适用于最高法院。当它觉得根据所有理由的权衡适合的时候,它就能改变法律"。[②] 因此,斯蒂芬·佩里对于层级门槛的分析是正确的,有约束的先例有一部分作为再权衡的理由,也有一部分作为认知绑定的理由。表面上看,拉兹的回复相当令人困惑,如果承认了斯蒂芬·佩里的批评,那么普通法系中排他性理由是否可能存在?笔者认为,拉兹的回复似乎是基于理由范式的基本判断之上,即任何理由都不

[①] Stephen Perry, *Second-Order reason*, *Uncertainty and Legal Theory*, Southern California Law Review, Vol.62, 1989, p.966.

[②] Joseph Raz, *Facing Up*, Southern California Law Review, Vol.62, 1989, p.1208.

是无条件的理由。即使是具有合法性的法律权威提供的保护性理由,也只产生推定的法律义务,也就是被预设了具有约束力。因为它是作为指引困惑之人的一般性指令,在特定情形中可以被其他一阶理由或非理由的事实击败。恩迪科特(Timothy Endicott)就认为,现实生活中任何命令都不是不可击败的,如母亲要求子女必须待在家,这并不意味着火灾发生时他也必须严格遵守命令,这种保护性理由不能"排除她并不认可的所有考量"。① 同样,法律规定"行人红灯停绿灯行",但在行动主体遭遇重大事情之时(如家庭变故),这项法律提供的保护性理由可能不应当被遵行。所以当达到了一定理由的门槛之后,正如斯蒂芬·佩里所说,再权衡的情形就会发生,既然所有的理由都只产生推定的义务,那么拉兹和佩里之间在理论上的分歧就自然不存在了。

学界有反对意见认为,拉兹将理由范式与法律权威联系起来是不必要的,即使某些实践权威确实能给出保护性理由,但这并不代表法律权威必然如此。马默、夏皮罗、科尔曼等反对者指出,法律权威给出的排他性理由只要胜出相冲突的理由即可,无须排除或取消后者与行动的关联,行动主体可以将法律权威给出的理由视为一种具有独立价值的一阶理由,纳入理由的权衡慎思当中。这种意见似乎很契合我们通常对待法律权威的态度,尽管法律给予了排他性理由,但理性之人总是可以通过内容看待法律的分量和价值。

对于这样的观点,拉兹给出了一个独立的反驳意见,这个意见就是"不得双重计算"。拉兹本身秉持了一种服务性权威观,这表明权威没有独立存在的价值,其价值必须基于原先存在的一阶理由承载的价值。那么我们为什么还需要权威呢?因为,首先,权威所具备的诸多特征,如意志力、理解力超越了普通的个体,获取了更全面的知识或是站在更有利的位置之上,因而服从权威的指令比我们自己的慎思能够更好地符合适用于主体的那些理由。这是因为在伦理生活中,"当且仅当这些理由是充足的理由,这些原则也具有相应的权威;而如果它们不是充足的理由,这些原则也就在

---

① See Timothy Endicott, *Interpretation, Jurisdiction and the Authority of Law*, APA Newsletter, Vol.14, 2007, p.17.

同样的程度上丧失其权威"。① 其次,权威可以简化思维。即使不是出于理解力和意志力的原因,为了便捷的缘故,人们也不愿在相似的理由环境下一次又一次地进行慎思。再次,权威可以建立一种多元主义文化。这对法律权威来说特别明显,我们可以接受权威给出"中低层次的一般化"指令,却不涉及在深层次或价值观层面上存在的巨大分歧。最后,权威可以解决协调性问题。由于不可通约性或是"搭便车"的现象,协调性问题无法由行动主体自身予以解决,合法性权威本身也有事实权力的一面,可以通过权力来保持合作性社会的持续运转。

尽管权威有着这样的优势,但这些论点都不是决定性的,反而凸显出权威本身没有任何内在的、附加的或终极的价值,只是一种实现价值的工具或工具性价值,因而服从权威最终还是为了实现该环境下的一阶价值。换句话说,保护性理由是排他性理由,也是一阶理由。权威给出的指令,其一阶理由的一面就是原先存在的理由,进行正确权衡之后呈现的一面。"然而最终,指令或规则的强制力源自那些证成它们的因素。它们并不添加更多的分量在那些证成因素之上。"②根据拉兹的理由范式,要么符合权威的指令,要么符合原来的最具有规范约束力的理由,而如果在理论中同等对待,我们就犯了"双重计算的错误"。

在解释了权威必须依附理由进行运作之后,拉兹随即澄清了另一个可能的反对。这个反对意见认为虽然合法性权威有资格给出保护性理由,但权威是否具有合法性还得行动主体进行慎思,考察在每个情形中是否符合服务性权威观的条件。若是这样,行动主体虽然无须思考保护性理由,但还得每次思考发布理由者是否为权威,这同样会使权威的存在没有必要。拉兹对这种反对意见也给出了三个简短的回应。首先,合法性权威一旦存在,其发布的指令就应当按照保护性理由的模式运作,哪怕在个案中其指令可能偏离最佳理由的情形。其次,当权威的指令超越了其权限,其指令就不再具有约束力,这也能很好地说明一个国家的权威为什么不能约束他

---

① [美]阿拉斯戴尔·麦金泰尔:《追求美德:道德理论研究》,宋继杰译,译林出版社2011年版,第54页。
② Joseph Raz, *The Morality of Freedom*, Oxford: Oxford University Press, 1986, p.59.

国的公民。最后,指令中的其他错误并不影响指令的约束力,合法性权威哪怕偶尔发出错误的指令,也不影响其优先功能或排他性运作。① 不过,笔者认为在最后一点上拉兹的观点仍然存在模糊之处,一方面拉兹的理由范式认为任何结论性理由的约束力都是推定的,既然权威只是工具性角色,特定环境中其他理由或非理由事实仍然有可能击败权威性指令;另一方面,如果拉兹的权威理论确实是比例或程度上的,那么合法性权威给出的错误指令虽然不会影响指令的约束力,但会损害权威的合法性,并且过多的错误指令将会摧毁权威的合法性。

肯尼斯·艾伦伯格(Kenneth M.Ehrenberg)给出了另外一种批评,他指出法律权威有时候确实能够实现优先功能,但不必然如此。"法律并不主张优先我们的理由,尽管当我们接受其权威之时,我们才容许它这样做。"②也就是说,只有当行动主体接受权威的优先之时,优先功能才能实现。与哈特、拉兹的观点完全相反,艾伦伯格将优先功能视为行动主体的选择,而非权威者或命令者的意图。拉兹的推论是一种典型的演绎推理:权威存在提供优先理由,法律必须主张拥有权威,因此法律必须主张提供优先理由。艾伦伯格认为,只有在"闭合原则"的情况下这种推理才有效。然而,在法律领域,这种闭合原则并不存在,他以法律实践中的"必要性"原则和法律体系的间隙说明这一点。前者是指类似于正当防卫或紧急避险这样的情形,在这种情形下行动主体出于必要性原则,可能会选择与法律提供的理由相反的行动,因而是优先命题的例外或反例。同样,在法律体系出现的间隙中,如当出现未曾规定的事项,或是法律规范之间产生无法解决的冲突,这时自然就无法排除任何理由,相反在这种情形下行动主体自己会慎思决定适用于他的理由。这种批评意见很合理地指出了特定情形中法律规范并不决定主体行动,相反从法律上或道德上要求主体重新开始实践慎思的过程。

然而,艾伦伯格基于实践的论证非常令人困惑,似乎并不能构成对拉

---

① See Joseph Raz, *The Morality of Freedom*, Oxford: Oxford University Press, 1986, p.62.
② Kenneth M.Ehrenberg, *Law's Authority is not a Claim to Preemption*, in Will Waluchow & Stefen Sciaraffa eds., *Philosophical Foundations of the Nature of Law*, Oxford: Oxford University Press, 2013, p.52.

兹优先命题的反对,反而可以例证其有效性。对必要性原则的例子来说,如果必要性是法律来源所承认的,如写在各国刑法之中的正当防卫和紧急避险规定,那么基于这些规定的行动并不是对优先命题的反对,而是法律系统内部的推断:在特定法律条件下,我们应当服从正当防卫或紧急避险规范的优先,而不是"不得故意伤害"规范的优先。当然,如果某国的法律体系并未规定这些原则,问题可能就会稍显复杂,但我们得再次提醒保护性理由的约束力并不是绝对的,而是推定的,其他事实或理由有可能在规范性上胜过这种理由,法律权威永远是"常态"证立的,允许例外的存在。体系间隙的批评同样如此,法律体系间隙存在之处并不适用优先命题,即使法院有权处理这些间隙,我们也不能认为这是法律权威给出保护性理由的运作模式,反而拉兹认为间隙之处法官应当诉求道德规范进行立法,"常见的是,法院有自由裁量权修改法律规定,或在适用中作出例外,在它们有这种自由裁量的地方,应该诉求于道德推理来决定是否用它和如何用它"。[①] 既然法律体系的间隙之处法院是进行道德推理,那么法律提供的保护性理由就不复存在,所有的推理慎思就应当回到一阶理由的模式(或是道德权威的运作模式)中运行。

　　拉兹认为规范性权力是改变保护性理由的能力。更确切地说,某人拥有规范性权力,就是他可以通过行为行使他的规范性权力。行为是行使规范性权力的行动,需要满足如下条件:(1)有充分理由将它作为保护性理由,或者作为撤销保护性理由,并且(2)之所以如此看待它,是因为这能够使人们通过此种行为改变保护性理由(如果他们愿意这样做)。假定权力在"权力言论"中被行使,权力拥有者可以通过三种方式改变保护性理由。第一种是发布排他性指令,即行使权力告诉一个人做Φ,权力言论是一个人做Φ的理由,也是不按照(全部或部分)不做Φ的理由而行为的第二顺位理由。所以拉兹认为排他性指令是保护性理由。第二种行使权力的方式,是通过权力言论授权许可实施迄今为止某一排他性指令禁止的行为,撤销的是排他性理由。第三种行使权力的方式是授权于一个人。这本身并不能改变保护性理由,但它使一个人可以改变它们。可以通过多种途径

---

① Joseph Raz, *Ethics in the Public Domain: Essays in the Morality of Law and Politics* (Revised Edition), Oxford: Clarendon Press, 2001, p.335.

限制他所拥有的权力——行使权力的方式、权力所指向的人群等。

规范性权力是一种涉及适用于一个人自己或他人行动的排他性理由的能力。这意味着规范性权力的概念不能仅适用于涉及一阶理由的行动。这引发了一个问题,即一个人是否有权利提出要求,以及被要求者是否应将该要求视为一个理由或决定性理由。类似的问题也适用于命令的发布。然而,对于命令或其他意图涉及排他性理由的行为,还存在更深层次的问题,即执行该行为的人是否具有制定该行为的权力。换句话说,是否要求那些受其行动影响的人将其行为视为涉及适用于他们的排他性理由。在探讨规范性权力的概念时,我们必须考虑它与行动的理由之间的关系。行动的理由是指支持或解释一个人行动的原因或动机。而规范性权力则涉及行动的排他性理由,即因为权力的存在,一个人可以要求或命令他人采取特定的行动。这样的排他性理由是根据权力关系建立起来的,因此规范性权力与行动的理由密切相关。对于一个人是否有权利提出要求,以及被要求者是否应将要求看作是一个理由或决定性理由,这些问题涉及权力的行使和接受。权力的行使者可以通过其规范性权力主张其要求,并期望被要求者将其要求视为必须遵守的理由。被要求者是否应当接受这些要求,则取决于权力关系的合法性和合理性。在这种情况下,要求可以被视为充分的理由,因为它是由掌握规范性权力的人提出的。类似的,对于命令的发布,也需要考虑权力的行使者是否具有制定命令的权力。命令作为一种具有排他性理由的行为,涉及执行该命令的人必须将其视为适用于他们的决定性理由。然而,命令的发出者只有在具备合法且合理的权力时,才能要求他人接受和执行命令。这意味着权力的行使者需要具备一定的合法性和正当性,以使其命令被他人接受为行动的排他性理由。然而,一个人是否具有制定涉及他人的排他性理由的行为的权力,这带来了更深层次的问题。制定涉及他人的排他性理由的行为涉及对他人行动自由的限制。因此,权力的行使者需要考虑那些将受到影响的人是否必须将其行为视为他们的排他性理由。这涉及对权力的合法性和正当性进行审视,并在权力行使过程中充分考虑权力的受限性和合理性。我们能否从发布命令的权力出发进行概括,并得出结论说,一般而言,规范性权力是一种涉及排他性理由的能力?拉兹认为可以,当规范性权力是一种对于他人的权力时,即为拥有权威。因此,我们就能够将号令与指示的权力(它专指对于他人的权力)以及制定规则和规章的权力(它包含了对于他人的权力)与权威等同起来。权威是法律之外的两种主要形式的规范性权力之一。①

在拉兹的观念中,法律权威赋予了一种保护性的理由,这种理由具有排他性的特征,能够有效地抵消规范性理由。正是因为无论法律的要求如何,法律指令都能排除与之冲突的规范性理由的考虑,拉兹的法律权威理论因此被视为法律实证主义的经典之作。从这个角度来看,这种法律权威似乎可以被归结为审慎推理模式,它们都不要求以规定的内容为基础进行考虑,而服从于权威的人也是在服从于法律权威本身所赋予的理由。拉兹的法律权威理论强调了法律权威的内容独立性,即法律规则的约束力来自法律本身。根据拉兹的观点,法律权威将法律规则与个体行动的合理性联系起来,使个体在行动时受到法律规则的约束,遵守法律规则成为个体行动的理由。法律的约束力不是依赖于外部权威的支持或道德义务的约束,而是内在于法律规则的合理性和合法性。据此,拉兹认为法律权威具有排他性的特点,即法律规则的存在能够排除个体行动的其他规范性理由。法律的存在本身就成为个体行动的决定性理由,法律权威赋予的保护性理由能够有效地抵消其他规范性理由对个体行动的影响。由于法律权威能够排除与之冲突的规范性理由,拉兹的法律权威理论被视为法律实证主义的典范之作。与此相对应的是拉兹的审慎推理模式,审慎推理模式也不要求基于规定的内容进行考量,而是基于权威本身所提供的理由。它强调的是个体根据权威的指示来推理和决策,而不是基于其他规范性理由来进行判断。类似的,法律权威理论强调的是个体在行动时以法律规则为依据,服从法律权威所赋予的理由。因此,法律权威可以被看作是一种特殊的审慎推理模式,使个体在行动时考量的焦点集中于法律的存在和要求,而非基于其他规范性理由的考量。拉兹的法律权威理论对于我们理解法律的本质和意义具有重要的学理性和理论性价值。通过法律权威与行动的关系的理论构建,拉兹阐述了法律权威的独特性和内在约束力。法律规则作为个体行动的决定性理由,以及法律权威能够排除与之冲突的规范性理由,这些观点深化了我们对法律的认识和理解。

---

① 参见[英]约瑟夫·拉兹:《实践理性与规范》,朱学平译,中国法制出版社2011年版,第109~111页。

综上所述，拉兹的法律权威理论以理由为中心形成了"权威—规则—理由"三个层次的整体性法律权威理论。在这个理论框架中，权威的证成为法律权威的整体论证提供了有效的铺垫，进而展示了理由来源与应用的讨论。而规则作为整体的组成单位，则通过排他性理由和理由权衡模式展示了其体系化的意涵。理由范式的分析也进一步揭示了其作为参与实践权衡的工具和可以制造差异的事实的独立性，并成为规则和权威等上位概念论证的基本单位。在拉兹的法律权威理论中，权威作为一个重要概念被置于核心位置。权威的存在是法律权威的基础，它是有效抵触规范性理由的保护性理由。法律的权威性要求个体服从法律规则，即使个体不同意也必须遵守，因为权威的存在本身就提供了行动的理由。因此，权威作为法律权威理论的核心概念，为法律规则的约束力提供了基本论证。在法律权威理论中，规则作为法律的组成单位起着重要的作用。规则是法律体系中的具体指令，它们规范了个体的行为，并提供了具体的行动指导。规则的排他性理由清晰地表明了个体在遵守规则时必须排除其他可能的规范性理由。理由权衡模式进一步阐述了规则的体系化意涵，即规则之间的关系存在着一定的权衡和平衡，以保持整个法律体系的一致性和可操作性。最后，理由范式的分析突出了其作为参与实践权衡的工具和制造差异的事实的独立性。理由作为行动的基本解释和决策的依据，在法律权威理论中扮演着重要角色。理由提供了对行动的解释和合理性的评估，它们可以根据具体情境和个体需求进行权衡和调整。理由范式的独立性意味着理由可以独立于规则和权威而存在，并且可以为规则和权威等上位概念的论证提供基本单位。

第 五 章

理由范式的学术争议与拉兹的回应

拉兹在长达五十年的持久学术生涯中实际上作出了非常重要的贡献。本书之所以没有使用"拉兹对法理学贡献卓著"之类的表述,是因为"他的巨大贡献并不仅限于法理学(法学),而且是包括政治哲学、道德哲学在内的几乎整个哲学。拉兹的离世,并不意味着他的那些看法和主张也一同随风而逝,他只是不再发言了,但那些看法和主张仍然在后来者的头脑中,持续且旺盛地'活着'"[①]。本书认为,只要研究领域与他相关,就没人能够忽视这些想法,向拉兹不断发问、与拉兹持续对话,是这些领域的工作获得推进的重(主)要方式之一,这也是向他表达敬意的最佳方式,本书的主要目的也是如此。

拉兹的理论贡献遍布多个领域,法哲学、道德哲学和政治哲学的学者都能在拉兹那里获得许多启发。拉兹的法哲学思想奠基在道德哲学和政治哲学之上,他提出的权威理论也是其道德哲学和行动理论的主要内容之一。甚至可以说,拉兹以权威理论来实现对来源命题支撑的观点,本质上是其道德哲学思想的产物之一。科尔曼指出,权威理论是拉兹在法哲学领域、政治哲学领域作出的最大贡献。[②]"拉兹的相关论述从研究问题的深度、提出的解决问题的方案两个角度看均是杰出的,且是当前最清晰明了,最具有生命力和影响力的法律权威学说。"[③]拉兹的相关研究以权威理论

[①] 陈景辉:《权威与法律的性质》,载《南大法学》2023年第3期。

[②] See Jules L. Coleman, *The Practice of Principle*, Oxford: Oxford University Press, 2011, p.121.

[③] Jules L. Coleman, *The Practice of Principle*, Oxford: Oxford University Press, 2011, p.124.

为基础,对法律和道德之间存在的关系重新进行了解读,为法哲学理论的创新做出了重大贡献,但拉兹的权威理论和理由范式也招致大量的批评。

涉及法律的规范性存在自身的独特性的观点引起了一些哲学家的质疑。他们进一步指出,法律如何以与法律不存在紧密联系的形式,对个体的行动理由产生影响,这一问题值得深度探究。此外,相关学者也纷纷指出,不管是法律领域还是其他领域,对个体行动理由的各种类型规范的作用方式都存在着差异。在此背景下,我们可以对拉兹的法律权威理论进行重新审视。拉兹强调,法律规则的存在本身具有排他性的特征,能够有效地抵消规范性理由的影响。拉兹的理论建立在对权威、规则和理由的分析之上,彰显了法律权威的整体性理论。然而,有学者对这种理论提出了质疑,并指出法律并不独特,其他领域的规范性要求也会在实践中制造差异。在实践中,不同的规范性要求能够影响个体的行动理由,并产生不同的行动结果。拉兹的法律权威理论是否能够解释这种实践现象是值得深入探究的。为此,我们需要进一步讨论法律规范性的独特性问题。各种类型的规范性要求确实都能够影响个体行动理由并制造差异。例如,道德规范和社会习俗都可以塑造个体的行动方式和行动动机。而法律规范的独特性是否存在,则需要对法律本身的特殊性质进行分析。在这方面,拉兹认为,法律权威具有排他性的特点,即法律规则的存在能够排除个体行动的其他规范性理由。

拉兹的理论建立在对权威、规则和理由的分析之上,彰显了法律权威的整体性理论。法律规则的排他性理由确实可以使个体行动时受到法律规则的约束,但是这并不足以使法律规范在实践中具有独特性。换言之,拉兹的理论似乎难以解决在实践中的法律规范与其他规范性要求所产生的差异问题。那么,导致这些差异的因素是什么呢?我们可以从行动理由的道德层面进行探究。事实上,法律规范同其他规范性要求形成的差异并非只体现在行动理由的数量上,更重要的是在道德层面上产生了不同的态度和判断。规范性要求在个体行动理由的形成中,不仅需要合理性和解释性,还需要道德层面的承认和接受。此外,规范性要求与现实生活之间的联系是否牢固,也是影响个体行动结果的一个重要因素。在此方面,法律规范之所以具有独特性,是因为其构成要素中包含着与道德有紧密关联的概念;同时,法律规范也需要得到社会成员的理解和接受。因此,在实践中,法律规范在行动理由的道德层面上造成了差异。

关于法律规范性的独特性,我们可以从两个方面进一步探讨。首先,法律规范在行动理由的塑造上具有一定的独特性。法律具有普遍性和强制性的特征,可以规范个体的行为,并对不履行法律义务者施加相应的制裁。这种普遍性和强制性使得个体在行动时无法忽视法律的存在和要求,从而在行动理由的形成中产生了独特的影响。同时,法律作为一种客观存在,不仅通过法律体系和法律权威的建立而具有指导性,还通过其与道德、社会和政治等层面的关联,塑造了个体的行动理由。其次,从法律规范的实践效果角度来看,法律规范在个体行动理由的道德层面上产生了差异。法律规范的存在和实施,往往伴随着社会对于合法性和正当性的认可和接受,以及对于不遵守法律的行为的社会制裁或道德谴责。相比于其他规范性要求,法律的规范力量在道德层面上更为显著,因为法律规范不仅通过其自身的约束力影响个体的行动选择,还在道德层面上传达了对于法律规范的认同、尊重和遵守的价值观。这种认同和遵守的道德层面让法律规范在实践中产生了特殊的影响力,进一步强调了法律规范的独特性。

拉兹法理论的基础是法律自身能够成为权威的基础。法律所主张的权威是建立在法律自身的权威性基础上的,而该权威性基础的理由是排他性的。也就是说,法律规则所主张的权威性理由能够有效地替代任何从属于该权威的理由。换言之,在实践的过程中,法律必须提供排他性的理由,才能够实现对于权威的主张。

然而,在法律接受道德之后,其将无法提供排他性的理由,因为法律无法实现对适用于个体的一阶理由的取代。如果法律接受了道德,其将不能实现对权威的主张,从而无法吸收道德。因此,为了能够主张合法性的权威,其需要具备两个基本特征。其一,该权威必须具备自足性,即与其他理由完全独立。这意味着在实践的过程中,该权威发布的指示可以被等效为权威性的指示,而无须依赖其他权威就能够实现对行动理由的取代。如果没有依赖权威所期望的相关理由,个体就无法认同权威指令,并且在这种情况下,权威无法发挥其作为媒介的功能。其二,该权威必须具备支配性。在实践的过程中,该权威对于被接受的个体具有支配作用。对需要主张合法性的各种权威事件而言,其支配性体现在权威对个体行动方式的指导能力上,以此实现对群体行动理由的推理。换句话说,该权威存在一种使个体如何行动的能力,进而实现对群体行动理由的推理。从理论的角度来看,拉兹法理论强调了法律权威的两个基本特征:自足性与支配性。这两个特征使得法律能够成为合法性权威的主张者。然而,在实践中,这两个特征如何彼此关联以及如何影响法律的规范性意义,仍然需要进一步探究。

一、理由内在论与理由外在论的论争及拉兹的回应

拉兹认为理由是基于事实的,并将理由分为两种类型:规范性理由和解释性理由。其中,解释性理由实现了对事物的普遍性解释,并具备三个重要特点。首先,拉兹强调事实作为理由的关键,但他指出事实本身并不能构成理由。实际上,事实性理由是在对行动进行解释的过程中才会出现的。特定的事实并不是理由本身以独立形式存在,而是作为实现对事情解释的一部分的理由存在,或者说,它们具备解释的功能。事实与行动之间存在一种关系,理由的作用就是将事实和行动联系起来形成一个整体。这也意味着行动的解释质量与受众的接受程度密切相关。其次,在相关研究中,拉兹将理由视为一种关系,它能够将事实和行动紧密结合在一起。事实作为解释行动的理由起着关键作用。解释性理由的价值在于使人们能够理解行为主体的行为。当我们认为某个行动是某个目标的理由时,我们所讨论的事实中包含了该行动本身,并且这些事实本质上构成了该目标的理由。在实践过程中,个体无法仅依据一个理由来解释一个行动,因为行动往往受多个事实的影响。最后,拉兹指出,在研究过程中,无法凭借特定的事实来实现对行动的解释。实际上现实中的事实往往非常复杂,对理由的解释需要考虑更多的因素。解释性理由的复杂性使得其在实际应用中变得更具挑战性。

拉兹的研究为我们提供了深入的理解和思考关于解释性理由的重要性和特点。这些研究帮助我们认识到解释性理由的作用并能够对行动主

体的行为产生理解。同时,拉兹的研究也揭示了理由解释的复杂性和多样性,这为我们在实践中使用理由提供了更具挑战性的任务。因此,我们需要在实践过程中审慎选择理由,并考虑到事实的复杂性和多样性,以确保对行动的解释得到更为准确和有效的理解。拉兹的研究为法学领域的理论和实践提供了重要的启示,也为我们进一步探索和推动法律理论的发展提供了方向和思路。

拉兹对理由的研究深化了对理由这一概念的理解,并为我们提供了更加系统和全面的观点。他将理由划分为规范性理由和解释性理由两种类型,并重点探讨了解释性理由的特点和作用。解释性理由实现了对事物的普遍性解释,在拉兹看来,它更具有广泛的应用性和意义。拉兹在论述解释性理由的特点时提到,事实是理由的核心,但事实本身并不能直接构成理由。解释性理由实际上是在对行动进行解释的过程中出现的,特定的事实并不以理由自身的形式存在,而是作为实现对事情解释的一部分的理由存在。这意味着理由存在着解释的功能,通过关联事实和行动,构建了一个完整的解释框架。拉兹将理由视为一种关系,它能够将事实和行动联结在一起,从而实现对行动的解释。这种关系的形成离不开事实作为解释行动的理由的作用。解释性理由的价值在于使人们能够对行为主体的行为进行理解和解读。通过对特定行动进行解释的事实可能存在多个,当我们认为某个行动是某个目标的理由时,所论述的事实中涵盖了该行动本身,其本质是为该目标提供支持的理由。因此,在进行行动解释时,我们需要综合考虑多个相关的事实,将它们融合成为一个整体来解释行动。个体在实践过程中无法仅依据一个理由来解释一个行动。相反,行动往往受到多个事实的影响和驱动。这也说明了解释性理由的复杂性和多样性。在研究中,拉兹指出,为了实现对行动的解释,不能基于特定的事实,而是需要考虑到现实中复杂事实的存在。这也意味着在实践中使用解释性理由时要更加注重全面性和多元性,避免忽视重要的事实因素。此外,拉兹还强调了解释性理由与受众的接受程度之间的联系。解释性理由的好坏取决于受众对行动解释的接受程度。良好的解释性理由能够使民众对主体的行为实现更好的理解和接纳。因此,在进行行动解释时,我们不仅需要考虑事实本身,还需要关注受众的需求和接受度,以确保解释能够达到预期的效果。

拉兹以解释性理由为基础，对规范性理由展开了更为深入的分析。规范性理由不仅支撑了个体的行为，还对这一行为进行了辩护。在规范性理由的支持下，某人的行动才被认为是正确的。一些学者认为，从本质上看，规范性理由与解释性理由没有什么不同，它们都被用于解释行动者为何行动，仅仅是规范性基于不同的视角对行动进行了解释。规范性理由也可以看成一种解释性理由。然而拉兹并不赞同这种看法。拉兹指出规范性理由与解释性理由之间存在差异。规范性理由不仅需要解释行动，还需要对行动的合法性加以说明，但是在实践的过程之中解释性理由仅仅需要对行为实现解释。基于此可知，规范性理由能够发挥比解释性理由更大的作用。规范性理由在实践的过程之中存在以下问题：若一个主体的行动偏离了规范性的事实，规范性理由就无法解释行动了。拉兹在相关的研究之中发现了这一问题，并提出了具体的解决方法。拉兹指出解释性理由与规范性理由借助信念实现了联结。基于此，他认为特定的事实使某一主体产生了行动的信念，特定的理由则实现了对这一理由的解释。主体的行动本质上是被信念引导。规范性理由在实践的过程之中能够实现对行动的解释的本质在于，其实现了对信念的规范，进而使特定主体在信念的作用下行动。

戴维森在实践的过程之中将这一主体定义为心理因素，而拉兹的观点与其针锋相对。拉兹在把理由划分为解释性理由与规范性理由两种类型之后，对理由的概念进行了定义，认为理由的本质即为事实。拉兹关于理由的研究所形成的范式，引发了学术界对于理由本体论的争议，即外在论同内在论之间的争议。

（一）内在论与外在论的理论争议

在当前英美实践哲学的讨论中，对于理由的分类标准有着极其多元化的观点。一方面，理由可以是行动者态度和意向状态的表达，也可以是作为意向对象的客观事实。另一方面，理由既可以用来解释行动的发生，也可以用来为行动的合理性进行辩护。在哲学界对理由的研究过程中，形成了理由内在论和理由外在论这两种观点。能够解释行动发生原因并实际激发行动的理由被称为第一人称视角的激发性理由，而那些用于辩护和评价行动而不一定得到行动者认同的理由则是第三人称视角的规范性理由。内在的理由是指能够激发行动并与行动者的动机集合相联系的理由,而外在的理由是指不参与行动激发过程,也不要求与动机相关联的理由。这些不同的分类标准相互关联,在对理由概念的界定过程中具有不同的重要意义。理由的分类标准之一是基于行动者的态度和意向状态。行动者的态度和意向状态可以被视为行动的内在原因,因为它们是行动的动力和驱动力。这种分类标准将理由与行动者的主观意识联系起来,强调行动者内在的动机与决定行动的因素。行动者的态度和意向状态可以通过调查和观察来获得,它们能够为行动的发生提供解释。理由的分类标准之二是基于作为意向对象的客观事实。这种分类标准将理由视为外在的因素,与行动者的主观态度和意图无关。客观事实作为行动的理由,如环境因素、社会规范、经济利益等,能够对行动的发生产生影响。这种标准将理由的解释从行动者的主观意识中解离出来,强调了外部因素对行动的影响。此外,理由的分类还可以基于解释行动发生的能力与为行动合理化进行辩护的要求。第一人称视角强调能够激发行动并实际影响行动发生的理由,这种理由能够从行动者自身的角度出发解释行动。它与行动者的动机和意向紧密相关,并与行动者的主观经验相结合。相反,第三人称视角表明那些用于评价和辩护行动的理由,并不一定能得到行动者本人的认同。这种分类标准强调了对行动的规范性评价和外部观察者的立场。

在理由内在论和理由外在论之间的关系中,内在的理由与外在的理由这两个概念被引入。内在的理由是能够激发行动并与行动者的动机集合相关联的理由。它们通常涉及行动者的态度、意向和原因,与行动者的主观感受和经验有关。作为行动的内在原因,内在的理由与行动者的主观意识相联系并相互作用。外在的理由则是不参与行动激发过程,也不要求与行动者的动机相关联的理由。它们可以是环境因素、社会规范、道德理念或其他客观事实,与行动者主观的意愿和态度无关。这些外在的因素对行动的发生也有着重要的影响,但在内在的理由和外在的理由之间常常存在着潜在的矛盾。然而,内在的理由和外在的理由却并不是完全独立的两个概念。事实上,两个概念之间存在着相互渗透的关系和相互影响的作用。例如,行动者的态度和意向受到环境和社会规范的影响,而外部因素的变化也可能会导致行动者动机和意向的改变。因此,理解内在和外在的理由之间的动态关系是理解理由概念的重要组成部分。在解释行动发生原因和为行动进行辩护的过程中，理由的分类标准也有着重要的差异。例如，激发性理由和规范性理由的区分在实践哲学的讨论中具有重要的意义。激发性理由是指能够实际激发行动的理由，而规范性理由则是用于评价和辩护行动的理由。规范性理由的评价标准取决于道德、伦理、法律或其他社会价值观和标准，而这些标准并不一定能够得到行动者本人的认同。因此，激发性理由和规范性理由之间的关系常常是紧张和矛盾的。如果行动行为与规范性理由相悖，并且行动者不能或不愿改变其行为，那么这个行动就可能被视为问题行为。然而，如果决策者认为可以提供相对比较好的理由来支持他们的行为，那么人们可能会接受并支持这个行为。

因此，理解理由分类标准之间的差异、互动和影响，对于理解行动的动机、评价和解释具有重要的意义。此外，理解不同分类标准之间存在的联系和相互作用，对于对理由的概念和界定，以及其在实践中的应用具有重要价值。在哲学界，理由内在论和理由外在论之间的辩论始终存在，关注的焦点主要是理由的本质和来源。内在论认为理由存在于行动者的意向和态度中，是其内在的动机和意愿。外在论则认为理由存在于外部的环境、客观事实和社会规范中，是行动的外在原因。这两种观点各有优点和缺点，尽管它们可以用于解释行动发生的原因，但它们的应用范围和有效性会因为情境的变化而发生变化，这在实践中是非常有决定性意义的。①

依据理由内在论的观点，行动者自身的动机同行动的理由存在一定的联系。这一理论的代表人物是 Williams，他在相关研究之中指出，行动的理由必然能够具备对特定事实进行说明的内涵。除非行动者被某件事情所驱使而产生某个动机，并作出某个行为，否则将无法实现对行为人行为的有效说明。② 基于此，只能将对于理由的信念认定为行为者动机与特定理由实现联结的桥梁。Alexander 在相关的研究之中指出，法律对于个体的行为存在一定的影响，但是不具备排他性，在部分情况下，法律自身不属

---

① See Maria Alvarez, *Kinds of Reasons: An Essay in the Philosophy of Action*, Oxford: Oxford University Press, 2010, pp.3-39.

② See Bermard Williams, *Internal and External Reasons*, in Bermard Williams *Moral Luck*, Cambridge: Cambridge Univrsity Press, 1982, pp.101-133.

于一阶理由。① 与 Williams 的理由内在论一样,Alexander 在相关的研究之中重视实践推理之中内在的一面。他在相关的研究之中指出,理由只有在改变了原本存在的一阶理由,或者使行动者自身接受了该理由,外在的行动理由才会具备现实的价值和意义。若规则无法说明其作为理由所支持的行为存在的利益时,规则是否以说明形式成为行动者理由? 理由内在论的本质即为对上一问题的质疑。

拉兹和戴维森在对理由本质的认识上存在巨大的差异,这是一个备受争议的哲学话题。拉兹认为理由即为事实,即存在于现实世界中的客观事实。而戴维森则认为理由是主体特定的心理因素,即行动者的欲望和信念,与现实世界中的客观事实无关。这两个不同的观点对于理由概念的定义产生了影响,引发了哲学界对于理由概念定义的争论。在关于理由本质的争论中,出现了两种主要观点:理由内在论和理由外在论。理由内在论认为理由是存在于行动者内部的心理因素,即行动者的欲望和信念,是行动的直接动机和原因。而理由外在论则认为理由是存在于外部客观世界中的事实和环境因素,与行动者的心理状态无关。对于理由的定义以及两种观点之间的差异,拉兹和戴维森的观点有着显著的不同。在戴维森的哲学思想中,内在论是占主导地位的。理由是主体的欲望和信念,这些心理因素是直接控制行动的心理因素,与行动者的认知和意识紧密相关。因此,理由的确定是基于行动者内心体验的,其决策是依据自己的意愿和信念作出的。戴维森认为,只有在行动者的内部情况得到充分的考虑之后,才能真正理解其行动的本质和原因,而不是从外部观察行为本身。取决于行动者意愿和信念的内在理由,被认为是行动的基本动机。内在的理由是具有有效性的,它把重点放在行动者的主观心理状态上,并认为这种心理状态是行动的关键因素。例如,当行动者的内在欲望和信念促使他执行某一行动时,其行动才能实现。因此,行动者个体的内在心理状态是理由的重要组成部分之一,也是行动的直接动机。

然而,拉兹对于理由的看法则与戴维森不同。拉兹认为理由就是客观事实,是与行动相关的现实原因,独立于行动者的意愿和信念。在拉兹的

---

① See Larry Alexander, *Law and Exclusionary Reason*, Philosophical Topics, Vol.18,1990,p.5.

理论体系中,理由的存在是指行动的直接动力或原因。在该体系中,理由被定义为促使动作发生的事实或情形,而非行动者的意识和意愿。因此,拉兹的理论被归为哲学中的外在论观点。不仅如此,拉兹还认为,行动的理由严格来说是不依赖行动者意识和信念的,而是与行动的目的和动机紧密相连。拉兹主张的外在论观点的出现,使得理由概念不再被单纯视为行动者内部心理因素,而增加了行动外部因素的影响。同时,拉兹还认为,行动外部因素的作用对于行动者本身的认知和意愿是具有客观作用的,这种作用也可以被解读为行动的有效动机和原因。拉兹和戴维森的理论差异在于,拉兹将重心放在了行动的外部原因上,即相对独立于行动者主观意识和信念的客观事实和情形;而戴维森则将重心放在了行动者主体内部的心理因素上,即个人意愿和信念。这种理论差异的表现是,拉兹的外在论认为,理由是在现实世界中存在的客观事实,即使行动者并不能意识到其存在,其仍然会对行动产生影响。而戴维森的内在论则认为,理由是存在于行动者内心体验中的心理因素,如欲望和信念,只有在意识到其存在时,才会对行动产生直接的动机和原因。在拉兹的理论中,行动的直接原因或动机是客观事实和情形,不同的情形和条件会对人的行动产生不同的影响。例如,当行动者发现自己走在一条黑暗的小巷时,他即使没有特定的意愿和信念,也会被这种情形影响,选择尽快离开。因此,行动的发生是基于事实和情形的现实控制,不同的情形会产生不同的心理反应和行动,而不是由行动者主观意愿和信念所控制。与此不同的是,依据戴维森的内在论,意愿和信念是行动的原因,即使它们不是正确或有效的,也可以成为一个人行动的动机。例如,当一个人意识到自己需要作出一些改变来适应环境时,他可能会克服某些自己本来并不想做的行动,以达成社交目的。在这种情况下,个人的主观意愿和信念是个人选择行动的主要原因,而不是现实世界中的客观事实。两种理论对于理由概念的定义和解释的不同,使得理由的本质和内涵问题成为哲学界争论的中心。

内在论学者认为,主体在行动的过程中所具备的理由受到主体自身行为动机、心理欲望等多种因素的限制。根据这一观点,主体自身的行为理由源于其内在的欲望或思想,而其动机则对其行动的理由产生了限制。因此,行为者的内在心理因素在实践过程中促使了理由的出现。当行为者产生相关的欲望后,才会形成具体的行动理由,并且行为者的思考会对其行为施加限制。由内在论者的观点可知,理由的存在与行为者的内在心理状态密切相关。行为者在行动过程中会受到自身内心的驱动和影响,其行为的动机和理由来源于其欲望、意愿、信念等心理要素。例如,当一个人具备对某种物质的欲望,并相信通过采取特定行动可以满足这种欲望时,他就会产生这一行动的理由。这种内在理由是行动者主观心理状态的直接反映,它将主导个体的行为选择和行为动机。在内在论的视角下,个体的内心体验和思考起到了限制行为的作用。行为者自身的心理因素会对其行动形成限制,它们将在行为决策过程中发挥关键作用。例如,行为者的价值观、道德观念、个人标准等会对其行为产生约束力。这些内在心理因素不仅会影响行为者对行动的选择,还会对其行为的意义和目标产生影响。行为者在形成行动理由时,会通过思考和理性思维来加以限制。他们会考虑行动的后果、与他人的交互影响以及符合自身目标和价值观的程度等因素。通过深入的思考和分析,行为者能够更好地理解自己的行为动机,并形成与其内在心理状态相一致的行动理由。这种内在思考的过程使得行为者能够作出更为明智的决策,避免受到外界因素的干扰。

内在论者在相关研究之中指出,理由不是相关的个体作出理性行为的理由,在大部分情形下,行为者去实践某一件具体的事情,但行为的主体无法作出这一选择。一个主体生命中的大部分动机都可能没有去实现。如同音乐迷不能每一天都去听音乐会一样,原因在于存在比听音乐会更为重要的事情。主体在实践的过程之中会首先完成动机和欲望更为强烈的行动。内在论者指出主体的行为通常存在诸多的理由,且相关理由大部分处于未激发的状态。部分哲学家指出可以依据支持和反对行动的理由实现对理由的分类,然后权衡每个理由的不同权重,删去那些不重要的理由,最后剩余的即为行动的理由。内在论者对此理想化模型表示怀疑。个体在日常生活之中,不会像哲学家一样列出理由清单对行动理由进行权衡。对日常生活而言,个体的行为通常是产生想法之后即付诸实践,如个体产生了喝水的想法,其会执行喝水的行为。

内在论者在相关的研究之中还指出,主体借助对有益行为的评价,以及对于价值激励作用的分析,表达了自身对于客观事实与价值的认识。内在论学者指出这一判断充分体现了行为者自身的动机。依据上述观点,主体所关心的事物能在其所认识到的价值中得到反映。其原因在于行为者应保护和关注他们关心的事物,行为者对特定事物进行关心的理由即为一个处于激发状态的有效理由。若行为者掌握充足的信息和动机,行为者认为对于自身存在价值的事物即为存在价值的事物。从内在论的视角出发,价值存在使个体认识到了价值存在这一事实,且其是行为者追求或避免特定行为发生的基本动机。价值自身的主体性为理由内在论奠定了基础。价值可以看作客观事实同主体之间存在的联结点,理由实质上也同主观性价值、主体存在紧密的联系。对于不同的客观性的需求,其基本的来源是对行为者动机需求的考察。

部分学者指出理由的本质是事实。在研究理由在伦理学领域所发挥的效力时,成为行动理由的关键是同行动产生特定的关系,这一关系即为支持。在特定的既定领域之中,个体的行为能够被推断出来。上述对于理由的理解不是像理由内在论那样从个体内部的层面对理由进行解释,其本质上是将理由视为一个外部的事实,支持这一观点的学者也被称之为"外在论者"。

外在论否定了内在论提出的行为的思考形成了对理由的限制这一观点。外在论学者指出,理由决定了个体的行为,即理由本质上是外在于个体的客观事实,主体的行动本质上决定于外在的理由。外在独立性的力量被个体在实践的过程之中挖掘,且在实践的过程之中被理性激发。

基于外在论学者的观点,客观价值是支持实体的理由之一,其能够实现对特定目标与结果的支持。上述归纳应从客观的角度实现对上述理由的把控。主体在实践的过程之中认识到客观价值,其将认识到该价值为自身的行为所提供的理由。若价值同个体的动机独立,将导致价值自身同个体所关心的事物不存在联系。若价值同主体的考虑不存在联系,则将使价值同自身所关心的事物不一致,进而使价值不能成为主体行为的具体的动机。在行为者行为前对动机进行梳理,是主体获取行为的理性路径的有效选择。在对行为的理由进行推理时,仅能够借助主体存在的动机实现对主体的激发,且必须使理由实现对主体的激发。若客观的事物同主体不存在直接的联系,其将无法成为一个主体的行动动机,其将仅体现为客观的存在。其原因在于客观事物未能成为主体行动的理由,无法对主体的行为实现有效的解释,主体在行动的过程之中可能忽视了客观理由的存在。对于这一问题,外在论学者在研究的过程之中指出,个体每一次发现行为价值时,并不一定存在相对应的动机。个体可能被事物存在价值,或者不存在价值的一面被激发,如同个体可以借助自身未曾接触的事物获取到信念一样。基于此,实现对理性主体激发的来源是客观的事实。

外在论者在相关研究中指出,个体的行为可以涵盖各种理由,其中包括支持和反对该行为的理由。在进行行动之前,个体需要权衡这些理由,以作出自己的选择。基于此观点,只有在权衡过程中被选中的理由才能被视为真正的行动理由。这与内在论者提出的行为存在多个理由的观点有所不同。内在论强调个体可能有多种想法,而这些想法都有一定的理由支撑。而外在论学者则强调,在主体的行动过程中存在多种理由。根据外在论的观点,个体的行为理由不是固定且主观地存在于其内在心理状态中,而是由外部因素影响和决定的。行动的理由来自外界的情境和客观事实,而不仅仅是个体的内心意愿和欲望。例如,在作出某项决策时,一个人可能会考虑到与他人的合作、社会影响、法律规定等方面的因素,这些外在的因素都会影响他最终的行动选择。个体在行动之前需要对不同的理由进行权衡,衡量它们的重要性和优劣势,然后作出决策。这个权衡过程是一个理性思考和分析的过程,其中包括考虑到各种可能的后果和影响。通过权衡不同的理由,个体最终选择了行动的理由,这些理由是真实有效的,因为它们来自对外部因素的综合考量和判断。需要注意的是,外在论并不是否认个体内在的心理因素对行动产生影响。个体的内心意愿和欲望仍然是形成行动理由的重要因素之一。然而,外在论者认为,个体的行动理由不仅仅来自内在的心理因素,还包括外部的客观事实和情境。个体所接受的教育、文化背景、社会环境等因素也会对其行动的理由产生影响。因此,外在论者强调了外部因素对行动理由的重要性,并主张在解释和理解行为时考虑到这些因素的影响。外在论的观点对理解个体行为的决策过程和动机提供了一种全面的视角。它强调了外部环境对行动的影响,同时也认可了个体内在心理状态在行动形成中的作用。这种综合考虑有助于我们更好地理解人们的行为选择和决策过程,并为伦理学、道德哲学以及法学等领域的研究提供了新的视角。

在对理论进行定义的过程之中,内在论和外在论学者都需要面对一定的理论问题:内在论学者需要思考哪一部分理由将被视为理由,其原因在于内在论学者的理论指出个体存在诸多的理由,由此导致了在大部分情况下,个体自身的行动并非是被自身的理由所激发。在部分情形下,主体自身也可能由于未能够实现对某个理由的辨识,进而特定的行动未得到有效的激发。上述现象要求内在论学者指出主体的行为是被已知的理由所激发的。与之相对应的事实是,主体可能由于自身的不理性而使已知的理由未激发自身的行为。对内在论而言,其能够在主体行动之前假定存在特定的欲望。但是个体的欲望本质上也是被理由激发的。主体自身对于事物产生欲望的基础是认识到事物自身所存在的独立价值,且上述独立价值为欲望提供了必要的理由。对任一主体来说,欲望可以具有合法性,也可以不具有合法性,其合法性源于产生欲望的理由。但是这样他们会察觉到这些欲望中有很多是因理由而激发的。

外在论学者在分析相关问题的过程中面临的一个问题是对于客观价值的基本态度。对行为理由而言,其实质是主体支持或反对某种行为的因素,这种因素在本质上是独立于主体的行动动机和价值观的。同时,理由也独立于价值的规范性事实和主体的客观评价而存在。因此,理由本身是不具有正面与负面价值的。然而,实践中,对任何主体而言,均存在着行动的具体标准。这些标准中包含了价值的因素,同时这些因素本身也包含着一定的理由。如果将价值与个体的生活联系起来,那么价值在个体生活中发挥作用的基本机理也应当被解释明确。因此,行动的理由需要为个体追求或保护的东西提供支持,这样才能在实践中得到实际的验证。在外在论的观点中,行动理由是独立于主体的行动动机和价值观的。因此,理由所包含的内容不应该从主体的角度出发,而应该独立于主体存在。这就意味着,理由应该能够支持或反对某种行为,而这种行为使用是具有价值的,并且基于规范性事实对于人类社会是有意义的。当价值与行动联系在一起时,理由可以起到支持这种联系的作用。这就是为什么行动的理由应该为个体追求或保护的东西提供支持,并与个体的价值观紧密关联。需要注意的是,在考虑行动理由时,不同的个体会有不同的价值观和优先级。因此,在每个个体的决策过程中,应当考虑到其特定的价值观念。同时,不同的情境也需要根据实际情况加以考虑。例如,在特定的社会和文化环境中,某些价值观可能会受到重视,因此可能会在决策过程中占据主导地位。当环境中存在某些政策或法律约束时,这些约束也应当被视为行动理由的一个方面。借助外在论的视角,我们能够更好地理解价值与行动理由之间的关系。行动理由应该围绕个体所追求或保护的价值展开，这些价值必须与个体所处的环境和情境相适应。在实践过程中，个体需要权衡不同的行动理由，并决定如何行动。这个过程中，行动理由的选择是受到外部因素的影响的。因此，个体需要准确地判断和评估不同因素之间的重要性，以作出最终的行动决策。

内在论者与外在论者的核心争议在于动机和理由之间的相互关系，即前者产生了后者，还是后者产生了前者。内在论者指出是动机产生了理由，相关学者在研究的过程之中借助对主体自身行动欲望、心理因素等进而实现了对个体行动的合理化解释。相关学者指出行动的理由本质上是一种心理状态，一种支持性的态度、一种信念等。若一个个体自身的行动符合主观合理性，且主体自身所渴望的事物被认为是有益的，则上述因素均能够被认定为行动的理由。外在论者则指出内在论学者对于行动理由的解释存在一定的局限性，尤其是在主体自身的行动被主体自身内在激发的这一情形之中，内在论就是有问题的。比如，对朋友表达感激之情，或者，一个人仅仅因为喜爱而吹口哨。若一个个体向其朋友释放了感情的情绪，其原因是个体自身的行为被自身内部的欲望所激发，这一现象弱化了内在论学者所提出的，个体的行为存在一个信念或欲望。在上述情形之中，采用内在论学者的观点进行解释会发现信念不存在实际的价值，其未能有效地发挥解释的基本作用，仅仅是为了能够实现对一个理论的保存。

综上所述，内在论学者和外在论学者之间存在的争议主要涉及两个方面的问题。首先，在理由的本质上，争议集中于理由是一种客观的事实还是主体的心理因素。内在论学者认为，主体的行为与其自身的欲望和信念密切相关，认为理由是主体内部因素的产物。相较之下，外在论学者认为，主体的行动受到客观事实的决定，理由受到事实和价值的影响。在内在论的观点中，理由被视为主体内部的心理因素。主体的行为倾向于与其内在欲望和信念相一致，理由的构建与主体的心理状态紧密相关。内在论学者认为，主体在行为时会受到内在欲望的驱动，这些欲望在行动中起到了重要的作用。同时，主体的信念也会影响其行为选择。因此，理由被视为主体与内在需求之间的联系。然而，外在论学者却持有不同的观点。他们认为，主体的行动受到客观事实的决定，并且理由的形成与事实和价值的影响密切相关。外在论学者认为，主体的行为受到外部环境和社会因素的影响，理由的构建包括对客观事实的理性评估和对价值的考量。此外，他们还认为，理由的形成还受到主体对于自身行为的规范性要求的影响。内在论学者和外在论学者之间的争议还涉及主体在存在多个行动理由时如何进行权衡的问题。外在论学者认为，主体会对各个理由进行权衡和选择，判断哪个理由或哪组理由最符合其目标和价值观。这种权衡过程要求主体进行理性判断和决策，以选择最合适的行动路径。相反，内在论学者则认为，在日常的行为中，主体不会时刻考虑和权衡不同的理由。他们主张主体的行为往往是基于一种冲动或习惯，并非细致地进行理由的评估和比较。

（二）拉兹的回应

在对内在论进行驳斥的过程中，拉兹在他的文章"Reasoning with Rules"中提出了他的回应来解决这些问题。拉兹通过揭示规则作为理由与其他理由之间的差异，成功地实现了对内在论的解释和批驳。规则本身所具备的独特性使其成为行动的理由。在他的研究中，拉兹强调了规则的独特性，包括规则在实践过程中的隐蔽性，规则的内容独立于其应用的具体情况，规则存在的间隙，规则在实践过程中的不可传递性，以及规则构建的理由的自主性。首先，拉兹提到了规则在实践过程中的隐蔽性。规则并不总是明确表达出来，而是通过实践中的言行和行动来显现。它们在行动中被使用、引用和遵守，而不总是被明确地陈述出来。规则的隐蔽性使得行为者在实践中难以察觉到规则的存在和作用，这为规则作为行动理由提供了一种特殊的方式。其次，拉兹指出规则的独特之处在于其内容与具体情况是相独立的。规则作为理由时，并不受到特定情境的制约，而是独立于具体情况而存在。这意味着规则在不同具体情况下可以适用，并为行动提供稳定的理由，而不受情境因素的影响。再次，拉兹讨论了规则存在的间隙。规则本身并不完全详尽无遗，而是存在一定的间隙和模糊性。这些间隙产生了解释规则的空间，使得行为者可以根据具体情况和实践需要进行灵活的解释和适应。规则存在间隙并不意味着规则是含糊不清或不确定的，而是为行动的发生提供了一种相对开放的框架，允许行为者在具体情境下进行合理的解释和应用。复次,拉兹强调了规则在实践过程中的不可传递性。规则本身并不能直接传递给其他人或其他情境,而是通过实践中的承诺、操守和协作来获得共识和遵守。规则的不可传递性意味着每个行为者都需要在实践中自主地理解和应用规则,而不是简单地接受外部的命令或指导。最后,拉兹讨论了规则作为理由时的自主性。规则作为行动的理由并不是被外部强加或命令的,而是基于行为者自身的选择和承诺。规则的内容和适用是基于行为者在实践中的意愿和意图,而不是单纯地受到外部因素的控制和驱动。

拉兹以其理由范式来揭示规则的规范性。对于什么是"理由",拉兹在相关的研究之中强调一种以价值为基础的理由论,即认为理由自身是一种同价值相联结的事实。行动理由本质上可以认为是存在某种价值的事实。规则在实践的过程之中存在一定的拘束力,体现了理由自身所具有评价性的基本特点。拉兹认为,规则指出的理由同行动者自身行动的过程之中考量的理由存在巨大的差异,行动者自身考量的理由通常能够直观地呈现做与不做的优缺点,规则提供的理由则不具有这一特点。例如,红绿灯在交通运输之中发挥着保护人们出行安全的重要职责,红绿灯自身的运行规则,其存在的事实益处是能够有效地避免个体受到伤害,保障交通运输的通畅。法律之中所作出的"红灯停、绿灯行"的基本规则未对其所带来的益处进行说明,仅指出该行为是合法行为,受到法律的认可。这里的不同之处就是拉兹所谓的规则具有隐蔽性,即规则自身不会直接表明自身在行为的过程之中具备的价值,仅仅是对这种价值进行一个展示,即展示借助规则行动带来的益处。拉兹将这一规则的规范性诠释为"独立于内容的证立"。规则自身所具备的隐蔽性特征使其在实践的过程之中又具备了以下的特征:规则在评价性同规范性之间呈现出了规范缝隙。尽管传统的规则的规范性依赖于价值,但该价值同规则规定的行为所具有的价值存在一定的差异。规则自身不具备传递性,即证明规则成为规则的规定,不能成为行动者自身行动的理由。规则自身提供的理由存在自主性,其原因在于,规则规定自身所规定的内容能够成为行动者自身行动的理由,其同本就存在的理由存在显著的区别。

在学术界中,对于拉兹提出的规则作为行动理由的特殊性仍存在诸多争议。与内在论学者对理由的解释有所不同,拉兹并未强调个人对于理由的权衡，而是将行动者的选择替代为权威者的选择。此外，拉兹认为一个作为理由的事物应该具备陈述、信念和事实三种基本形态，而仅有事实才能成为具体的行动理由。在研究中，拉兹强调将行动理由视为个体在特殊情况下采取的理由，并认为行动的理由与事实之间存在密切的联系。

首先，与内在论者的观点不同，拉兹在描述规则作为行动理由时并没有强调个人对于理由的权衡。内在论者认为，个人在面对多个行动理由时会进行权衡和选择，决定哪个理由最符合自身目标和价值观。然而，拉兹认为，在规则作为行动理由时，行动者的选择被权威者所代替。这种权威者不是指个人，而是涉及制定规则的机构或社区。在该机构或社区的框架下，行动者需要遵守规则，而不能随意选择。因此，对规则作为行动理由的特殊性来说，规则的权威性是一个十分重要的因素。其次，拉兹认为一个作为理由的事物应该具备陈述、信念和事实三种基本形态，仅有事实才能成为具体的行动理由。在研究中，拉兹指出，陈述是指对某种情况或实际情况的描述，它提供了行动的背景和情境；信念是指对事件或事物的特定看法，它能够影响行动者的行为；事实是指对客观事实的描述，它提供了行动的确凿理由。在规则作为行动理由时，事实具有最重要的地位。规则所涉及的事实需要被认定并遵守。最后，拉兹强调将行动理由视为个体在特殊情况下采取的理由。行动的理由并不总是显而易见的或普适的，而是取决于具体情境和特殊背景。例如，在某些情况下，道德信念、情感和习惯可能会成为行动的理由。在这种情况下，理由与事实之间存在一定的间隔。这一观点为我们理解不同行动理由与规则的关联性提供了更广阔的视角。[①] 若规则被认定为对象，且仅有事实被认定为理由，则理由并不一定被认为是规则。在实践之中若存在一个规则 P 是理由，则规则 P 本身并不一定是理由。

---

① Joseph Raz, *Practical Reason and Norms*, Oxford: Oxford University Press, 1999, p.19.

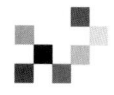

二、拉兹对"理由论"分析路径批评的回应

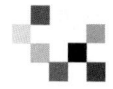

(一)对理由与权威之关系批评的回应

基于来源命题的支持,同现实相关的法律如何取得权威?对权威的解释,在分析的过程之中可以以权力为基础展开,上述两者无法准确揭示权威所存在的实践属性。法律对于个体的指引体现了法律自身的一个基本性质,且法律的指引必然存在一定的权威性。拉兹自身所提出的权威理论在实践之中所关注的核心问题是,"实践权威"实质上指个体在行动的过程之中所依据的权威,其指令具体指所管辖的范围之内个体的实践理由。[①]事实上,我们每个人的行为都基于不同的理由。所以,我们在行动的时候实际上就是在进行实践推理,实践权威借助自身的指引作用实现对实践推理的有效影响,而认识实践权威对于行为的指引,则需要明确理由在这一过程之中所扮演的角色。

实践权威的作用在于通过对个体的引导实现对人们实践推理的影响。为了准确理解实践权威对行为的指引作用,我们需要准确地理解理由在这一过程中扮演的角色。实践推理是通过理由来实现的,而实践权威则是通过为个体提供某些性质的理由来使个体能够对自身的行为进行选择。基于此,拉兹在对权威问题进行研究时采用了"理由论"的基本路径。拉兹对自己引入理由的解释是:"理由"是对各类实践性概念进行解释的基本单元,在对所有实践性概念进行解释的过程中必须说明实践推理的重要性。采用理由论对权威进行解释的目的是解释权威陈述在实践推理过程中的重要作用,并借助相关的媒介概念来说明权威。

首先,实践权威通过对个体的引导来影响人们的实践推理。实践推理是指在实践行为中,个体通过对各种可能行动理由的权衡和选择,从而进

---

① 参见李桂林:《拉兹的法律权威论》,载《华东政法学院学报》2003年第5期。

行合理决策的过程。实践推理在个体的日常生活中起着至关重要的作用,它涉及个体对于不同行动的目的和效果进行思考和评估,以便作出理性的行动选择。实践权威在实践推理中起着重要的指引作用,它提供了一些具有影响力和可信度的理由,从而影响个体的决策过程。其次,理由在实践推理过程中扮演着重要的角色。理由是支撑个体行动选择的基本单元,它们可以是事实、信念、价值观或道德准则等形式。个体根据理由的重要与否、相关性和决定力来进行权衡和选择,从而作出合理的行动决策。理由的存在和合理性对于实践推理至关重要,它们为个体提供了行动的正当性和合理性的基础。实践权威通过提供特定性质的理由来影响个体的实践推理过程,从而达到对行为的指引作用。最后,拉兹在研究权威问题时采用了"理由论"的基本路径。他强调理由是解释各类实践性概念的基本单元,这些概念包括行动的动机、目的、需要等。在解释实践性概念时,拉兹认为必须说明实践推理在其中的重要性。而采用理由论对权威进行解释的目的则是要说明权威陈述在实践推理过程中的重要作用,并借助相关的媒介概念来进一步说明权威的性质和功能。[1]

个体的行为具有一定的自觉性,其通常是出自某种理由,且理由与价值之间存在紧密的联系。个体的行为倾向于获得特定的利益。这一解释说明了传统意义上,价值在控制个体行动理由方面扮演着重要的角色。那么,在实践中哪种形式的理由将对个体的行为起到价值指引作用呢?拉兹在相关研究中对个体行动理由进行了事实层面和信念层面的区分。首先,个体的行动通常后备于一定的理由。理由是推动个体行动的初动力,它们可以被赋予各种形式,如理智或情感。个体根据不同理由的重要度和相关性进行权衡和选择,以达到特定目标和意图。此外,理由和个体内在价值也存在着密不可分的联系。个体内在价值观可以帮助个体选择合适的行动理由,从而推动个体行动。这些价值观可以包括人权保障、人类尊严和社会正义等。因此,在个体的行动理由中,价值和其他因素之间存在着密切的联系。其次,个体的行为通常倾向于获得特定的利益。这种利益可以是物质上的,如财富和权力;也可以是精神上的,如满足感和安全感。个体

---

[1] [英]约瑟夫·拉兹:《法律的权威:关于法律与道德论文集》(第2版),朱峰译,法律出版社2021年版,第14页。

基于理由的选择也与其希望获得的利益密切相关。个体在选择行动理由时，会考虑到自身最大化利益的可能性。在这个过程中，个体内在价值观同样是影响其行动理由的因素之一。最后，拉兹在研究个体行动理由时，将其分为事实层面和信念层面两部分。事实层面指的是客观真实的事实和情况，可以为个体解决行动决策中的不确定性和矛盾问题。而信念层面则是个体信仰或期望的观念，可以影响个体对事实的解释和理解。在个体行动选择的过程中，两种理由形式之间的交互和平衡非常重要。事实层面的理由可以为个体行动指明方向，而信念层面的理由则可以影响个体对事实的解释和理解。

拉兹在相关的研究之中指出，理由可以简单地划分为三种类型：一是指引性理由；二是解释性理由；三是评价性理由。对于实践理由，相关个体的研究主要倾向于对其行为功能的解释层面。因为在人类世界中，一切行为都是有其目的的，行动者在做某件事之前必然已经明确自身行动的原因。基于此，拉兹在相关的研究之中指出，解释性语境之中的理由通常是对个体精神状态的描述，对于其行动和欲望的解释通常是信念或者是欲望。[①] 基于上文的论述可知，行为者自身的动机同解释性理由存在密切的联系。

此外，拉兹认为指引性理由对个体的实践起到了事实层面的指引作用，而不是信念层面的指引作用。举个例子来说，当人们知道"天要下雨"时，出门就会带伞。下雨这一事实成为个体带伞出门的理由。由于理由本身就是对行动的评价，因此解释性理由和指引性理由都能够对行动进行评价。然而，在拉兹的相关研究中，他的关注点主要集中在指引性理由上，这是因为事实理由是进行实践推理的先决条件之一。在实践过程中，行动理由被视为个体在特定条件下实施具体行动的具体理由。行动者自身在特定情境中的行为被视为一个具体的事实，而理由的本质则是联系这些事实之间的因果关系。指引性理由提供了个体进行行动选择的事实依据，它们是从外部推动个体行动的客观真实性的因素。指引性理由通过指示特定的行动方式来影响个体的实践选择。指引性理由的重要性在于它们为实

---

① 参见朱振：《法律权威与行动理由——基于拉兹实践哲学进路的考察》，载《法制与社会发展》2008年第6期。

践推理提供了实际基础。个体借助指引性理由能够更好地理解事物之间的关系，并作出合理的行动选择。它们提供了实践推理的支持和指导，使个体能够在复杂的实践情境中作出符合逻辑和道德规范的决策。指引性理由不仅仅是个体行动背后的因素，也是个体行动与其他人和社会联系的桥梁。然而，指引性理由并不是在行动过程中孤立存在的单一因素，而是与解释性理由相互作用的结果。解释性理由提供了个体行动的解释和理解，它们使个体能够对行动和结果进行评估和反思。指引性理由则为个体在实践推理中提供了实际的指导，它们通过连接事实间的关系，使个体能够从可能性和合理性的角度对行动进行抉择。[①] 基于此，在相关的研究之中，拉兹采用事实同个体的行为之间存在的联系这一概念实现对理由的界定，且理由本质上是事实的理由，其在价值实现的过程之中发挥了服务的作用。

布赖恩·比克斯对权威同行动理由两者之间存在的关系进行了总结："基于拉兹的观点，权威同实践推理存在紧密的联系。权威及相关的理由对个体道德慎思存在的区域形成了影响，集体的决定以一定的权威为基础，这一权威的表现形式存在一定的差异，在实践的过程之中集体对权威的要素进行了衡量，并非仅仅是出于自身的利益对相关的利益进行考虑。"[②] 简言之，通过为作为事实的行动提供指引性理由，实践权威对个体的行为产生了影响，同时由于价值自身对理由的影响，以及人类自身趋利避害的本能，理性的个体实践的基本出发点通常是使自身的利益最大化。法律自身的本质属性之一即为对合法性权威的主张，由此权威能够被践行的范围内，个体的行为通常以权威允许做什么为基本前提。

权威作为人们的行动理由，已对存在广泛意义的要素进行了衡量，其不是出于个体的利益对各个要素的衡量。法律在社会之中的一个功能是促进社会个体之间广泛的合作，进而提升个人的福祉。基于此，个体在实

[①] 参见朱振：《法律权威与行动理由——基于拉兹实践哲学进路的考察》，载《法制与社会发展》2008年第6期。

[②] ［美］布赖恩·比克斯：《法理学：理论与语境》（第4版），邱昭继译，法律出版社2008年版，第61页。

践的过程之中可以依据权威性理由采用特定的形式体现自身的价值。①

(二)对权威定性批评的回应

为了对权威的实践性概念进行解释,我们需要更清晰地阐明一个人拥有合法、有效权威的必要条件,也就是说明个体拥有权威的本质,以及权威与实践推理之间的关系。拉兹对权威作为行动理由的准确分析,涉及权威是依靠自身的命令还是依靠自身对个体行为的影响力。下面,我们将对这些问题进行详细探讨。首先,为了理解权威的实践性概念,需要明确权威的本质。权威被定义为一种能够完成某些行为的能力的来源。这种能力的基础在于权威的合法性和有效性。合法性指的是权威所依据的规则、法律和规范是被社会认可和接受的。有效性指的是权威的行动能够在社会实践中产生真实的影响和效果。因此,权威具备对他人行为具有决定性和指导性的能力,这是权威作为行动理由的基础。其次,拉兹对权威作为行动理由的分析非常准确。在权威的实践中,关键的问题是确定权威是依靠自身的命令还是依靠自身对个体行为的影响力。命令性权威是指权威通过发出命令或规则来引导他人的行为。在这种情况下,权威的实践是基于其自身的权力和地位来对他人施加指导和约束。影响力性权威则是指权威通过其对个体的影响力和说服力来引导他人的行为。在这种情况下,权威的实践是基于其对他人观念、信念和态度的塑造和影响。

拉兹的分析强调了权威作为行动理由的两个主要方面,即命令性和影响力性,以便更全面地理解权威的实践性概念。权威作为行动理由的命令性和影响力性之间存在着紧密的联系和互动。命令性权威可以依靠其命令和规则来实现权威行动的效果,但这种效果在很大程度上依赖于被指导者对权威的接受和遵从。影响力性权威则可以依靠其对他人的影响力来达到权威行动的目的,而这种影响力的有效性取决于被影响者的认可和认同。因此,权威作为行动理由的命令性和影响力性是相辅相成的,共同作用于个体的实践推理中。在实践推理的过程中,权威作为行动理由可以根

---

① 参见[英]约瑟夫·拉兹:《法律的权威:关于法律与道德论文集》(第2版),朱峰译,法律出版社2021年版,第298页。

据特定情境和目标来选择和调整。个体在决策和行动过程中会考虑权威的命令和影响力,并在其行动的合理性和道德性问题上进行权衡和抉择。此外,个体对权威的认同和接受也是权威行动的重要前提,它们与个体的价值观、信仰和经验等方面的因素相互交织并相互影响。个体对权威的认同和接受是权威作为行动理由的基础和保障,同时也是权威实践的有效性和合法性的体现。

总之,权威作为行动理由的实践性概念是一个复杂而又多元的概念体系,在理解权威的本质和作用时需要具备系统性和准确性。权威的实践性概念不仅关注权威本身,还涉及权威与个体及其实践推理之间的相关问题。在权威作为行动理由的实践过程中,命令性和影响力性的作用密不可分,个体的认同和接受是权威实践有效性的重要前提。在实际应用中,需要根据具体情境和目标调整权威作为行动理由的方式和效果,以使权威实践能够对实践推理发挥更加积极的作用。拉兹在相关研究之中开创性地对各种理由进行了划分,具体的划分依据包含了以下若干条:一是依据理由自身是否作为,即上文所述的"一阶理由"。所以,一阶理由整体上又被划分为两个部分:第一,肯定的行动理由;第二,否定的行动理由。例如,下雨是个体带伞的理由,同时下雨也是不能穿布鞋外出的理由,上述两个理由均为一阶理由。"依据某一理由行动或禁止依据特定理由行动的所有理由"则为二阶理由。拉兹在相关的研究之中对二阶理由再次进行了区分,即将二阶理由划分为肯定的二阶理由与否定的二阶理由。肯定的二阶理由,即依据一个理由去行动的理由,否定的二阶理由则是指禁止依据一个理由行动的理由,上述两个部分也包含在二阶理由的定义之中。在这之中,也将否定的二阶理由命名为排他性理由,即禁止依据一个理由行动的特定二阶理由。例如,儿子认为自身仅有的外套非常丑陋,所以他不穿它,但该理由同其母亲要求其在夜间外出时穿外套的命令相矛盾。与此同时,不穿外套的这一理由又因为男孩父亲否定了母亲的指示,进而得到了强化。男孩父亲否定男孩母亲指示的理由同男孩自身不穿外套的理由并不一致,他父亲的理由是一个新的行动理由——该理由具有双重性质,既是一个行动的理由,同时也是一个排他性理由。拉兹在相关的研究之中将类似的理由命名为行动的保护性理由①。基于此,拉兹指出可以将排他性理由看作行动的一个保护性理由。

接下来,拉兹在相关的研究之中将权威和规范性权力两个概念联结为一个整体。规范性权力的本质是改变保护性理由的一种能力,权威是权力的一种特殊的情形,其也具备上述的能力。在一定程度上,权威与规范性的权力均可以被视为命令。基于拉兹的观点,命令和要求存在巨大的差异,要求的本质在于告知接受者,要求发出者自身的意愿,进而使接受者将其视为行动的一个理由。要求发出者自身的意图不在于使要求的接受者遵照要求采取行动,而是为要求的接受者的行动创造一个必要的理由。要求的发出者自身在发出要求时,对接受者而言或许存在特殊的理由使其不必接受要求,且无须遵照要求者的要求行动。要求的发出者实际上将判断的权力转交给了接受者。要求的发出者仅仅是通过对自身所支持的行动的倾向,实现对要求接受者行为的影响。② 基于此,在实践的过程之中成为一个原因的关键在于要求行为自身,而不是要求的具体内容。

命令作为一种内容独立的理由,是权威实践中的典型代表之一,其与要求的相似之处在于,命令的发出者希望接收者将其言论作为行动的理由。然而,命令与要求的主要差异在于,命令者仅仅希望在接受者的行动理由之中添加一个要求,而不排除接受者考虑其他理由。相比之下,命令者发布的命令具有排他性,即命令者希望接受者将其命令视为自身行动的理由,并期望接受者排除其他理由,执行已发布的理由。命令作为一种权威实践的形式,旨在引导和约束特定个体或群体的行动。命令的特点是具有明确的发出者和接受者,并且命令者有权力、能力和地位对接受者施加指导和约束。命令的有效性建立在命令者的权威基础上,这种权威可以来自法律、规则、制度、组织或个人的权力地位等。命令者通过发布命令的方式,期望其命令成为接受者行动的理由。在命令的情境中,命令者希望接受者将其命令作为行动的理由,并将其作为优先考虑的理由。命令者认为

---

① 参见[英]约瑟夫·拉兹:《法律的权威:关于法律与道德论文集》(第 2 版),朱峰译,法律出版社 2021 年版,第 20 页。

② 参见[英]约瑟夫·拉兹:《自由的道德》,孙晓春等译,吉林人民出版社 2008 年版,第 37 页。

其命令具有更高的权威性,需要接受者将其视为具有排他性的行动理由,即排除其他可能存在的理由。因此,命令者期望接受者在执行命令时忽略其他可能的理由,并将其命令置于首要位置。这种排他性要求使得命令者能够直接行使其权力和影响力,使命令者的意愿通过命令的形式得到实现。

与此同时,要求的特点是希望接受者根据其提出的要求来考虑并添加行动的理由,但不排除接受者考虑其他理由。要求者希望达到某个目标或满足某种需求,而要求的内容通常是相对开放和灵活的。要求者认为通过提出要求,可以对接受者的思考和行动产生积极影响,但不限制接受者考虑其他理由。要求者在提出要求时,更多地依赖于说服和引导的力量,而非强制性的命令。在实践推理的过程中,命令和要求在个体的行动决策中发挥着不同的作用。命令侧重于权威性和排他性,强调命令者的权力和接受者的义务。接受者在决策时,可能会考虑命令的来源、合法性和效力等因素,将命令作为决策的主要依据。与此相反,要求更注重合理性和说服力,要求者提出要求时通常需要给予足够的理由和解释,以便接受者在决策时权衡各种因素。① 依据上文论述可知,在拉兹的相关研究之中,权威作为排他性理由依据的不是理由自身内容的重要性,而是其所能够排除的其他的理由。②

(三)对法律权威性质批评的回应

拉兹如何在法律领域运用其对权威的本质性进行分析? 这将是本书下面要论证的主题。法律领域无法直接使用权威命题,但是若能够对上述两者的关系进行准确的说明,则允许在法律范围内对权威命题的使用。也就是说,可以借助合法性权威的要求实现对特定法律概念的界定。在实践的过程之中需要明确法律同合法性权威之间存在联系的具体理由。由于

---

① 参见朱振:《法律实证主义的强立场——兼评拉兹〈法律的权威〉》,载《河北法学》2006年第12期。

② 参见[英]约瑟夫·拉兹:《法律的权威:关于法律与道德论文集》(第 2 版),朱峰译,法律出版社 2021 年版,第 22 页。

不具备权威的法律将无法被视为法律。在20世纪70年代,拉兹在相关的研究之中就意识到法律和权威的概念存在紧密的联系。① 法律自身并不是一个系统的,存在多个独立功能的体系,而是一个存在强化规则的理由体系,其在实践的过程之中呈现出了一套完整的权威标准体系,且在实践的过程之中要求适用法律的个体均承认其权威。② 在对这一观点进行论证的过程之中,拉兹假设任意的法律体系均拥有事实权威,拉兹将这一假设作为论证的开端,并采用逐项修正反对意见的方法论证了假设的正确性。

在上述论证之中,最为核心的反对意见是存在部分无法被合法化的法律权威,因此不是所有的法律均具有合法性权威。为有效地解答这一问题,拉兹在研究的过程之中对合法性权威和事实权威进行了区分,并采用合法性权威对道德规则进行了分析。而后者用来分析法律规则。拉兹在相关的研究之中指出事实权威指法律主张自身拥有合法性权威,或其被承认具有合法性,或者上述两个条件均被满足。③ 换句话说,事实权威不是说它真的存在合法性,而是主张合法性,且其自身所主张的合法性未必能够得到证明。权威的实际约束力来源于自身能够确定实际的效力。事实权威自身所主张的权威通常大于自身所实际拥有的权威。例如,纳粹自身的法律制度不具备合法性,但不能借此就否定该法律自身在事实上所具备的约束力。魏德士在其巨著中指出法律效力实际上可以分为三类:(1)应然效力,即法律应当具备效力,其原因在于法律是由国家制定并实施。(2)"现实"效力,若法律在实践之中得到适用,则法律即存在。现实效力同个体遵守法纪的动机之间不存在显著的联系。(3)"道德"效力,对个体遵守法律的道德基础进行了说明,若个体由于确信法律规范的正确性而选择了遵守法律,则法律具备了道德效力。④ 基于此,对于拉兹强调的法律所具

---

① 参见[英]约瑟夫·拉兹:《法律的权威:关于法律与道德论文集》(第2版),朱峰译,法律出版社2021年版,第34页。
② 参见[英]约瑟夫·拉兹:《法律的权威:关于法律与道德论文集》(第2版),朱峰译,法律出版社2021年版,第39页。
③ 参见[英]约瑟夫·拉兹:《权威、法律和道德》,刘叶深译,载郑永流主编:《法哲学与法社会学论丛》2007年第2期,北京大学出版社2008年版,第49页。
④ 参见[德]魏德士:《法理学》,丁晓春、吴越译,法律出版社2005年版,第149页。

备的事实权威,在研究的过程之中可以将其划分到魏德士主张的法的效力分类这一方面。

基于法律对于合法性权威的主张,能够推导出其具备获取这种权威的能力,尽管存在一些反对的意见,即在某些情形下法律权威自身缺乏获得非规范性的条件,如权威无法同不具备同他人进行交流的能力。[①] 拉兹在赞同相关意见的基础上又对其进行了修正,其在研究之中指出权威成为行动理由需要具备下述两个非规范性的条件:一是权威指令在于说明其接受者应当做什么这一观点;二是这一指令需借助相关的权威进行发布进而被相关的事实进行识别,且这一识别的过程同发布理由时的相关理由与因素无关。[②] 在上述说明之中,第一个条件明确法律是权威机构的指令,其仅在个体的行为依据正当理由展开时才具有权威性的约束力;第二个条件则说明了权威自身所包含的属性,即在判断法律的制定机构时不能依据道德论据,其原因在于无法在事实上对法律进行支撑,进而导致权威指令的正确性不足。

正因为法律本身是一套指令系统,它能够为个体提供不依赖于道德的决定性理由体系。这套理由体系构建了法律的规范性和权威性,进而满足了法律的两个外在规定,即可以为人们的行为提供指导和限制。首先,法律作为一套指令系统,旨在规范人们的行为。它通过制定和实施法律规则,明确了人们在社会生活中应该遵守的行为准则和责任义务。法律的规范性来源于其对人们的行为施加的指导性要求,它为人们提供了一套具体的行动规范,使得人们能够在社会交往和相互关系中遵守共同的规则。这样,法律作为规范性指令的一部分,能够为个体提供行为决策的理由,使个体知道应该遵循何种行为准则。其次,法律的权威性来源于其合法性和正当性。合法性是指法律规则的来源具有合法性和法定性,即法律规则是经过正当程序通过的,具有法律效力。正当性则是指法律规则在其制定和实施过程中与社会正义和公共利益相一致。法律的权威性使得其具有强制

[①] 参见[英]约瑟夫·拉兹:《权威、法律和道德》,刘叶深译,载郑永流主编:《法哲学与法社会学论丛》2007年第2期,北京大学出版社2008年版,第52页。

[②] 参见[英]约瑟夫·拉兹:《权威、法律和道德》,刘叶深译,载郑永流主编:《法哲学与法社会学论丛》2007年第2期,北京大学出版社2008年版,第53页。

力和约束力，要求人们按照法律规则进行行为。个体在行为过程中，由于法律规则的合法性和正当性，将法律规则视为决定性的行动理由。这是因为个体意识到法律规则的权威性，认为遵守法律是一种合理和必要的行为，而排除其他理由。

因此，拉兹认为主张合法性权威是法律的本质属性，这一判断揭示了权威性法律的本质是排他性理由。个体在行为过程中，法律规则的合法性权威使其具有决定性作用，个体因此将法律规则视为必须遵守的行动理由。这种排他性理由体系体现了法律的权威所在，使得法律能够在实践中发挥指导、规范和约束的作用。如果一个人享有权威，则该个体的权威本质上即为一个行动的理由。依据哈特相关理论之中的观点，拉兹进一步指出，权威性言论可以被认为是"存在充足内容的理由"。若理由同将其视之为理由的行动之间不存在直接的联系，则该理由是一个自给自足的理由。拉兹指出，命令和指令均是实践权威，其原因在于只有被证明具备权威的个体才能够进行命令或指令的发布。权威者自身发布命令的目的在于，使信任自身的个体能够服从权威者自身的命令，进而使权威者的命令成为接受者自身行动的理由。基于此可知，拉兹指出的权威并不是以暴力威胁为实践基础的权威，其核心依赖是自身的内容，这体现了拉兹的法哲学研究同他人的差异。

拉兹在其法哲学研究中，强调了法律权威的重要性和本质属性，并特别强调了法律规范作为一种特别行动的理由的角色。法律规范具有权威性，并能够为个体行为提供指导和限制，而这种权威性和指导作用不依赖于道德因素的存在。这一观点被拉兹称为强社会论，强调了法律作为社会规范的重要性和权威性。在拉兹的渊源命题中，权威命题是基础性的命题之一，由排他性特征和内容独立性特征构成。排他性特征指的是权威理由的效力建立在个体对其排他性的认同上，即个体必须将权威理由视为其他理由的排他性替代品。因此，权威理由的效力来源于其特有的排他性特征。内容独立性特征则指的是权威理由作为特殊的行动理由，其效力不依赖于其具体内容，而只取决于其权威性质。这意味着，权威理由作为行动的理由，不同于其他行为理由，在其内容独立性上具有特殊的地位。拉兹进一步将权威命题应用于法律的研究当中，指出法律作为一种特别行动的理由体系，具备排他性和内容独立性特征。在某种意义上，法律的权威性本质即为作用于个体行为的排他性理由。个体必须将法律规范视为排他性的行动指导,即在其他行动理由存在的情况下,仍遵循法律规范的要求。这种排他性要求构成了法律规范的权威性特征,使得法律能够为个体提供决定性的行动指导和限制。同时,拉兹的观点也深刻揭示了强社会论背后的理论基础。在拉兹看来,权威性法律的本质是其能够为个体提供一种独立于道德的行动指导,并在社会生活中具有权威性地位。法律中的权威性体现了社会规范和公共价值的重要性,而不依赖于个体的道德判断和诉求。这为强调法律规范作为社会规范的重要性和权威性质提供了理论基础。

在关于法律本质的问题上,拉兹提出了一种实践性权威的观点,即权威本身是一个实践性概念。他认为个体拥有权威是一个实践性问题,而相关问题的本质在于探究具备权威的个体应当如何行动。为了有效解释权威,我们需要对权威的表面意义以及参与实践推理的过程进行详细说明。此外,拉兹结合约翰·卢克斯对权威的定义和"理由论解释",对权威进行了具有创新性的解释。首先,拉兹关于权威的实践性观点表明,权威本身是一种与实践相关的概念。实践性权威强调个体对权威的实际参与和行动。个体拥有权威的意义在于其参与特定的社会实践中,具备相关的权限和资源来实施特定的行动。这一观点与传统的权威观念有所不同,传统观念认为权威是一种抽象的、外在的控制力量或机构。然而,拉兹认为权威的本质在于具有实践性,它体现在个体对于特定实践场景中行为的指导和约束上。其次,拉兹强调了权威问题的实质是研究具备权威的个体应该如何行动。这一问题涉及权威作为行动理由的内涵和效力。拉兹主张权威性是法律规范的特别行动理由,即个体应该遵循法律规范的要求并将其作为行动的指导。从这一角度来看,权威性不仅是一种社会规范和价值的表征,也是个体在实践中决策和行动的重要参考。因此,研究具备权威的个体应该如何行动,涉及权威性理由的内容和效力的解释。为了更好地解释权威,拉兹借鉴了约翰·卢克斯对权威的定义,并结合"理由论解释"对权威作出了创新性的解释。卢克斯将权威定义为在特定社会关系中获得认可和接受的一种力量。这种力量不仅具备约束力,还具备行动指导的功能。拉兹以"理由论解释"为基础,将权威解释为一种具备合理性和约束力的理由。根据这一解释,权威性理由的合理性来源于其在实践中的社会认可和接受，以及其与社会价值和公共利益的一致性。而约束力则是指权威性理由对个体行为的约束和限制。这种创新性的权威解释不仅强调了权威的合理性基础，也突出了权威作为行动指导的重要作用。

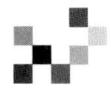

三、拉兹对理由范式批评的澄清与重述

（一）关于理由的逻辑结构与事实的回应

在实践的过程之中可以将理由划分为行动的理由、实践的理由、欲望和情感的理由等。在这之中，发挥关键作用的是行动的理由与信念的理由。而拉兹又更为关注"行动理由"。理由的作用主要有以下三个：一是对个体的行为进行说明，二是评价人们的行为，三是指导人们的行为。在理由发挥自身作用的三个方面，理由所发挥的作用即为自身的目的。例如，杰克和吉尔结婚了，但杰克是出于获取钱财的目的才和吉尔结婚。许多人都觉得，人们只能因为爱情而结婚。杰克基于一个错误的理由同吉尔结婚，而这一错误的理由必将导致错误的行动。杰克不该这么做，所以其他人，如约翰与乔治不应作出上述的行为。

对行动理由这一概念进行解释时，需要对行动理由说明行为、评价行为以及指导行为的三个目的进行阐述。同时还要解释这三个目的之间有何种关系，并说明上述三个理由被应用于目的的理由。在拉兹看来，理由之所以可以指导行为和评价行为，其根本原因在于理由具备说明的价值和作用。"理由是对内容的一种说明，其在实践的过程之中具备以下特征：其借助对行动者自身行为的考量实现对行为的说明。"[1]在表达理由的相关语句之中，部分语句仅存在说明的作用，部分语句则具有评价与指导的作

---

[1] ［英］约瑟夫·拉兹：《实践理性与规范》，朱学平译，中国法制出版社2009年版，第16页。

用,部分语句则同时具备上述三个方面的作用。拉兹对核心的五种句型展开了研究:

(1)"A 是 B 的理由"(A is the reason for B)(比如,今天下雨是 A 带伞的理由)。

(2)"有理由……"(there is a reason for)(例如,有理由带伞)。

(3)"A 有理由……"(A has a reason for)(例如,A 有理由带伞)。

(4)"A 相信 B 是 C 的理由"(A believes that B is the reason for C)(例如,A 相信下雨是带伞的理由)。

(5)"A 做 B 的理由是 C"(A is reason for B doing C)(例如,A 带伞的理由是今天下雨)。

在普通人看来,理由这一概念类似于陈述、信念、事实等概念,并将理由的依据确定为陈述。实际上拉兹主张的理由的核心是进行实践推理的核心,基于此,拉兹认为信念、事实、陈述均能够进行逻辑层面的分析,理由也能够进行逻辑层面的分析。"要下雨了",若将其视为陈述,不可以视为"我"携带雨伞的理由;若"要下雨了"是一个事实,或者"我"相信"要下雨了",则"我"带伞的理由便可以视为"要下雨了"。对事实和信念的区分存在诸多的困难。在很多时候,信念都可以成为行动的理由,但并非所有的信念均能够被视为理由。理由存在的一个目的和作用是实现对个体行为的指引,个体在大部分的情形之中均是依据事实而不是依据信念采取特定的行为。同信念相比较,事实才是个体行为的根本理由。"我"相信要下雨并未表明,下雨是"我"带伞的理由。"个体未意识到理由"不能说明实际上不存在理由。[①] 在指导和评价行为的过程之中,理由本质上是一种事实,而不是一种信念。拉兹自身所提出的"事实"这一概念,是一个广义的事实,其能够采用"…the fact is that…"这一句型进行表达和界定。基于此,拉兹陈述的事实包含了时间、信念等诸多的要素,拉兹在研究的过程之中也将信念划分为事实的一种类型。

[①] 参见[英]约瑟夫·拉兹:《实践理性与规范》,朱学平译,中国法制出版社 2009 年版,第 17 页。

(二)对完整理由与理由的强弱的辩护

个体在表达自身欲求时,通常会忽视部分理由,仅对部分理由进行陈述。仅陈述哪一部分理由,完全取决于说话的人自己的考虑,也同个体讲话的对象,以及个体同讲话对象之间的关系存在关系。例如,杰克去车站接吉尔,个体会向杰克询问原因,杰克潜在的回答有以下三种:一是吉尔将到达车站;二是"我"去车站迎接吉尔,将给吉尔带来一个好心情;三是"我"想带给吉尔快乐。至于杰克会选择哪一个答案,完全取决于他心中自己的权衡。如果旁人一直追问,杰克可能会把三个理由一并讲出来,也可能再想出若干个理由,但在对答的过程之中,吉尔不会将最初的理由全部讲出来。基于逻辑,上述三个理由应当视为一个整体,三者的综合形成了一个完整的理由。单独的理由仅仅是整个理由的组成部分之一。在交流的过程之中个体通常在接受到第一个理由之后便认为自身了解了全部的理由,其原因具有多样性,可能是交流双方较为熟悉,也可能是交流双方对于全部的理由缺乏兴趣。在理论上完整的理由观念构建了对理由进行理解的基础,实现了对理由基本逻辑的理解。在个体交流的过程之中,若一方不断追问,如在上例之中对杰克进行追问时,杰克可以以此说出自身的理由。

基于上文的论述可知,理由同陈述之间存在着不一样的逻辑关系。单一的理由仅仅说明了杰克行为的一部分理由,且多个理由存在不一致的现象。在上例之中,杰克的回答说明了自身去车站的理由与接吉尔的理由。

拉兹采用上述五个句型,对理由进行了界定。若在上文的五个句型之中,实现了对第二、第三个句型的理解,则进一步的要点在于依据句型一对句型四和句型五进行建构。上述句型在说明存在理由的同时,也说明了相关理由的具体内容。若杰克说,在任意的条件下,对于上帝的信仰均能够增加人类的福祉,基于此存在信仰上帝的理由。若吉尔不赞同杰克的观点,在这一情形下应对吉尔的立场作何种解释?杰克尝试表达完整的理由,但其未能将完整理由表达出来,即存在一个被杰克隐藏的理由为:人类的福祉本身是价值的一种,且在部分情形下对于上帝的信仰能够增加这一福祉。在上述两个条件均被满足时,便形成了杰克对于上帝信仰的完整理由。在杰克的理念被吉尔反对的情形下,吉尔本质上想反对的是人类的幸福本身不是一种价值。若此为吉尔反对的理由,则吉尔所犯的错误不是逻辑错误,而是道德错误。吉尔进行否认的理由是,并非任意的价值均能够成为理由。可能对于上帝的信仰能够带来福祉,但是在现实之中存在更为直接的理由为人们带来福祉,在这一情形下吉尔的错误是逻辑层面的。其原因在于在拉兹的相关论述之中,价值可以被视为理由,在一个理由被一个理由胜过之后,其仍然是一个理由。基于此,在大部分的情形下,个体所给出的理由不是一个完整的理由。对于特定的事实,仅在其构成一个完整理由时才能将其视为一个理由,且完整理由与其相关的事实均能够视为理由。[①]

拉兹的权威理论同其强社会论存在密切的联系。在哲学领域之中最难阐明的问题之一是理由的冲突,哲学家们莫衷一是,但这并不是本书研究的重点。基于此,本书在研究的过程之中不再对拉兹关于各种理由相关的问题进行论述。为了突出本书的论证重点,仅对拉兹理由范式中最基础的部分——排他性理由作理论分析。

(三)对理由之间的冲突与权衡的重申

就像上文所述,理由之间可能出现冲突,解决理由之间冲突的有效方法是进行逻辑上强弱的对比。例如,杰克今天应该上班,但杰克朋友吉尔患病了。尽管杰克知道上班的理由,但就其个人而言,不上班的理由更重要。基于此,杰克对于朋友生病的考虑超越了对于自身工作的考虑。基于表面的分析可知,个体采用这一方式实现了对理由冲突的解决。拉兹在相关的研究之中指出,并不是全部的理由冲突均能够采用这一方法解决。拉兹指出在处理相关问题的过程之中,应对一阶理由和二阶理由进行区分,采用逻辑强弱对比能够解决一阶理由冲突的问题,但是无法解决一阶理由和二阶理由冲突的问题。[②] 有的哲学家目前尚未认识到一阶理由与二阶

[①] 参见[英]约瑟夫·拉兹:《实践理性与规范》,朱学平译,中国法制出版社 2009 年版,第 35 页。

[②] [英]约瑟夫·拉兹:《实践理性与规范》,朱学平译,中国法制出版社 2009 年版,第 36 页。

理由的本质并对其进行讨论，本书仅以拉兹的观点为标准。拉兹基于自身的实践原则对排他性理由的相关论述进行了批判。

拉兹在批判的过程之中提出的第一条原则是：在对全部的事情均进行分析之后，个体将依据自身对于理由的权衡去行动。拉兹承认这一规则的有效性，但质疑这一规则的适用性。例如，杰克在寻找适宜的投资模式。一天，杰克的朋友吉尔搞了一个投资项目，但要求杰克在当晚作出决定，其原因在于投资的机会将在当晚截止。杰克知道该项目可获利，但同时其方式也十分复杂。不过杰克的另外一个朋友在几天前提供了一些情况，表明这可能不是一个好的投资。在吉尔介绍之前，杰克处于犹豫不决的状态，杰克需要同时考虑上述两个因素。在度过了十分纠结的夜晚后，杰克想出一个理性的决定，但他质疑自身的判断。杰克将自身的情况转告了吉尔，吉尔认为杰克必须进行决策，进而拒绝了吉尔的建议。杰克最终未接受建议，但是杰克指出自身拒绝的理由不是反对这一建议的理由超过了赞同的理由，而在于自身过于疲惫导致无法作出有效的决策。

面对杰克的理由，吉尔指出，你的行为违背了原则一，是一个不明智的行为。吉尔指出，杰克以自身的疲惫为借口不是进行拒绝的理由。杰克自身疲惫的状态无法证明接受相关的建议是正确或错误的，其原因在于该行为可能使杰克自身的利益受损。依据原则一的基本要求，杰克应仅对建议的优劣进行权衡，若杰克遵照原则一，则杰克须承认自身的精神状况对自身的判断产生影响，基于此，他需要对当前的状态进行改变。在此之后杰克可能会发现自身的行为促使事情向更加糟糕的方向发展。基于目前的实际状态，杰克不清楚自身的精神状态如何对自身的判断产生了影响。在实践的过程之中，杰克未接受相关的建议，但是认为自身是出于理性的目的接受了上述决策。基于此，杰克自身未依据建议的优劣进行决策。杰克自身的选择即为原则一无法被承认的理由。

拉兹认为上述案例的核心在于，杰克指出自身存在一个行动的有效理由，尽管这一理由不正确，即自身疲惫的状态即为自身行动的理由。杰克将自身的疲惫状态视为了不必考虑其他理由的一个理由。基于此，杰克自身的疲惫状态即为杰克所具备的不权衡其他理由而采取行动的理由。下文之中的第二个案例能够更加清晰地体现拉兹自身的意图。长官命令处于兵役期间的士兵占用商人的货车，基于此士兵具有了占有商人货车的理由。在这一情况下，士兵的朋友建议他不要占用商人的货车，其原因在于该行为损害了商人的利益。士兵认同朋友的建议，但其同时也认为自身应服从上级的命令，若命令不正确，也应该被自身服从。长官的命令意味着，不能让士兵自己去决定对错。命令要求个体在不权衡的情形下做被要求做的事情。士兵指出若长官的命令违背人道主义，其将拒绝执行。但占用商人的货车仅仅是一种普通的情形，不违背人道主义。因此，命令是士兵行动的理由。基于原则一，士兵的做法是错误的，但士兵服从了命令与权威，从权威的本质出发又是正确的。拉兹认为原则一的瑕疵之一在于无法解释这种情况。

拉兹指出，理由自身存在强弱的差异。多个理由在发生冲突时，强理由将胜过弱理由。基于拉兹的观点，理由强弱的本质是逻辑层面的强弱。这一逻辑上的强弱同现象上的强弱不同。现象层面上的强弱取决于理由对个体意识的支配程度。在一般情形下，个体越重视某一理由，该理由将越能够控制某人的想法，进而使个体认同其为更强势的理由，但事实上该理由在逻辑上仍然是一个较弱的理由。上述现象导致了逻辑层面的强弱同现象层面的强弱存在较大的差异。例如，一个个体认识到自身的脑海之中具备相同的理由，但仍然会认为其是一个弱理由，无法胜过其他理由。在面对理由冲突的情形下，个体将不选择这一自身认为的弱理由，进而在行动的过程之中遵循自身认为更强的理由。拉兹认为，具备服从性的权威理由能够胜过道德权威理由。

（四）对二阶理由与排他性理由观点的坚守

为了说明二阶理由和排他性理由，拉兹还举出了第三个例子。丈夫答应妻子，在往后孩子教育相关问题上，其将同孩子站同一立场，支持孩子自身的利益，不顾及其他的理由。该家庭在孩子上学问题上出现了争议。丈夫同妻子分析是否让孩子就读于公立学校。若孩子在公立学校就读，意味着丈夫不能辞职，进而导致其无法全心投入自身的文学创作之中。且丈夫考虑到受自身社会地位的影响，其辞职的行为势必会对周边的同事产生影响。丈夫认为自己已经答应妻子，自身应无须考虑相关问题。针对具体的问题，丈夫的承诺不是支持或不支持孩子到公立学校就读。此时丈夫的承诺类似于上一个案例之中杰克自身疲惫的精神状态,未对理由的权衡产生影响。基于此,丈夫的承诺不是改变现状的理由。丈夫存在理由相关或不相关的理由,进而不依据相关的理由采取自身的行动。在上文所述的三个案例之中,三个主角均相信自身存在不按理由行动的理由,即上述案例之中的三个主人公认为自身未对理由进行权衡的行动是正确的。

拉兹在这三个例子的形式推理中阐释了排他性理由、二阶理由的基本概念。拉兹认为"一个人仅在其认为 P 是做 Q 的理由,并做 Q 时,可以认为该个体因为理由 P 而做 Q。仅在其不依据理由 P 做 Q 时,其将不会因 P 做 Q。从另外的一个角度讲,若个体未采取某一行动,或未因某一理由采取行动时,则个体未基于这一理由而行动"。[①] 拉兹在相关的研究之中指出,二阶理由的本质即为依据某一个理由行动或者不行动的任意理由。排他性理由即否定的二阶理由,是指禁止行动的理由。拉兹在相关的研究之中指出,在上文的三个案例之中,主人公均未充分思考排他性理由。拉兹对不采取行动的二阶理由(排他性理由)展开了深入的研究。拉兹指出,法律向社会公众所提供的行为理由,本质上即为排他性理由。依据上文所述,理由存在强弱的差异。个体在行动时,需要对各种理由的强弱进行权衡。拉兹提出的一阶理由与二阶理由也存在强弱的问题。拉兹相关研究之中的排他性理由具体是指将情感、道德、信念等因素排除,进而遵从理由不行动。同时,对一阶理由进行否定的二阶理由,同否定的二阶理由存在显著的差异,其原因在于二阶理由针对的情形是对一阶理由的排除。单纯的对一阶理由进行否定的理由仅是对于行为者自身的考虑,不是依据二阶理由对一阶理由的排除。

拉兹和哈特都认为,若承认一个国家法律体系的存在,则表明在较长的时间内,法律能够为遵法的个体的行动提供理由,哈特称这个理由为"阻断性理由",拉兹则认为该理由为排他性理由。上文所述均为采用理由对法律权威的解释。法律之所以具有权威,其原因在于法律为个体的行动提供了排他性理由。拉兹在对原则一进行批判时阐明了自身的主张,且该主张具有实践的性质。其体现了拉兹法律权威理论之中理由范式的地位。

[①] [英]约瑟夫·拉兹:《实践理性与规范》,朱学平译,中国法制出版社 2009 年版,第 40 页。

相关学术领域将拉兹的主张界定为"排他性法律实证主义",这一概念同拉兹提出的排他性理由存在紧密联系。拉兹基于权威的视角对法律进行了定义,并构建了自身的强社会论(渊源命题)。上述理论则充分说明了拉兹自身排他性法律实证主义的定位。拉兹指出,依据法律所排除的仅仅囊括未经法律认可的理由,而不是所有的理由。法律规范的本质是权威性理由的一种。拉兹在自身的渊源命题之中强调,法律具备权威表明,法律自身能够以与道德无涉的形式实现对个体行动的指引。拉兹认为,服从权威性理由比服从道德理由更有力。这就是法律权威的理由论解释,而理由范式又是法律权威理论的基础。

综上所述,拉兹在法哲学领域作出了重要的学术贡献,通过实践理性的探索,引导了学术界对法律本质的认知从外在主义向内在主义的转变。他对权威理论进行了深入研究,并因此赢得了广泛的学术声望。拉兹采用实践哲学的方法论对法哲学进行了广泛的研究,他提出的多个法律理论超越了过去法律实证主义研究的范畴。无论是道德、法律还是社会规范,它们在实践哲学中以实践的形式存在,并且只有在实践的过程中才能获得权威性和规范性。拉兹通过他的理由范式深刻地揭示了这一点:首先,拉兹的权威理论为我们理解法律权威的本质提供了新的视角。他认为权威性是法律规范的基础属性,而这种权威性源于特定社会实践中的实践性理由。拉兹的权威理论将法律权威与实践行动紧密联系在一起,他强调了法律规范作为一种行动指导的特殊理由所具备的效力和约束力。通过将讨论焦点从法律的外在表现转移到内在本质,拉兹引领了学术界对权威性的更深入理解,推动了法学研究从传统的规则导向转向了实践和行动的视角。其次,拉兹的研究方法以实践哲学为基础,突破了传统法学研究的限制,使法哲学更加综合而富有启示性。他认为道德、法律和社会规范在实践哲学中都以实践的形式存在。这一观点对我们理解法律的本质和其在社会中的地位具有重要意义。拉兹主张,权威性和规范性的社会规则必须在实践过程中予以探求合法性。这就要求我们在研究法律时,不仅关注其形式和规则内容,还要注重实践行动的背后逻辑和背景。这种实践哲学的方法论使我们能够更全面地理解法律的功能和价值,超越传统的法学范式。最后,拉兹的理由范式为我们揭示了权威性和规范性的社会规则的重要内涵。他认为权威性理由具有合理性和约束力两个基本特征。合理性来源于其在实践中的社会认可和接受,以及与社会价值和公共利益的一致性。约束力则体现在权威性理由对个体行为的限制和约束上。通过这一理由范式,拉兹深刻地揭示了权威性和规范性的社会规则的内在逻辑和效力机制。这对于我们在法律领域判断权威性、解释规范性规则以及构建法律体系具有重要的指导意义。

余　　论

理由范式对法哲学发展面向的启示

现在,让我们回到本书的起点——"人们为何服从法律"?笔者认为,法律体系是制度化的,同时也是特殊的规范体系。这种规范体系的特殊性不仅在于它与其他规范体系比较所具有的广泛性和其权威的至上性,更重要的一点在于法律体系的权威由于制度化而具有形式上的自我解释性。从形式上看,法律具有权威,这来自法律本身所提供的理由,而不依赖于作为规则承受者的个人或集体对它的解释、承认或接受。法律之所以能获得实在的效力,是因为其内置实践性与权威性。其实践性从为社会公众提供行为指引的角度赋予了公众行为以妥适的理由,其权威性则进一步促使公众服从于实在的规范,因而可以说法律的实践性是建立于其权威性之上的。除此之外,法律还具备实证有效性的特征,包含事实的有效性以及法律规则的有效性两大类别。前者关涉法律的效力,认为公众的服从或心理接受是其效力之本源;后者则将法的效力与形式化的规则之间联系起来,法律特定的权威经由法律规则而得以形成。实证有效性兼具事实与规则这两大类别的有效性,并通过法律的实践性及权威性进一步体现出来。

除了上述特征外,法律还具备制度性的特征,这也是法律权威的来源。在哈特看来,法律的制度性特征是人类迈向法律世界的标志性成果,是同前法律世界实现分野的界碑。法律的制度性特征伴随着克服前法律世界弱点的需求而产生,其一,前法律社会通常尚未设定明确的标准以及程序装置对法律予以确认,其社会规范所面临的不确定性,成为制度性法律所力求改变的对象;其二,前法律社会的规范通常处于静态的实施层面,统摄规范立改废释的权威性机构也尚未产生,而制度性法律则关注规范的动态运行过程;其三,前法律社会的规范在效果层面无法得到权威性机构的支持,因而对是否违法的判断以及确认违法之后的制裁均面临困顿,而该时期规范在效果层面的力有不逮,恰为制度性法律的产生奠定了需求基础。

拉兹的法理论实现了对哈特法理论的部分扬弃与超越,其更为彻底地在法律实证主义同实践哲学之间建立起了联系。因而若称哈特为将法律实证主义引向实践哲学的开创者,那么拉兹则在此种开创之上进一步促成了法律实证主义理论体系的圆融。拉兹以法律实践为具象标靶,从而使得法律权威的证成与实践紧密结合,因而能够将其他不必要的因素从法律权威的概念体系之中排除出去,从根本上巩固了自身在法律实证主义理论体系中所具有的地位。

从制度性的角度出发,可以看到现代国家通过不同机构、法律人员之间的精细分工,逐渐形塑了法律非人格化的制度性特征。这一特征既保证了法律规范的自我进化能力,也为社会行动与时俱进的更替提供了充足理由。正因如此,法律的有效性来自法律规则自身,守法的基础其实也内存于法律自身,向其他领域寻求法律的有效性以及守法的基础便成为一项失去意义的作业。无论如何,对服从法律这一命题而言,尚存在外在客观理由和内在主观理由之分,对这一问题进行深入探寻,无疑将助益于我国的法治社会建设。

一、服从法律的外在客观理由

在法律领域中,"形式"是法律所具备的必要成分之一。法律不仅以形式的方式呈现,而且本身也产生形式。从哲学的角度来探究"形式"这一法律概念,不仅有助于我们更好地理解法律的权威性,还有助于我们更准确地认识个人或集体为何需要服从法律。当然,"形式"这一观点也是片面的,这并不是指其具有贬义性,而是指通过形式观点去看问题可能忽略其实质价值的判断。首先,从哲学的角度来看,"形式"这一法律概念的内涵广泛而丰富。法律的形式是指法律规则和制度的外貌、形式和内容。法律的形式具有客观性和理性,其包括了法律条文、法律判例等具体的标准和规则。此外,法律的形式还包括法律制度、程序和组织机构等方面。这些方面构成了法律的形式体系,其作为法律的必要成分,能够达到规范和指导行为的目的。因此,从哲学的角度来看,"形式"这一法律概念可以帮助我们更深入地探讨法律的权威性和功能。其次,在探究"形式"这一法律概念时,需要关注其与实质价值之间的关系。虽然"形式"是法律的必要成分之一,但是单独强调形式观点容易导致法律价值的忽视。因此,我们需要采用一种全面性的方法来探讨法律的形式和实质。具体而言,我们需要深入挖掘法律中蕴含的价值观念和价值体系,并结合实践经验去理解法律的实质内涵。通过对法律的实质和价值进行深刻理解,我们才能更加准确地认识个人或集体需要服从法律的原因及其价值意义。最后,需要认识到"形式"观点的局限性。在突出法律形式的同时,我们需要更加关注法律背后的价值体系以及其在现实社会中的实际效力和影响。如果过分强调法律的形式,甚至将形式作为唯一的标准,就会忽视法律的实质意义和价值目标。在构建法律制度和法律实践过程中,我们需要既重视法律形式的准确性和规范性,又应注意法律实质的价值和效力,更加关注法律对社会实践的指导和带动作用。

如果纯粹从形式的角度看问题,我们就会注意到:法律的形式具有区别于其他事物的价值以及完备的自我解释力。制度化、体系化、统一化均构成了法律形式的一面,这种形式无须借助任何道德、宗教的理由、个人或集体的心理态度或者任何其他别的理由就足以解释——为何法律具有权威。或者说,法律的形式一旦确立,它对个人或集体来说就是具有强制性和拥有权威的。这个时候,尊重形式就是尊重法律,质疑形式也是质疑法律。人们可以通过一种形式来改变另一种方式,但在意图改变的形式没有改变之前,它就是有强制性和具有权威的。假如法律不是因为经过形式上的合法性改变而丧失权威和强制性,那么任何个人不得以来自其自身的理由拒绝遵从和服从之。

本书将前文所提及的个人或者集体服从法律的理由称为"来自形式的外在客观理由"(以下简称"外在客观理由"),由此便能将法律由于其形式而外在地施加于个人或集体自身的理由剥离出来。这也意味着,依据形式的观点,个人或集体是否对服从法律产生了内心的自我约束力并不重要,法律并不关心这些主体缘何选择服从的内心动机以及态度倾向,而仅从形式合法性的角度关注这些主体是否选择服从法律的外在行为,无论此种服从是如何发生的。由此,只要法律体系经由规范得以确立并被赋予了有效性,服从法律的外在客观理由便已经达至充足完备的状态,个人或集体服从法律的外在客观理由在此种状态下将不断强化。与此同时,法律规范也将排除任何个体对自身行为的合法性判断,外在客观理由将成为刚性且独断的理由来源。

在法哲学领域,形式观点强调法律的形式特征,并将其视为理解和分析法律的重要视角之一。然而,这种强调形式的观点可能会引起对于"法律形式主义"的质疑,并可能遭受主张实质法哲学的学者们的批判。实际上,在某种意义上,法哲学中的形式观点是基于法律的特点而构建的,它对于自身认识和观察事物的角度进行了一定程度的限定,并且没有主张自身是唯一正确的方法选择。首先,形式观点在法哲学中的出现是有其合理性的。形式观点强调法律的形式特征是因为法律本身具备一些独特的形式属性,如法律规则的明确性、可预测性以及对于行为的规范性和约束性等。通过关注法律的形式,我们可以更好地理解法律的内在结构和运作方式。形式观点能够提供对法律权威的深入理解,帮助我们认识到法律规则在社会中的作用和意义。因此,形式观点在法哲学研究中具有其存在的合理依据。然而,对于强调形式的观点,我们也要认识到其可能存在的局限性。一方面,过于强调法律的形式特征可能会导致法律的形式化和形式主义倾向。法律形式主义是对于法律中实质与正义的忽视,将形式作为判断和解释法律的唯一标准。这种过分夸大形式的观点在法律实践中可能会导致对法律正义的偏离和遗漏,使法律成为一种僵化的、无法适应社会需求变化的工具。因此,对于形式观点的合理运用需要注意在实践中综合考虑法律的形式和其实质。另一方面,主张实质法哲学的学者们对形式观点进行了批驳。他们认为形式观点忽略了法律实质的重要性,实质法哲学强调法律的内在价值和道德目标,并主张法律的实质应该是法律规则和原则的核心。实质法哲学的学者们认为仅仅从形式的角度来看待法律是片面的,因为法律规则和制度的实质意义才是决定法律公正和合理性的关键。因此,他们批评形式观点过于局限,并主张综合考虑形式和实质来更好地理解和分析法律。

在基本立场上,法哲学上的形式观点也从未使自身的立场朝着绝对化的方向演进,并没有主张"外在客观理由"是个人或集体服从法律的唯一理由。相反,其认为形式与内容、实质是紧密联系的,这也决定了形式不会不顾一切地对具有自由意志和行动自由的相关主体施以强制约束。法律形式的僵化将成为个人或集体作出不服从法律行为时的抗辩理由。

因此,"外在客观理由"仅为个人或集体选择不服从法律提供了一个初步的解释框架,尽管这一框架作为解释以及说明的根据在某种程度上是必要的,但却未必是完全充分的。若要充分地解释和说明个人或集体遵行和服从法律的理由,可能需要探讨以下两个问题:一是法律的"可接受性";二是法律的"实质合法性"。这两个问题均与个人或集体的认同、信服和自愿服从有关。

二、服从法律的内在主观理由

若要更充分地说明服从法律的理由,尤其是要说明个人或集体缘何自愿服从法律,就不能仅满足于"外在客观理由"的论证,还必须转向考察"个人或集体服从法律的内在主观理由"(以下简称"内在主观理由")。毋庸讳言,从形式的角度寻求自愿服从法律的原因是远远不够的,个人或集体势必无法在这一论证过程中缺位。因为"外在客观理由"在说明遵行和服从法律的理由时,将相关主体自愿与否的主观性因素排除在了考虑范围之外。正是在这个意义上,我们可以说其是片面的。但是一旦我们转向观察和寻找"内在主观理由",则问题立即变得复杂起来。相对于相对确定、明确的外在客观理由,内在主观理由则是一个至少表面上看起来需要求解个人或集体之主体性,以及他或他们的情感行动、价值判断以及价值认同的理由。

在法哲学中,个人或集体对于法律服从与不服从的选择行为是一个复杂的问题,需要深入探讨其中的各种逻辑和哲理原理。个人或集体选择不服从法律,通常需要给出一些外在客观的理由,以解释他们的行为。然而,如何全面且充分地解释和说明个人或集体服从法律的行为,则需要更深入地探讨法律的"可接受性"和"实质合法性"两个问题,这两个问题均与个人或集体的认同、信服、自愿服从等因素密切相关。首先,法律的"可接受性"是个人或集体服从法律的一个重要因素。个人或集体选择服从法律往往源于他们将法律视为一种客观存在和权威性的代表,即认为法律是一种正当合理的、被广泛接受和尊重的价值规范。这种价值规范是基于人类社会的一些共识和共同利益的基础上形成的,并被认为是社会共同生活中必不可少的重要因素。因此,尽管法律规定可能不完美,并且有时会与个人或集体的某些利益存在冲突,但如果个人或集体意识到其法律规定的可接受性,则更容易服从法律规范。该原因往往也关乎着社会和法律的整体性与稳定性,人们普遍认为,法律制度的存在,可以维护社会基本秩序,保证社会的稳定,并有助于避免人类社会的混乱和崩溃。其次,法律的"实质合法性"也是个人或集体服从法律的一个重要理由。法律的实质合法性在很大程度上源于法律本身的实质内涵。法律作为一个正当合理的、被广泛接受和尊重的价值规范,应该具备一定的实质内容,如公正性、道德性、合理性等,这些内容应具有普遍性、客观性和理性,并且能够为个人或集体提供具体的指导和约束作用。对个人或集体而言,法律的实质内容在很大程度上会影响他们对法律规则的认同和信任度,也决定了他们服从法律的程度和意愿。因此,在法哲学的探讨中,我们必须着重考虑法律的实质合法性,探讨其内部关系、价值层次和意义定位,以更好地理解和指导个人或集体的法律行为。

如果我们把"统治的(实质)合法性"命题看作是法律是否具有效力的检验标准,那么,"内在主观理由"则可能成为与"外在客观理由"相对的另一个理由。从这个理由的角度看,法律不能仅仅因为其形式而具有强制性、有效性和权威,其本身还必须具有"可接受性"(acceptability)。这个所谓的可接受性,除了来自形式本身的理由证成外,还必须需要个人或集体达成共识(主体间性)的理由之证成。也就是说,法律的可接受性论证涉及两个方面:其一,法律本身所表现出来的可接受性特征之说明;其二,个人或集体对法律可接受性之认识和认同。但是,可接受性并不是一个纯粹的主观判断标准,任何事物之可接受或不可接受,必须与其本身所表现出来的特征有关。有些事物所表现出来的特征自始就是不可接受,但又不得不接受的,如自然灾害。有些事物所表现出来的特性在特定条件下才是可以接受的,如由于科学技术本身的局限,某些科学试验结果尽管是失败的,但却是可以接受的。法律作为人类创造的社会制度性实体,就其本质而言不应当是不可接受的,而应在客观上表现出可接受性特征。对于这样一种特性,人们在历史上曾经提出过不同的学说。比如,中国古代法律思想中强调:"国法"必须符合"天理"和"人情",否则就是不可接受的。在西方,延续千年的自然法学说则主张,任何实在法必须符合一种"永恒不变的正义观念",违背正义观念的实在法就是恶法。照此说法,恶法当然是不可接受的。

法律的可接受性必须接受来自个人或集体之理由的"主观过滤"或者"主观检验"。从主观上看,人的自由意志—行动与规范约束之间并非是自然呼应的。或者说,自由意志并非"自愿"受规范约束,而且不是有了规范约束,就自动有了人们的自愿服从。若要产生人的自由意志—行动与规范约束之间的呼应,就需要促使个人或集体"自愿服从"一定的法律规范。然而,由于受主观信念、价值偏好、利益和特定情境的左右,不同主体对于法律的可接受性往往无法形成完全一致的共同认知,如下五种情形较为普遍:第一,相关主体对法律之可接受性根本不予认识或根本不愿加以认识,当然他(们)也不自愿遵行和服从;第二,相关主体认识到了法律的可接受性,但此种认识并未上升到认同的层面,因而不愿自行服从;第三,相关主体既认识到了法律的可接受性,也予以一定的认同,但并未据此作出自愿遵守的选择;第四,相关主体对法律之可接受性虽不加以反思,却能对法律规范自愿遵行和服从;第五,相关主体对法律之可接受性主动加以认识、反思,在此基础上认同或承认法律效力,进而自愿遵行和服从。

如果进行图式分析,来自个人或集体之理由所涉及的关系模式可以用四个因素组合成不同的类型:不自愿服从+不合理理由(简称"理由 A");不自愿服从+合理理由(简称"理由 B");自愿服从+不合理理由(简称"理由 C");自愿服从+合理理由(简称"理由 D")。从逻辑上看,基于不合理理由的不自愿服从(来自"理由 A")不是"真正的不自愿服从",基于不合理理由的自愿服从(来自"理由 C")不是"真正的自愿服从",因为它们均不符合"不自愿服从"和"自愿服从"的逻辑概念。此外,不符合逻辑概念的"不自愿服从"和"自愿服从"在现实生活中也可能实际地发生。比如,一个人基于公然违背道义的理由("理由 A")而不遵守法律,或者基于"本身为奴婢,命当守王法"的理由("理由 C")而自动地一律遵守法律。

现实生活中实际发生的不符合逻辑概念的"不自愿服从"和"自愿服从"不能成为检验法律是否具有可接受性的标准,因为它们的存在自始就与法律是否具有可接受性这个问题无关。在这一点上,我们应当确信,现实中存在的东西,可能是有合理性的,也可能是没有合理性的;没有合理性的存在不能作为判断其他事物存在是否具有合理性或可接受性的标准。然而,一旦我们加上"合理性"这个判断标准,基于这个判断标准的理由就不再是一个纯粹来自相关主体的"内在主观理由",而一定是建立在个人或集体参与论辩(或商谈)而达成共识上的"主体间性理由"。相应的,来自个人或集体的"主体间性理由"之检验可以简括为"主体间性检验",它是法律之可接受性证成的来源。

"主体间性检验"实际上承担着双重职能:其一,检验法律自身所展现的可接受性特征之证明是否具有合理性;其二,检验来自个人或集体之理由的"主观过滤"或者"主观检验"(个人或集体对法律可接受性之认识和认同)是否具有合理性。如此说来,"主体间性检验"是联结"法律体系本身所表现出来的可接受性特征之证明"和"个人或集体对法律可接受性之认识和认同"的中介。这又可以从两方面来看:一方面,"法律体系本身所表现出来的可接受性特征之证明"须接受"主体间性检验";只有经过"主体间性检验"的法律体系本身所表现出来的可接受性特征之证明,对于任何个人或集体才是有说服力的,甚至是有信服力的。另一方面,任何来自个人或集体之理由的"主观过滤"或者"主观检验"(个人或集体对法律可接受性之认识和认同)本身也必须接受"主体间性检验";只有接受"主体间性检验"的来自个人或集体之理由的"主观过滤"或者"主观检验"才可能是合理的,否则就是不合理的。只有经过上述双重检验的法律本身所表现出来的可接受性特征之证明与来自个人或集体之理由的"主观过滤"或者"主观检验"才有可能产生对接,进而在互相联通的基础上达至统一的可能。

个人或集体自愿遵行和服从法律,可能基于如下的理由:其一,法律本身所表现出来的可接受性特征之证明是令人信服的;其二,尽管法律本身所表现出来的可接受性特征之证明并不特别令人信服,但来自个人或集体的"单向性主观理由"也不足以构成拒绝服从法律的理由;①其三,个人或集体对法律是否违背人类的是非感或普遍的道德良知这个问题,难以作出明确的判断;其四,法律与个人或集体当下的是非感或道德良知没有明显的冲突;其五,即使法律与个人或集体当下的是非感或道德良知有明显的冲突,但其不可接受性尚未达到绝对不能容忍的程度。② 但从形式的观点来看,个人或集体基于独立的是非—良知判断而自愿遵行和服从法律,并不是法律效力赋予得到正式确认之充分条件。在制度化运行的框架内,个人或集体的主观承认不是实质性的,也非决定性的,不能左右法律在形式上有效或者无效。③

因此,法律规则作为社会规则的一种,确实是以一定的社会现实性秩序为基础,并获得了社会主体内在认同的支持。这种内在认同包括了社会主体对法律规则所具备的内涵和功能的认可,并且进一步形成了自觉遵守法律的规制力。然而,要实现良法之治,就需要将重点放在塑造这种规制力上,即通过引导社会主体基于内在认同的遵循意愿,来遵守法律规范。如果能够实现这一目标,绝大多数社会成员会基于个人的主观认同,自觉地遵守并服从法律,法律至上的观念也会以一种"看不见的权威"的形式深入人心。首先,在良法之治的理念中,强调了法律规则与社会现实性秩序的基础性关系。法律规则在制定过程中通常是基于现实社会的需要和情境,以确保社会秩序、公平正义等价值的实现。法律规则作为社会规则的一种,具有一定的社会目标和意义,能够更好地引导和调节人们的行为。这种法律规则源于人们对社会秩序和公共利益的追求,以及对社会发展方向和目标的认同。正因为如此,法律规则才能够得到社会主体的内在认同,并被广泛接受和遵守。其次,社会主体内在认同的形成对于法律的遵守具有重要意义。社会主体经过长时间的文化传承、社会化过程和法律教育,逐渐形成了对法律规则的认同和尊重。这种认同不仅涵盖了社会成员

---

① 参见[德]考夫曼:《法律哲学》,刘幸义等译,(台)五南图书出版公司2001年版,第197~198页。

② 参见[德]古斯塔夫·拉德布鲁赫:《法律智慧警句集》,舒国滢译,中国法制出版社2016年版,第195~196页。

③ 参见[德]考夫曼:《法律哲学》,刘幸义等译,(台)五南图书出版公司2001年版,第197~201页。

对法律规则在社会生活中的作用和影响的理解,还反映了他们对法律所体现的公正、正义、合理等价值观的认可。

社会主体的内在认同与法律的规制力息息相关,它使得个人在行为中自觉地遵守法律,而不仅仅是出于外在的强制或利益考虑。这种自觉的遵守行为源自个人内心的意愿和对法律规则的认同,具有更深层次的约束力和可持续性。然而,要实现良法之治,仅仅依靠社会主体内在认同的形成还不够,还需要通过引导和培育这种内在认同,进一步增强其规制力。良法之治的核心在于通过建立公正、合理、透明的法律制度,以及提供公正、高效、可信的法律实施机构和程序,来加强法律规则的权威性和效力。只有在这样的制度和环境下,社会主体才能够更加自觉地遵守法律,进一步强化法律至上的观念。通过规范化法律实施过程,确保公正与效率的兼顾,法律制度和法治机构可以获得更多的信任和认可。这种信任和认可进一步加强了社会主体对法律规则的内在认同,推动了个人自觉遵守进一步完善和发展法律规则的步伐。另外,诸如宣传教育、社会舆论引导等手段也可以发挥重要作用,以增强社会主体对法律的认同和遵守意愿。通过广泛而深入的法律教育,可以提高社会成员对法律的理解和认知水平,使其更加深入地了解法律的价值和作用。借助社会媒体、新闻媒体等渠道,可以加强对法律的宣传和解释,树立法律权威的形象,提高公众对法律的尊重和遵守意愿。同时,积极引导社会舆论,宣传法律的正义性和合理性,推动社会主体对法律的信赖和依赖。通过这些手段的综合运用,可以更好地引导社会主体基于内在认同的遵守行为,使法律至上的观念更加深入人心。

行文至此,必须强调的是,本书关于拉兹法律权威理论中的理由范式的讨论试图展示关于法律理由排他性之争议的理论全貌。本书的相关论述并无意对拉兹的观点和论证提出理论挑战,仅提出笔者个人的一些思考,希望能深化对这个问题的理论研究。实际上这个思考进路表明,对法律权威的单纯概念分析和描述性的规范分析并不能完全揭示法律权威的实践性质,我们似乎需要一些更为实质性的价值承诺。拉兹的法律权威理论代表着当代英美法哲学中注重分析与实证的一个极具重要意义的思想流派,而与之相对的另外一个重要的思想流派,则是注重价值和共同善的自然法哲学,如 John Finnis 的权威理论。他吸收了拉兹的概念分析方法,并为法律权威注入了共同善,于是他的权威理论就与法律实证主义产生了细微却重要的区别,能够为我们更全面地理解法律权威提供新的理论视野。鉴于篇幅与能力所限,笔者无法再作出更为详尽的阐述,期待学界对这一问题进行更为全面、系统、深入、细致的研究。

参考文献

一、中文著作类

1. 谌洪果:《哈特的法律实证主义:一种思想关系的视角》,北京大学出版社 2008 年版。
2. 陈景辉:《法律的界限:实证主义命题群之展开》,中国政法大学出版社 2007 年版。
3. 陈景辉:《实践理由与法律推理》,北京大学出版社 2012 年版。
4. 陈锦宇:《法体系的规范性根基》,山东人民出版社 2011 年版。
5. 陈锐:《作为实践理性的法律——约瑟夫·拉兹的法哲学思想》,清华大学出版社 2011 年版。
6. 金韬:《理由与权威——约瑟夫·拉兹的法律规范性理论》,法律出版社 2021 年版。
7. 李桂林、徐爱国:《分析实证主义法学》,武汉大学出版社 2000 年版。
8. 李锦辉:《规范与认同》,山东人民出版社 2011 年版。
9. 刘叶深:《法律的概念分析:如何理解当代英美法理学》,法律出版社 2017 年版。
10. 刘叶深:《原则、效力与法律的概念》,中国政法大学出版社 2018 年版。
11. 马驰:《法律规范性的基础:以法律实证主义的演进为线索》,法律出版社 2013 年版。
12. 毛兴贵:《政治义务的道德基础研究》,人民出版社 2019 年版。
13. 沈宗灵:《现代西方法理学》,北京大学出版社 1992 年版。
14. 谢世民主编:《理由转向:规范性之哲学研究》,(台)台大出版中心 2015 年版。
15. 徐向东:《道德哲学与实践理性》,商务印书馆 2006 年版。

16. 徐向东:《自我、他人与道德》,商务印书馆2007年版。

17. 颜厥安:《法与实践理性》,中国政法大学出版社2003年版。

18. 颜厥安:《规范、论证与行动:法认识论论文集》,(台)元照出版社2004年版。

19. 张超:《法概念与合法性价值》,中国政法大学出版社2012年版。

20. 张文显:《二十世纪西方法哲学思潮研究》,法律出版社2006年版。

21. 支振锋:《驯化法律:哈特的法律规则理论》,清华大学出版社2009年版。

22. 周赟:《西方法哲学主题思想史论:一种序列剧式的叙述》,法律出版社2008年版。

23. 朱峰:《拉兹:法律权威的规范性分析》,黑龙江大学出版社2013年版。

24. 朱振:《法律的权威性:基于实践哲学的研究》,上海三联书店2016年版。

25. [德]罗伯特·阿列克西:《法概念与法效力》,王鹏翔译,商务印书馆2015年版。

26. [英]约翰·奥斯丁:《法理学的范围》,刘星译,中国法制出版社2002年版。

27. [美]布赖恩·比克斯:《法理学:理论与语境》(第4版),邱昭继译,法律出版社2008年版。

28. [瑞士]让-雅克·布拉马克:《自然法与政治法原理》,陈浩宇译,商务印书馆2022年版。

29. [美]E.博登海默:《法理学:法律哲学与法律方法》,邓正来译,中国政法大学出版社2017年版。

30. [美]罗纳德·德沃金:《认真对待权利》,信春鹰、吴玉章译,上海三联书店2008年版。

31. [美]罗纳德·德沃金:《法律帝国》,许杨勇译,上海三联书店2016年版。

32. [美]富勒:《法律的道德性》,郑戈译,商务印书馆2011年版。

33. [美]劳伦斯·M.弗里德曼:《法律制度:从社会科学角度观察》,李琼英、林欣译,中国政法大学出版社2004年版。

34.［英］莱斯利·格林:《国家的权威》,毛兴贵译,中国政法大学出版社 2013 年版。

35.［英］哈特:《法理学与哲学论文集》,支振锋译,法律出版社 2005 年版。

36.［英］哈特:《法律的概念》(第 2 版),许家馨、李冠宜译,法律出版社 2011 年版。

37.［奥］凯尔森:《法与国家的一般理论》,沈宗灵译,中国大百科全书出版社 1995 年版。

38.［爱尔兰］凯利:《西方法律思想简史》,王笑红译,法律出版社 2010 年版。

39.［德］考夫曼:《法律哲学》,刘幸义等译,(台)五南图书出版公司 2001 年版。

40.［美］朱尔斯·L.科尔曼:《原则的实践:为法律理论的实用主义方法辩护》,丁海俊译,法律出版社 2006 年版。

41.［英］约瑟夫·拉兹:《法律体系的概念》,吴玉章译,中国法制出版社 2003 年版。

42.［英］约瑟夫·拉兹:《法律的权威:法律与道德论文集》,朱峰译,法律出版社 2005 年版。

43.［英］约瑟夫·拉兹:《自由的道德》,孙晓春等译,吉林人民出版社 2006 年版。

44.［英］约瑟夫·拉兹:《实践理性与规范》,朱学平译,中国法制出版社 2011 年版。

45.［英］约瑟夫·拉兹:《公共领域中的伦理学》,葛四友等译,江苏人民出版社 2013 年版。

46.［英］约瑟夫·拉兹:《价值尊重和依系》,蔡蓁译,商务印书馆 2016 年版。

47.［英］约瑟夫·拉兹:《法律的权威:关于法律与道德论文集》(第 2 版),朱峰译,法律出版社 2021 年版。

48.［美］大卫·莱昂斯:《伦理学与法治》,葛四友译,商务印书馆 2016 年版。

49.［美］约翰·罗尔斯:《罗尔斯论文全集》,陈肖生等译,吉林出版集团有限公司 2013 年版。

50.[美]安德瑞·马默主编:《法律与解释:法哲学论文集》,张卓明、徐宗立等译,法律出版社 2006 年版。

51.[美]安德瑞·马默:《法哲学》,孙海波、王进译,北京大学出版社 2014 年版。

52.[美]尼尔·麦考密克、魏因贝格尔:《制度法论》,周叶谦译,中国政法大学出版社 1994 年版。

53.[美]阿拉斯戴尔·麦金泰尔:《追求美德:道德理论研究》,宋继杰译,译林出版社 2011 年版。

54.[美]尼尔·麦考密克:《法律制度:对法律理论的一种解说》,陈锐、王琳译,法律出版社 2019 年版。

55.[美]斯坦利·米尔格拉姆:《对权威的服从:一次逼近人性真相的心理学实验》,赵萍萍译,新华出版社 2013 年版。

56.[英]韦恩·莫里森:《法理学》,李桂林等译,武汉大学出版社 2003 年版。

57.[美]诺内特、塞尔兹尼克:《转变中的法律与社会:迈向回应型法》,张志铭译,中国政法大学出版社 2004 年版。

58.[美]潘恩:《潘恩选集》,马清槐等译,商务印书馆 1981 年版。

59.[美]杰瑞米·沃尔德伦:《法律与分歧》,王柱国译,法律出版社 2009 年版。

60.[美]罗伯特·沃尔夫:《为无政府主义申辩》,毛兴贵译,江苏人民出版社 2006 年版。

61.[日]森际康友:《权威、法律与拉兹式的理由》,陈锐编译,清华大学出版社 2011 年版。

62.[法]耶夫·西蒙:《权威的性质与功能》,吴彦译,商务印书馆 2020 年版。

63.[美]斯科特·夏皮罗:《合法性》,郑玉双、刘叶深译,中国法制出版社 2016 年版。

64.[美]彼德·辛格:《实践伦理学》,刘莘译,东方出版社 2005 年版。

二、中文论文类

1. 陈景辉:《原则与法律的来源——拉兹的排他性法实证主义》,载《比较法研究》2006 年第 4 期。

2. 陈景辉:《权威与法概念:理论史的考察》,载郑永流主编:《法哲学与法社会学论丛》2007 年第 2 期,北京大学出版社 2008 年版。

3. 陈景辉、范立波、刘叶深:《英美法哲学的问题与方法》,载《研究生法学》2010 年第 1 期。

4. 陈景辉:《哈特〈法律的概念〉导读》,载(台)《台湾法学》2011 年第 189 期。

5. 陈景辉:《法律的内在价值与法治》,载《法制与社会发展》2012 年第 1 期。

6. 陈景辉:《权威与法律的性质》,载《南大法学》2023 年第 3 期。

7. 陈历幸:《法律规范逻辑结构问题新探——以现代西方法理学中"法律规范"与"法律规则"的不同内涵为背景》,载《社会科学》2010 年第 3 期。

8. 陈锐:《拉兹的法哲学趣向——将法律实证主义导向实践哲学》,载《法律科学》2010 年第 5 期。

9. 陈亚军:《意向、理由与行动——兼论实用主义的相关主张》,载《华东师范大学学报(哲学社会科学版)》2013 年第 1 期。

10. 陈真:《实践理性和道德的合理性——当代西方哲学道德合理性理论评析》,载《华中科技大学学报(社会科学版)》2003 年第 4 期。

11. 陈真、王桂玲:《西方元伦理学百年发展历程的回顾与前瞻》,载《哲学动态》2020 年第 11 期。

12. 成亮:《没有服从义务的实践权威——与陈景辉教授商榷》,载《南大法学》2023 年第 1 期。

13. 邓正来、约瑟夫·拉兹、朱振:《关于道德与政治哲学视野中的法哲学的对话(上)》,载《哲学研究》2010 年第 2 期。

14. 范立波:《权威、法律与实践理性》,载郑永流主编:《法哲学与法社会学论丛》2007 年第 2 期,北京大学出版社 2008 年版。

15. 范立波：《论法律规范性的概念与来源》，载《法律科学》2010 年第 4 期。

16. 范凯文：《行为理由：事实与规范的连结》，载《上海交通大学学报（哲学社会科学版）》2016 年第 5 期。

17. 何永红：《现代法理学中"法律权威"问题的困境——以哈特对奥斯丁的批判为线索》，载《政法学刊》2010 年第 1 期。

18. 侯健：《法治、良法与民主——兼评拉兹的法治观》，载《中外法学》1999 年第 4 期。

19. 金凤琴、郑伟平：《知识是好的行动理由——论行动理由的抉择问题》，载《世界哲学》2020 年第 6 期。

20. 金韬：《哈特"内在观点"理论的新解读》，载谢进杰主编：《中山大学法律评论》第 8 卷第 2 辑，法律出版社 2010 年版。

21. 金韬：《权威的规范性间隙》，载《道德与文明》2018 年第 2 期。

22. 金韬：《约瑟夫·拉兹的理由分类学：以规范性为中心》，载《哲学分析》2018 年第 4 期。

23. 金韬：《摆正强制力的位置：在拉兹与肖尔之间》，载《北大法律评论》第 18 卷第 2 辑，北京大学出版社 2019 年版。

24. 金韬：《价值如何进入法治：形式法治理论的失败》，载《法制与社会发展》2020 年第 1 期。

25. 李桂林：《拉兹的法律权威论》，载《华东政法学院学报》2003 年第 5 期。

26. 李桂林：《权威、合理性与法律——拉兹的法律权威论研究》，载《学习与探索》2012 年第 5 期。

27. 李腾：《作为行动理由的服务性权威》，载《北大法律评论》第 20 卷第 1 辑，北京大学出版社 2020 年版。

28. 刘苏、徐梦秋：《理由、规则与行动——论拉兹的理由理论》，载《厦门大学学报（哲学社会科学版）》2017 年第 3 期。

29. 刘作翔：《奥斯丁、凯尔森、拉兹的法律体系理论——根据拉兹的〈法律体系的概念〉一书》，载《金陵法律评论》2004 年春季卷。

30. 梁晓俭：《实践理性：一种法学方法论意义上的探究》，载《比较法研究》2004 年第 2 期。

31.陆丁:《行动的理由与行动的原因》,载《同济大学学报(社会科学版)》2013年第5期。

32.陆洲、吕东明、陈晓庆:《论法律与权威——以拉兹的"服务性"权威观为进路》,载《甘肃社会科学》2012年第1期。

33.骆意中:《二阶理由与权威的服务观——评〈法律的权威性〉》,载焦洪昌主编:《国家与法治研究》2018年第1卷,法律出版社2018年版。

34.苗炎:《哈特法律规范性理论再研究》,载《法制与社会发展》2010年第6期。

35.彭宁:《法律权威、理由与自主性——兼评〈法律的权威性:基于实践哲学的研究〉》,载《法理学论丛》2019年卷。

36.亓学太:《行动的理由与道德的基础》,载《学术月刊》2010年第5期。

37.强乃社:《价值的社会实践依赖性及其意义——拉兹近来的价值论研究》,载《华中科技大学学报(社会科学版)》2007年第2期。

38.孙海波:《当代英美法理学中方法论的转向及其意义——从"法概念"到"法理论"》,载《上海政法学院学报(法治论丛)》2013年第4期。

39.孙莎莎:《法律规范性与对拉兹权威论的批判》,载舒国滢主编:《法理——法哲学、法学方法论与人工智能》第5卷第2辑,商务印书馆2019年版。

40.孙笑侠:《论法律的外在权威与内在权威》,载《学习与探索》1996年第4期。

41.谭杰、李先敏:《哲学无政府主义及其当代论争》,载《西南大学学报(社会科学版)》2014年第1期。

42.唐东哲:《自决与正义——论行动中的道德理由》,载《武汉科技大学学报(社会科学版)》2021年第4期。

43.田洁:《作为理性行动者的群体——菲利普·佩蒂特的群体能动性论及其不足》,载《江苏行政学院学报》2023年第2期。

44.颜厥安:《由规范缝隙到规范存有——初探法律论证中的实践描述》,载葛洪义主编:《法律方法与法律思维》2008年第1期,法律出版社2018年版。

45.王波:《社会事实如何产生规范性?——论法律实证主义对休谟法

则的解决方案》,载《法制与社会发展》2015年第5期。

46.王华平:《行动的理由》,载《学术月刊》2014年第4期。

47.王欧:《权威的本质及其实践意义——以权威命令与个人行动理由的关系为视角》,载《贵州社会科学》2010年第3期。

48.王鹏翔:《规则是法律推理的排他性理由吗?》,载王鹏翔主编:《2008年法律思想与社会变迁》,台湾中央研究院法律学研究所筹备处2008年版。

49.王鹏翔:《法律、融贯性与权威》,载《政治与社会哲学评论》2008年第24期。

50.王鹏翔:《法概念与分离命题——论Alexy与Raz关于法实证主义之争》,载(台)《中研院法学期刊》2009年第5期。

51.王鹏翔:《权威、理由与法治:简介拉兹的法哲学》,载(台)《中研院法学期刊》2010年第2期。

52.王鹏翔:《反对安置命题》,载(台)《中研院法学期刊》2010年第7期。

53.王鹏翔:《独立于内容的理由与法律的规范性》,载(台)《中研院法学期刊》2012年第11期。

54.王鹏翔:《接受的态度能够证成法律的规范性吗?——评庄世同〈法律的概念与法律规范性的来源——重省哈特的接受论证〉》,载(台)《中研院法学期刊》2014年第14期。

55.王鹏翔:《规则的规范性》,载谢世民主编:《理由转向:规范性之哲学研究》,(台)台大出版中心2015年版。

56.王昱博:《社会规则规范性之初探》,载《兰州学刊》2013年第2期。

57.王淑庆、丁晓军:《行动理由的知识规范》,载《道德与文明》2020年第4期。

58.汪雄:《论命令的内容与结构和命令的强制性基础》,载《北大法律评论》第18卷第2辑,北京大学出版社2019年版。

59.文贤庆:《规范性判断》,载《伦理学研究》2015年第4期。

60.吴童立:《理性的意志薄弱与慎思自我》,载《世界哲学》2015年第2期。

61.吴童立:《行动理由:非事实的事实主义》,载《山东大学学报(哲学社会科学版)》2016年第1期。

62.杨国荣:《理由、原因与行动》,载《哲学研究》2011年第9期。

63.杨松、徐梦秋:《论作为行为之理由的规范》,载《文史哲》2021年第6期。

64.谢世民:《政治权力、政治权威与政治义务》,载(台)《政治与社会哲学评论》2002年第1期。

65.徐竹:《行动理由中的知识与理解》,载《山东大学学报(哲学社会科学版)》2016年第1期。

66.徐竹:《行动理由、实践推理与美德规范性——行动哲学三大传统背景下的考察》,载《中国社会科学评价》2023年第1期。

67.许家馨:《从"接受论证"到"深层内在观点"——评庄世同〈法律的概念与法律规范性的来源——重省哈特的接受论证〉》,载(台)《中研院法学期刊》2014年第14期。

68.叶会成:《实践哲学视域下的法哲学研究:一个反思性述评》,载《浙江大学学报(人文社会科学版)》2017年第4期。

69.叶会成:《实践权威与权威正当化——论拉兹的权威理论》,载《金陵法律评论》2015年秋季卷,法律出版社2016年版。

70.叶会成:《权威、自治与实践合理性——重访"权威悖论"》,载《法制与社会发展》2019年第3期。

71.叶会成:《权威与理由给予:关于排他性之争》,载《南大法学》2023年第3期。

72.张竹云:《论道德义务的来源》,载《学术交流》2012年第10期。

73.张恒山:《分析实证主义法学义务观辨析》,载《苏州大学学报(哲学社会科学版)》2013年第2期。

74.张琼文、朱振:《法律解释中的意图与权威》,载《南大法学》2023年第3期。

75.张秀:《论法律服从的多重辩护》,载《伦理学研究》2017年第5期。

76.张曦:《实践理性与规范性的"构成性论证"》,载《世界哲学》2013年第6期。

77.郑玉双:《法律权威的可能性——关于国家与法律的规范分析》,载《研究生法学》2009年第3期。

78. 郑玉双:《权威的证成困境及其解决——对〈法律的权威性:基于实践哲学的研究〉的评析》,载郑永流主编:《法哲学与法社会学论丛》2016年卷,法律出版社2016年版。

79. 朱峰:《排他性法律实证主义——兼评拉兹的权威理论》,载《河南省政法管理干部学院学报》2005年第1期。

80. 朱峰:《论法律实证主义的权威理论》,载《环球法律评论》2009年第3期。

81. 朱垭梁:《论权利与社会空间——基于实践哲学的权利二元论反思与重释》,载《河北法学》2015年第5期。

82. 朱振:《法律权威与行动理由——基于拉兹实践哲学进路的考察》,载《法制与社会发展》2008年第6期。

83. 朱振:《权威命题与来源命题——排他性法律实证主义的一种论证理路》,载《法制与社会发展》2009年第3期。

84. 朱振:《权威、共同善与内在观点——菲尼斯的权威论及其与法实证主义的区分》,载《法制与社会发展》2012年第4期。

85. 朱振:《什么是分析法学的概念分析?》,载《法制与社会发展》2016年第1期。

86. 朱振:《权利与自主性探寻权利优先性的一种道德基础》,载《华东政法大学学报》2016年第3期。

87. 朱振:《再探"权威与自主性"的悖论——以"服务性权威观"为中心的讨论》,载《法治现代化研究》2018年第2期。

88. 庄世同:《Ronald Dworkin与柔性法实证主义》,载(台)《月旦法学》2000年第6期。

89. 庄世同:《描述性法理论是可能的吗?——一个批判性的反省》,载(台)《政治与社会哲学评论》2007年第21期。

90. 庄世同:《法律的规范性与理由的给予》,载谢世民主编:《理由转向:规范性之哲学研究》,(台)台大出版中心2015年版。

91. 庄世同:《法律的图像:一种人文主义的分析与诠释》,载(台)《台大法律论丛》第40卷。

92. [英]哈特:《命令与权威性法律理论》,晨航译,载郑永流主编:《法哲学与法社会学论丛》2007年第2期,北京大学出版社2008年版。

93.Ch.M.科丝嘉、葛四友:《出于理由而行动》,载《世界哲学》2011 年第 4 期。

94.[英]约瑟夫·拉兹:《权威、法律和道德》,刘叶深译,邱昭继校,载郑永流主编:《法哲学与法社会学论丛》2007 年第 2 期,北京大学出版社 2008 年版。

95.[英]约瑟夫·拉兹:《纯粹法学的纯粹性》,李诚予译,载葛洪义主编:《法律方法与法律思维》第 9 辑,法律出版社 2016 年版。

96.[美]安德瑞·马默:《排他性法律实证主义》,朱振译,载郑永流主编:《法哲学与法社会学论丛》2016 年卷,法律出版社 2016 年版。

97.[美]文森特·A.韦尔曼:《法律的权威》,载丹尼斯·帕特森编:《布莱克威尔法哲学和法律理论指南》,汪庆华、魏双娟等译,上海人民出版社 2012 年版。

98.[美]斯科特·夏皮罗:《哈特与德沃金之争:答疑解惑》,郑玉双译,载郑永流主编:《法哲学与法社会学论丛》2012 年卷,法律出版社 2012 年版。

三、外文论著类

1.Robert Alexy, *The Argument from Injustice: A Reply to Legal Positivism*, trans. S. L. Paulson and B. L. Paulson, Oxford: Clarendon Press, 2002.

2.Maria Alvarez, *Kinds of Reasons: An Essay in the Philosophy of Action*, Oxford: Oxford University Press, 2010.

3.Michael D.Bayles, *Hart's Legal Philosophy: An Examination*, Dordrecht: Kluwer Academic Publishers, 1992.

4.Luis Bermudez and Alan Millar (ed.), *Reason and Nature: Essays in the Theory of Rationality*, Oxford: Oxford University Press, 2002.

5.Brian Bix, *Jurisprudence: Theory and Context*, London: Sweet & Maxwell, 2006.

6.Michael E. Bratman, *Intention, Plans, and Practical Reason*, Cambridge (Mass.): Harvard University Press, 1987.

7.Michael E. Bratman, *Faces of Intention: Selected Essays on Intention and Agency*, Cambridge: Cambridge University Press, 1999.

8.Michael E. Bratman, *Structures of Agency*, Oxford: Oxford University Press, 2007.

9.Tom Campbell, *The Legal Theory of Ethical Positivism*, Dartmouth: Aldershot, 1996.

10. Ruth Chang, *Inconmmensurability, Inconmparability, and Practical Reason*, Cambridge (Mass.): Harvard University Press, 1997.

11.Jules Coleman, *The Practice of Principle: In Defence of a Pragmatist Approach to Legal Theory*, Oxford: Oxford University Press, 2000.

12.Jules Coleman, *The Practice of Principle*, Oxford: Oxford University Press, 2001.

13. Jules Coleman, *Incorpoartionism, Conventionality, and Practical Difference Thesis, in Hart's Postscript*, Oxford: Oxford University Press, 2001.

14.Sean Coyle and George Pavlakos (ed.), *Jurisprudence or Legal Science?*, Oxford and Portland, Oregon, 2005.

15.Jonathon Dancy, *Practical Reality*, Oxford: Oxford University Press, 2000.

16.Jonathan Dancy, *Editor's Introduction, in Jonathan Dancy eds., Normativity*, Blackwell Publishers, 2000.

17. Stephen Darwall, *The Second-Person Standpoint: Morality, Respect, and Accountability*, Cambridge (Mass.): Harvard University Press, 2006.

18.M.J.Detmold, *The Unity of Law and Morality: a Refutation of Legal Positivism*, London: Routledge & Kegan Paul, 1984.

19.Dworkin, *Law's Empire*, Cambridge (Mass.): Harvard University Press, 1986.

20. Dworkin, *Taking Rights Seriously*, Cambridge (Mass.): Harvard University Press, 1977.

21.Lon L. Fuller, *The Morality of Law (Revised Edition)*, New Haven: Yale University Press, 1969.

22. Robert P. George(ed.), *The Autonomy of Law: Essays on Legal Positivism*, Oxford: Clarendon Press, 1996.

23. Martin P. Golding & William A. Edmundson (ed.), *The Blackwell Guide to the Philosophy of Law and Legal Theory*, Oxford: Blackwell, 2005.

24. Candace J. Groudine, *Authority: H.L.A. Hart and the Problem with Legal Positivism*, The Journal of Libertarian Studies, Vol.3, 1980.

25. P. M. S. Hacker and J. Raz (ed.), *Law, Morality, and Society: Essays in Honour of H. L. A. Hart*, Oxford: Clarendon Press, 1977.

26. H. L. A. Hart, *The Concept of Law*, Oxford: Oxford University Press, 1987.

27. H. L. A. Hart, *The Concept of Law*, Second Edition, With a Postscript edited by Penelope A. Bulloch and Joseph Raz, Oxford: Oxford University Press, 1994.

28. Mario Jon, *Legal Positivism*, Aldershot, Hants: Dartmouth, 1992.

29. Christine M. Korsgaard, *The Sources of Normativity*, Cambridge: Cambridge University Press, 1996.

30. Matthew H. Kramer, *In Defense of Legal Positivism: Law Without Trimmings*, Oxford: Oxford University Press, 1999.

31. Matthew H. Kramer, *Where Law and Morality Meet*, Oxford: Oxford University Press, 2004.

32. Dimitrios Kyritsis, *Shared Authority: Courts and Legislature in legal Theory*, Oxford and Portland: Hart Publishing, 2014.

33. David Lewis, *Conventions: A Philosophical Study*, Oxford: Blackwell Publishers, 2002.

34. M. S. Longair, *Theoretical Concepts in Physics: An Alternative View of The or ethical Reasoning in Physics*, Cambridge: Cambridge University Press, 2003.

35. John Lucas, *The Principle of Practice*, Oxford: Oxford University Press, 1996.

36. Neil MacCormic, *Legal Reasoning and Legal Theory*, Oxford:

Oxford University Press，1978.

37.Neil MacCormick，*H. L. A. Hart*，London：Edward Arnold，1981.

38.Anderi Marmor，*Positive Law and Objective Value*，Oxford：Oxford University Press，2001.

39.Andrei Marmor，*Interpretation and Legal Theory*，Oxford and Portland：Hart Publishing，2001.

40.Thomas Nagel，*The View from Nowhere*，Oxford：Oxford University Press，1986.

41.Robert Nozick，*The Nature of Rationality*，Princeton：Princeton University Press，1993.

42.Joseph Raz，*Practical Reasoning*，Oxford：Oxford University Press，1978.

43.Joseph Raz，*The Authority of Law：Essays on Law and Morality*，Oxford：Oxford University Press，1979.

44.Joseph Raz，*The Morality of Freedom*，Oxford：Clarendon Press，1986.

45.Joseph Raz，*Authority*，New York：New York University Press，1990.

46.Joseph Raz，*Engaging Reason：on the Theory of Value and Action*，Oxford：Oxford University Press，1999.

47.Joseph Raz，*Value，Respect，and Attachment*，Cambridge：Cambridge University Press，2001.

48.Joseph Raz，*The Practice of Value*，Oxford：Oxford University Press，2005.

49.Joseph Raz，*Between Authority and Interpretation*，Oxford：Oxford University Press，2010.

50.Joseph Raz，*From Normativity to Responsibility*，Oxford：Oxford University Press，2012.

51.Cristima Redondo，*Reason for Action and the Law*，Dordrecht：Kluwer Academic Publishers，1999.

52.Scanlon，*What We Owe to Each Other*，Cambridge（Mass.）：Harvard University Press，1998.

53. Scanlon, *Moral Dimensions: Permissibility, Meaning, Blame*, Cambridge (Mass.): Harvard University Press, 2009.

54. Anthony J. Sebok, *Legal Positivism in American jurisprudence*, Cambridge: Cambridge University Press, 1998.

55. Jeremy Waldon, *Law and Disagreement*, Oxford: Oxford University Press, 1999.

56. Jeremy Waldron, *Normative (or Ethical) Positivism*, in Hart's *Postscript: Essays on the Postscript to The Concept of Law*, edited by J. Coleman, Oxford: Oxford University Press, 2001.

57. R. Jay Wallace(ed.), *Reason and Value: Themes from the Moral Philosophy of Joseph Raz*, Oxford: Oxford University Press, 2004.

58. Wilfrid Waluchow, *Inclusive Legal Positivism*, Oxford: Clarendon Press, 1994.

59. Bernard Williams, *Ethics and the Limits of Philosophy*, New York: Routledge, 2001.

60. Bernard Williams, *Moral Luck. Philosophical Papers*, Cambridge: Cambridge University Press, 1981.

61. Robert Paul Wolff, *In Defense of Anarchism*, New York: Harper & Row, 1970.

后 记

行文至此,思绪万千。本书是在我的博士学位论文基础上修订而成的。早在 2021 年年初,导师庞正教授就建议我的博士学位论文可以尝试写西方法哲学的主题,并要求 2022 年年底完成初稿。可是由于文献的晦涩难懂,再加之生病了以后总感觉不舒服,咳嗽了数月,一度搁置了写作。2023 年 3 月回校后又遇甲流,且没有信心参加预答辩,无奈只能选择延期。庞老师鼓励我继续完成这一选题,并帮助我重新调整框架。我在写作期间无数次想要放弃,好在身边有刘旭东副教授、刘乙瑶博士生、董储超博士生等人的开导,帮助我消化负面情绪。直到 6 月 29 日预答辩前夕,经过我没日没夜的赶工,总算完成了论文草稿。感谢自己即使遭遇诸多挫折,仍然没有放弃学业,并于 9 月 6 日下午答辩,9 月 20 日顺利获得法学博士学位。

涓涓师恩,铭刻于心。首先要感谢的是庞老师。资质平平的我幸得庞老师不弃,收入门下耐心教导,积极为我创造良好的学习环境,并给予生活上的帮助和支持。其次要感谢的是南京师范大学法学院的公丕祥教授、龚廷泰教授、夏锦文教授、方乐教授、张镭教授、孙文恺教授、汤善鹏教授和丰霏教授等,感谢诸位老师的言传身教和专业指导,让我既掌握了法学理论的基础知识,又开阔了研究视野,为我顺利获得博士学位奠定了基础。再次要感谢的是江苏师范大学法学院的菅从进教授、刘广登教授、隆英强教授和沈寨教授等。虽然我已从母校毕业数年,但他们仍然以各种各样的方式帮助和支持我。最后要感谢的是东南大学法学院杨春福教授、中南大学法学院彭中礼教授和广州大学法学院谢晖教授等。虽然我不是他们名下的学生,但是他们仍然以学生之礼待之,令人动容。

愿岁并谢,与友长分。我要由衷地感谢我的各位学友:彭娟、戴文雅、刘乙瑶、董储超、刘旭东、李飞、孟波、杨钢、洪刚、沈阳、曹莉堃、刘思思、李聪、车骋、吴冬兴、朱瑞、李烨、耿宗程、罗祥等。我在读博期间经常与他们吃饭、喝酒、聊天、健身,他们帮助我排解了大量的负面情绪。

后 记

春晖寸草,山高海深。我的父母是非常平凡的个体工商户,即使他们只有初中学历,且在不知博士学位为何物的情况下,无条件支持我继续求学。我只希望自己能够快速成长,以报他们的养育之恩。

学高为师,身正为范。我在江苏师范大学和南京师范大学接受高等教育,母校的土地,孕育了一代又一代的学子。我在毕业后也将进入高校工作,用自己的真诚和努力打动学生、影响学生,让学生知道坚持的意义。

风雨同舟,感恩遇见。我真心感谢广州商学院的所有领导和同事,很荣幸能够与一群热爱学术、辛勤工作的领导、同事们一起成长、一起拼搏,共同进步,尤其要感谢广州商学院法学院的赵家琪教授、高其才教授、唐犀教授和广州商学院科研处的俞立平教授等学界前辈与师友。他们严谨治学的态度深深地影响了我,也促成了本书的出版。

仰之弥高,钻之弥坚。我要特别感谢厦门大学出版社甘世恒主任。他的指点和润色,让我对本书的相关内容产生了新的认识,也使得本书能够顺利地与读者朋友见面。

求学之路,几多坎坷。奋斗有时,躺平有时;行走有时,休憩有时,如今我已和自己的学生时代告别并进入工作岗位。即便前路荆棘丛生,我也将相信美好,秉着微弱的烛光继续前行。

王 琦
2024 年 10 月